ALBERT SCHWEITZER

シュヴァイツァー その著作活動の研究

—哲学・神学関係遺稿集を中心に—

金子 昭
Kaneko Akira

白馬社

目次

凡　例

一　本書に引用したシュヴァイツァーの著作類の略記号は、「文献とその略記号」での表記にしたがうので、これを参照されたい。また Albert Schweitzer は AS と略記する。

二　既刊著作で邦訳のあるものは、最初に原文頁数を、後に邦訳頁数を付しているが、本文での引用はすべて筆者が直接、原文から訳出したものである。したがって邦訳頁数はあくまで参考までに載せたもので、訳文は本書と同じものではない。邦訳書が白水社シュヴァイツァー著作集の場合、その巻数を記している。例えば、G1/LD:158〔第二巻、一七九頁〕といった場合、ドイツ語著作集 Gesammelte Werke 第一巻(G1)所収の Aus meinem Leben und Denken(LD)のページ（一五八頁）及び、白水社著作集第二巻『わが生活と思想より』のこの部分に対応するページ（一七九頁）という意味である。

三　遺稿集の引用文中における（　）はシュヴァイツァー自身による補足、［　］は同遺稿集編集者による補足、〔　〕は筆者の補足である。

四　シュヴァイツァーは「新約聖書」の引用をしばしばギリシア語原文で行っているが、本書では原著［　］内のドイツ語訳を忠実に訳した。ただし、新共同訳を適宜参照して、必要な場合には注釈を付けた。その他の文献引用についても、シュヴァイツァーの引用文のままを邦訳し、邦訳文献〔中国思想の場合は定評のある現代語訳）を適宜参照してその旨注記した。

五　テキスト中の強調を示す斜体字は、本書での引用では特に意味をなさないので、訳文には反映させていない。

六　註については、読者の便宜を図る上から、各章の終りに当該章の註を付けてある。

七　日本語におけるシュヴァイツァーの表記については、シュバイツァー、シュワイツァーと記されている文献から引用する場合にはそのままにして、シュヴァイツァーに統一しなかった。

文献とその略記号

本書で取り上げるシュヴァイツァーの著作は、大きく既刊著作と遺稿集とに分けられる。本文中における略記号の扱いは次の通りとする。第二次文献については巻末の文献表にまとめた。

(1)既刊著作類

①ドイツ語著作集

シュヴァイツァー自身の著作・論文・講演等の主なものは、当時西ドイツで刊行されたR・グラープス Rudolf Grabs 編による五巻本のドイツ語著作集 *AS: Gesammelte Werke in fünf Bänden*, München (C.H.Beck), 1973に収録されている。これは東ドイツ刊の *AS: Ausgewählte Werke in fünf Bänden*, Berlin (Union Verlag), 1971と全く同じ構成になっているが、上記の西独版刊本がその後も多く版を重ね普及している。本書でもこの著作集に収録されているものは、この西独版著作集から引用する。著作集の略記号はGとし、その後に各書名の略記号を入れている（例えばG1/LDなど）。ただし本書では必ずしもこれらをすべて引用しているわけではない（例えばランバレネ関係など）。このうち第四巻収録の Reich Gottes und Christentum は同書第一部のみの遺稿である。

G1 Aus meinem Leben und Denken, 1931 [G1/LD]
　Aus meiner Kindheit und Jugendzeit, 1924 [G1/KJ]

Zwischen Wasser und Urwald, 1921 [G1/WU]

Briefe aus Lambarene, 1924-1927 [G1/BaL]

G2 Verfall und Wiederaufbau der Kultur, 1923 [G2/VW]

Kultur und Ethik, 1923 [G2/KE]

Die Weltanschauung der indischen Denker, 1935 [G2/ID]

Das Christentum und die Weltreligionen, 1923 [G2/CW]

G3 Geschichte der Leben-Jesu-Forschung, 1906(1), 1913(2) [G3/LJF]

G4 Die Mystik des Apostels Paulus, 1930 [G4/MP]

Reich Gottes und Christentum, 1967 [G4/RG]

G5 Aus Afrika, Kulturphilosophie und Ethik, Religion und Theologie, Deutche und französische Orgelbaukunst und Orgelkunst, Goethe-Reden, Ethik und Völkerfrieden.

＊第五巻（G5）の中には上記テーマのさまざまな論文・講演等が収録されているが、とくに本書で引用・参照するのは次のものである。

Berichte aus Lambarene [G5/BaL], Philosophie und Tierschützbewegung [G5/PT], Das Problem der Ethik in der Höherentwicklung des menschlichen Denkens [G5/PdE], Humanität [G5/H], Die Entstehung der Lehre der Ehrfurcht vor dem Leben und ihre Bedeutung für unsere Kultur [G5/Entstehung], Ansprache bei Entgegennahme des belgischen Joseph-Lemaire-Preises [G5/JL-Preis], Die Idee des Reiches Gottes im Verlaufe der Umbildung des eschatologischen Glaubens in den uneschatologischen [G5/IRG], Die Messeianitäts- und

Leidensgeheimnis［G5/ML］, Spitalandachten zu Lambarene［G5/Spital］, Appell an die Menschen［G5/Appell］, Friede oder Atomkrieg［G5/Friede］.

②それ以外の著作・論文・講演類

上記の著作集に含まれない主要な著作・論文・講演類は、以下の通りである。単行本としてはシュヴァイツァー没後に出たものも多くあるため、主にその初版刊行年代順に列記した。略記号は本書で用いるものを中心に主要なもののみ記し、それぞれの書名の終りに［　］に入れて示している。説教集は二種類出ているが、遺稿集で『説教集』完全版が刊行されたので、略記号はいずれも［N/Predigten］（後述）とした。

Die Religionsphilosophie Kants von der Kritik der reinen Vernunft bis zur Religion innerhalb der Grenzen der blossen Religion, Tübingen 1899.　＊複製版：Hildesheim（Georg Olms）, 1990.［RK］

Das Abendmahlsproblem auf Grund von wissenschaftlichen Forschung des 19.Jahrhunderts und der historischen Berichte, Tübingen/Leipzig（J.C.B.Mohr）, 1901.［AP］　＊複製版：Hildesheim（Georg Olms）, 1983.　これは、Das Messianitäts- und Leidensgeheimnis. Eine Skizze des Lebens Jesu, Tübingen/Leipzig（J.C.B.Mohr）, 1901（G5/ML）との合本である。

Johann Sebastian Bach, Leibzig（Breitkopf und Härtel）, 1908, 1963.［Bach］　＊フランス語による初版 *J.-S. Bach. Le Musicien-Poète*, 1905を大幅増補改訂した著作。

Geschichte der Paulinischen Forschung von der Reformation bis auf die Gegenwart, Tübingen（J.C.B.Mohr）1911.［PF］

Die psychiatrische Beurteilung Jesu, Tübingen (J.C.B.Mohr), 1913. [PJ]

Afrikanishce Geschichten, 1938(1), Hamburg (Richard Meiner), 1952. [AG]

Die Ehrfurcht vor dem Leben. Grundtext aus fünf Jahrzeiten, München(C.H.Beck), 1966. [Ehrfurcht]

Straßburger Predigten, hrsg.v. Ulrich Neuenschwander, München (C.H.Beck), 1966(1), 1993. [N/Predigten]

Reich Gottes und Christentum, hrsg. und mit einem Vorwort versehen von Ulrich Neuenschwander, Tübingen (J. C.B.Mohr), 1967. [RG] ＊これは遺稿『神の国とキリスト教』第1部のみの出版である。

Was sollen wir tun?, hrsg.v. Martin Strege und Lothar Stiehm, Heidelberg (Lambert Schneider), 1974(1), 1986. [N/Predigten]

Friede oder Atomkrieg, München (C.H.Beck), 1981. [FA]

Berichte aus dem Lambaréné-Spital. Berichte aus den Jahren 1930-1954, mit Briefen seiner Mitarbeiter und einem Anhang, Berlin (Union), 1981. [BaL]

Gespräche über das Neue Testament, hrsg.v.Winfried Döbertin, München (Bechtle), 1988. [GNT]

Aufsätze zur Musik, Basel (Bärenreiter), 1988.

Aus meinem Leben: Selbstdarstellungen und Erinnerungen, hrsg. von Gerhard Fisher, Berlin (Union), 1988. [AmL]

Briefe und Erinnerungen zur Musiker. hrsg. von Harald Schützeichel, Bern und Stuttgart (Paul Haupt), 1989.

Menschlichkeit und Friede. Kleine philosophische-ethische Texte, hrsg. von Gerhard Fischer, Berlin (Union), 1991. [MF]

Die Orgelwerke Johann Sebastian Bachs. Vorworte zu den "Sämtlichen Orgelwerken", mit einer Einleitung von Harald Schützeichel, Hildesheim（Georg Olms), 1995.　＊これは『バッハ・オルガン曲集』*Sämtlichen Orgelwerken* の Bd.1（1912), Bd.2-5（1914), Bd.6-8（1954-1967）のドイツ語初版の「序論」の複製版である。

(2) 遺稿集

シュヴァイツァーの遺稿集は一九九五年から二〇〇五年までミュンヘンのC・H・ベック社C.H.Beckより全八巻九冊が刊行された。これは各巻ごとに責任編集者が異なり、各編集者名は（　）の中に付した。とくに遺稿集全体に関わる主要な編集者は、カールスルーエ教育大学の哲学の教授であるクラウス・ギュンツラーClaus Günzler 教授とベルン大学神学部でも教鞭を取っているヨハン・ツュルヒャーJohann Zürcher 牧師の二名である。遺稿集にはとくに巻数が指定されていないので、刊行年の順に記す。略記号はそれぞれのテキストの終りに[N/…]として、遺稿 Nachlaß であることが分かるような形にして示した。

Reich Gottes und Christentum（Ulrich Luz, Ulrich Neuenschwander, Johann Zürcher), 1995. [N/RG]

Straßburger Vorlesungen（Erich Gräßer, Johann Zürcher), 1998. [N/SV]

Die Weltanschauung der Ehrfurcht vor dem Leben. Kulturphilosophie III Bd.1: Erster und zweiter Teil（Claus Günzler, Johann Zürcher), 1999. [N/WEL1]

Die Weltanschauung der Ehrfurcht vor dem Leben. Kulturphilosophie III Bd.2: Dritter und vierter Teil（Claus Günzler, Johann Zürcher), 2000. [N/ WEL2]

Predigten1898-1948（Richard Brüllmann, Erich Gräßer), 2001. [N/Predigten]

Kultur und Ethik in den Weltreligionen (Ulrich Körtner, Johann Zürcher), 2001. [N/KEW]

Geschichte des chinesischen Denkens (Bernhard Kaempf, Johann Zürcher), 2002. [N/GchD]

Vorträge, Vorlesungen, Aufsätze (Claus Günzler, Johann Zürcher) 2003. [N/VVA]

Wir Epigonen. Kultur und Kulturstaat (Ulrich Körtner, Johann Zürcher), 2005. [N/WE]

(3)書簡集

シュヴァイツァーは生涯にわたり、有名無名を問わず、数多くの人々と文通を行った。彼の没後、これらの書簡の主なものが公刊されている。書簡集もまた彼の思想を知る上で大きな手がかりになるという意味で、著作の一部と位置づけることができることも可能だろう。ただし、特定の相手を前提にし、また多分に社交辞令も含まれたものでもあり、客観的な評価をするにはいささか慎重な姿勢が必要である。それゆえ書簡については、むしろ相手との関係の中で、個別に取り上げて論じた方が良いと考えている。略記号は、それぞれにテキストの終わりに[　]に入れて示した。

AS. Leben, Werk und Denken mitgeteilt in seinen Briefen, hrsg.v. Hans Walter Bähr, Heidelberg (Lambert Schneider),1987. [Briefen]

AS-Helene Bresslau. Die Jahre vor Lambarene. Briefe 1902-1912, hrsg.v. Rehna Schweitzer Miller/Gustav Woytt, München (C.H.Beck), 1992. [AS-Helene Briefen]

AS-Fritz Buri. Existenzphilosophie und Christentum. Briefe1935-1964, hrsg.v. Andreas Urs Sommer, München(C.H.Beck),2000. [AS-Buri Briefen]

AS. *Theologischer und philosophischer Briefwechsel 1900-1965*, hrsg.von Werner Zager und Erich Gräßer, München (C.H.Beck), 2006. [Briefwechsel]

(4)日本語訳

①白水社著作集

我が国で刊行された二十巻本の『シュヴァイツァー著作集』（白水社、一九五六〜一九六一年、第二十巻は一九七二年）は、世界中で刊行されているシュヴァイツァーについての最も早期に刊行され、最も網羅的な著作集である。[1] 文中での略記号は巻数のみを表示する（例えば第一巻など）。主なものには対応する原書の略記号を付した（ドイツ語著作集の場合はG1〜G5の番号を振っている）。

第一巻　水と原生林のあいだに（G1/WU）　生い立ちの記（G1/KJ）
　　むかしのコルマルの思い出
第二巻　わが生活と思想より（G1/LD）
第三巻　ランバレネ通信（Ⅰ）（G1/BaL）
第四巻　ランバレネ通信（Ⅱ）（G5/BaL）[2]
　　植民地アフリカにおけるわたしたちの仕事
第五巻　ペリカンの生活と意見　原生林の病院　アフリカ物語（AG）
　　イエス—精神医学的考察（PJ）
第六巻　ゲーテ（G5/G）　人間の思想の発展と倫理の問題（G5/PdE）

現代における平和の問題（G5/FA）文化の頽廃と再建（G2/VW）

　水と原生林のあいだのインタビュー（G5/IiU）

第七巻　文化と倫理（G2/KE）

第八巻　キリスト教と世界宗教（G2/CW）現代文明における宗教（Seaver1949/RC）*

　イエス小伝（G5/ML）　終末論の変遷における神の国の変遷（G5/IRG）

第九巻　インド思想家の世界観（G2/ID）

第十・十一・十二巻　イエス伝研究史（上）（中）（下）（G3/LJF）

第十三・十四巻　使徒パウロの神秘主義（上）（下）（G4/MP）

第十五・十六・十七巻　バッハ（上）（中）（下）（Bach）

第十八・十九巻　カントの宗教哲学（上）（下）（RK）

第二十巻　神の国とキリスト教（G4/RG）　シュトラースブルク説教選（N/Predigten）

＊"Die Religion in der modernen Kultur", George Seaver, *AS. Als Mensch und Denken*, Göttingen, 1949: 381-390.〔Seaver 1949/RC〕

②その他の著作

シュヴァイツァーの著作の日本語訳は、戦前からすでに幾つか出ている。ここでは白水社刊著作集以外のものので、戦後刊行されたものの主なものを年代順に挙げることにする。白水社著作集と重なるものも含まれている。（　）内は対応する略記号。

『キリスト教と世界宗教』（鈴木俊郎訳、岩波文庫、一九五六年）。（G2/CW）

『イエスの生涯―メシアの受難の秘密』（波木居斉二訳、岩波文庫、一九五七年）。（G5/ML）
『水と原生林のはざまで』（野村実訳、岩波文庫、一九五七年）。（G1/WU）
『心は夕日より明るく―シュトラースブルク説教集』（会津伸訳、新教出版社、一九六七年）。（N/Predigten）
『われら何をなすべきか―倫理の問題に関する12章』（会津伸訳、新教出版社、一九七五年）。（N/Predigten）
『ドイツおよびフランスのオルガン建造技法とオルガン芸術』（シンフォニア出版、一九七八年）。
『平和か原子戦か』野村実訳、シュワイツァー日本友の会、一九八〇年。（FA, G5/FA）
『生命への畏敬―シュワイツァー書簡集』（野村実監修、會津伸・松村國隆訳、新教出版社、一九九三年）。（Briefen）
『イエスの精神医学的考察』（秋元波留夫訳、鍬谷書店、二〇〇一年）。

註

（1）このほかに同じく白水社より『シュヴァイツァー選集』全八及び別巻が一九六一・六二年にわたって刊行されている。これは著作集の第一巻から第八巻のそれぞれに対応している（ただし訳文は少し変更されているところもある）。別巻は、日本人によるシュヴァイツァー写真集のほか、「原子時代の政治と世論」（朝日新聞一九六二年元旦号）、「戦争と国民の権利」（読売新聞一九六二年元旦号）及び「わたしの意見」（一九六〇年ＮＨＫ取材に際してのコメント）、またランバレネで働いたことのある高橋功、野村実両氏を含み、実際にシュヴァイツァーに会った人々の手記が掲載されている。

（2）ドイツ語著作集第一巻掲載の「ランバレネ通信」は一九二四〜一九二七年のもので（G1:477-685）、それ以降の「通信」はさまざまなアフリカ関係のエッセイと共に第五巻に所載されている（G5:17-113）。白水社の著作集第四巻は一九三〇〜一九五四年の「通信」であるが、ドイツ語版著作集には見られない「通信」も含まれている。ドイツ語の完全版は、*Briefe aus dem Lambaréné-Spital. Berichte aus den Jahren 1930-1954*, Berlin（Union）, 1981 である。ここにはシュヴァイツァー夫人をはじめE・ハウスクネヒト、G・コッホ、M・ゼクレタンといった秘書たちの書簡も含まれている。

◉序論

本書の研究範囲、既刊著作と遺稿の位置づけ

今日、アルベルト・シュヴァイツァー Albert Schweitzer (1875-1965) の没後すでに半世紀が経過したが、地球規模の環境危機や生命倫理、また平和問題や宗教間対話などの領域において、生への畏敬の倫理思想に集約される彼の思想が再評価されつつある。本書は、シュヴァイツァーの哲学・神学関係遺稿集全八巻九冊（一九九五～二〇〇五年）が刊行されたことを踏まえ、これらの領域における彼の著作活動の全貌を解明する内在的かつ批判的な文献研究である。私はすでに、前著『シュヴァイツァーその倫理的神秘主義の構造と展開』（白馬社、一九九五年、以下、略称は金子とする）において、彼の既刊著作・論文に依拠して哲学・神学思想を研究し、その基本構造としての倫理的神秘主義について明らかにした。その時から二十年余りが経過した。このたび、一九九五年の拙著での成果を踏まえつつ、新たに刊行された遺稿集を中心に、彼の著作活動全体の構造を探究した研究が本書である。

シュヴァイツァーの遺稿集研究に関しては、たしかに個々の遺稿についての研究論文は最近いくつか散見されるものの、しかしながら、これらの遺稿集を含めた著作活動全体を俯瞰するような研究は、本書以前にはまだ行われていない(1)。

ギュンスバッハ（フランス・アルザス〔エルザス〕）のシュヴァイツァー資料館では、彼の死後早い時期から遺稿の整理作業が進んでおり、それらはマイクロフィルムにも収められていた。最も早い遺稿として彼の死の二年目の一九六七年の時点で『神の国とキリスト教』第一部が出版されている。その後は遅々として進まなかったが、八〇年代の終わり頃からシュヴァイツァーの遺稿集刊行の動きがようやく現実のものとなってきた。この遺稿集は、一度はハイデルベルクの Lambert Schneider 社から出版が予定され、その案内まで出されたものの(2)、最終的にはミュンヘンの C.H.Beck 社からの刊行が決定された（金子、二九五～二九九頁参照）。

シュヴァイツァー研究のピークは一九六〇年代から八〇年代にかけてであった。それらは既刊著作や論文をもとに行われた研究であった。一九七五年はシュヴァイツァー生誕百周年ということもあって、欧米各地でシュヴァイツァーに関するシンポジウムが開催されるようになった。この時期はシュヴァイツァーの思想全体を把握する試みの著作が続々と刊行されている。八〇年代前後からは、後に遺稿集の編集者になるU・ノイエンシュヴァンダー（Neuenschwander 1974, 1997）、E・グレーサー（Gräßer 1979, 1997）、C・ギュンツラー（Günzler 1990, 1996）などにより、未公刊の書簡や一部整理された遺稿等を用いた研究も行われるようになった。遺稿集が未刊の時期の研究史については、すでに私は前著の中で詳しく論じておいた（金子、一七〜四五頁）。九〇年代に入っても研究書や研究論文は刊行され続けているが、やはり既刊著作類がベースになっている。遺稿集刊行が待望される中、ドイツ語圏ではシュヴァイツァー研究のシリーズものも何種類か発刊され、[3]また我が国の『シュバイツァー研究』（二〇〇二年に『シュワイツァー研究』から名称変更）も引き続き刊行されて現在に至っている。そして満を持するかのように、一九九五年の『神の国とキリスト教』（完全版）を皮切りにして、いずれも大部の遺稿集が次々と出版される運びになったのである。

遺稿集もこうしてすべて出揃ったわけであるが、じつは状況はそれほど変化していない。いくつか遺稿の一部を論じた論文類や、W・ツァーガー（Zager 2009）のように遺稿集の大まかな内容を紹介した書物は見受けられるものの、遺稿集全体を視野において行われた本格的な研究は、欧米でも我が国でも見当たらない。いや、むしろ膨大な遺稿集において、一体いかなるテーマがどのように論じられているかも研究者の眼を通じていまだしっかりと見通されていないのが現状である。私自身、あらためて遺稿集に正面から向き合って研究する必要性を感じ、新刊が刊行されるたびに少しずつ読み進め、その一部を論文等において発表してきた。その意味で、前著から二十年余りが経過したが、本書は遺稿集を視野に入れたシュヴァイツァーの著作活動全体に関する最初の本格的な研究書であるという自負がある。

本書の研究範囲は、主としてシュヴァイツァーが哲学及び神学の研究として書き残したものに限ることにする。彼の長年にわたる牧師としての活動が説教集として同じく遺稿集の一環として刊行されており、彼の著作活動を広義に取れば、この説教集の内容も含まれてくるが、研究的著作を意図したものではないので、必要に応じて取り上げるが（付論「説教集に見るシュヴァイツァーの牧会活動」）、その詳論については他日を期したい。

さて、シュヴァイツァーの著作活動は大きく三つの時期に区切ることができる。

第一期は「シュトラースブルク時代」（一八九九～一九一三年）。主要な著作はほぼこの時期に完成されている。遺稿集中の『説教集』所載の説教原稿も、この時期のものが大半で、計二百六十四編になる。

第二期は「ランバレネ出発以降～第二次世界大戦終了まで」（一九一四～一九四五年）である。二つの世界大戦のために、シュヴァイツァーの人生において最も激動があったのがこの時期である。そしてこの時期に、文化哲学研究が集中してなされている。説教原稿は主として、第一次ランバレネ滞在（一九一三～一九一七年）と第二次ランバレネ滞在（一九二四～一九二七年）との間（一九一八～一九二四年）に計三十一編が残されている。

第三期は「第二次世界大戦後の時期」（一九四六～一九六五年）であり、彼がキリスト教精神史として『神の国とキリスト教』を執筆したほかは平和問題に力を入れていて、目立った思想的進展はない。説教原稿もほとんど残されていない（『説教集』ではわずか一編のみ）。

哲学・神学分野の主要な既刊著作は次のように遺稿の間に位置づけることができる（ゴシックで表記）。

第一期　シュトラースブルク時代

一八九九年『カントの宗教哲学』

一九〇一年『イエス小伝』『聖餐論』

一九〇一～一九一二年『シュトラースブルク大学講義』

一九〇六年『イエス伝研究史』初版

一九一一年『パウロ研究史』

一九一三年『イエスの精神医学的考察』

第二期　ランバレネ出発以降～第二次世界大戦終了まで

一九一四～一九一八年『文化と文化国家』（旧題『われら亜流者たち』）

一九一九～一九二一年『世界宗教における文化と倫理』

一九二三年『文化哲学第一部』（文化の衰退と再建）『文化哲学第二部』（文化と倫理）

一九二三年『キリスト教と世界宗教』

一九三〇年『使徒パウロの神秘主義』

一九三一年『わが生活と思想より』

一九三一～一九三三年『文化哲学第三部』（生への畏敬の世界観）第一分冊

一九三三～一九三七年『文化哲学第三部』（生への畏敬の世界観）第二分冊

一九三三年　「世界宗教における人間と生物」
一九三四年　「今日の精神生活における宗教」（ヒッバート講演）
一九三四～一九三五年　「自然的宗教と自然的倫理」（ギッフォード講義）
一九三五年　**『インド思想家の世界観』**
一九三九～一九四〇年　『（インド及び）中国思想の歴史』
一九三九～一九四二年　『文化哲学第三部』（生への畏敬の世界観）第三分冊
一九四三～一九四五年　『文化哲学第三部』（生への畏敬の世界観）第四分冊

第三期　第二次世界大戦以降

一九四七～一九四九年　『神の国とキリスト教』第二部
一九五〇～一九五一年　『神の国とキリスト教』第一部
一九五四年　**ノーベル平和賞講演「現代世界における平和の問題」**
一九五八年　**オスロ放送「平和か原子戦か」**

本書で使用するシュヴァイツァーの遺稿集テキストであるが、これらは先述のように一九九五年よりC・H・ベック社 C.H.Beck より刊行が開始され、十年をかけて全八巻九冊（『生への畏敬の世界観』が二冊本で刊行）が出て、彼の著作活動のほぼ全貌をこれらによって知ることができるようになった。第何巻というような巻数が指定されていないので、刊行年の順に記すと次の通りである。（　）内は各巻の担当編集者名を示し、［　］内は本書で使用する略記号である。

一九九五年『神の国とキリスト教』（編集者：U・ルッツ、U・ノイエンシュヴァンダー、J・ツュルヒャー）*Reich Gottes und Christentum* (Ulrich Luz, Ulrich Neuenschwander, Johann Zürcher), 1995, 508S. [N/RG]

一九九八年『シュトラースブルク講義』（編集者：E・グレーサー、J・ツュルヒャー）*Straßburger Vorlesungen* (Erich Gräßer, Johann Zürcher), 1998, 759S. [N/SV]

一九九九年『生への畏敬の世界観―文化哲学第三部』前篇（第一・第二分冊）（編集者：C・ギュンツラー、J・ツュルヒャー）*Die Weltanschauung der Ehrfurcht vor dem Leben. Kulturphilosophie III Bd.1: Erster und zweiter Teil* (Claus Günzler, Johann Zürcher), 1999, 492S. [N/WEL1]

二〇〇〇年『生への畏敬の世界観―文化哲学第三部』後篇（第三・第四分冊）（編集者：C・ギュンツラー、J・ツュルヒャー）*Die Weltanschauung der Ehrfurcht vor dem Leben. Kulturphilosophie III Bd.2: Dritter und vierter Teil* (Claus Günzler, Johann Zürcher), 2000, 504S. [N/WEL2]

二〇〇一年『説教集（一八九八年～一九四八年）』（編集者：R・ブリュルマン）*Predigten 1898-1948* (Richard Brüllmann, Erich Gräßer), 2001, 1392S. [N/Predigten]

二〇〇一年『世界宗教における文化と倫理』（編集者：U・ケルトナー、J・ツュルヒャー）*Kultur und Ethik in den Weltreligionen* (Ulrich Körtner, Johann Zürcher), 2001, 467S. [N/KEW]

二〇〇二年『中国思想史』（編集者：B・ケムプフ、J・ツュルヒャー）*Geschichte des chinesischen Denkens* (Bernhard Kaempf, Johann Zürcher), 2002, 360S. [N/GchD]

二〇〇三年『講演・講義・論文集』（編集者：C・ギュンツラー、J・ツュルヒャー）*Vorträge, Vorlesungen, Auf-*

sätze (Claus Günzler, Johann Zürcher) 2003, 421S.［N/VVA］

二〇〇五年　『われら亜流者たち―文化と文化国家』（編集者：U・ケルトナー、J・ツュルヒャー）*Wir Epigonen. Kultur und Kulturstaat* (Ulrich Körtner, Johann Zürcher), 2005, 416S.［N/WE］

これらの遺稿集は前述のように、シュヴァイツァーの著作活動の三つの時期に入るものである。第一期は、シュヴァイツァーがアカデミズムのただ中にある時期である。研究はもっぱら神学に向けられ、徹底的終末論と称されるその神学的立場がこの時期に確立した。第二期は、主として文化哲学から世界哲学の研究にわたり、その要となるのが生への畏敬の倫理である。第三期は、第二次世界大戦の危機を経て、彼が再び神学研究に向かった時期である。ここでは明確に「神の国」の理念に集中している。この時期には、彼の意識は核戦争における人類の滅亡か神の国の実現かというところまで極まった。

シュヴァイツァーの遺稿集の特徴は、既刊著作にはない新たな思想が見出されるというよりも、既刊著作で述べられた根本思想の詳論や新たな取り組み直しにある。またこれらの遺稿集には、論述の繰り返しがしばしば見られる。さらに言えば、断片的な論述も少なくない。それゆえ、重要な思想内容を把握する上で、あまりに過度な書誌学的詮索はさして意味がない。ただし、説教集や書簡集を除いても、哲学・神学関係の遺稿集全体は総頁数三千九百頁を超えるものであり、しかもこれらの遺稿集は当該分野の専門家にも知られておらず、また全体として研究もなされていない現状がある。そこには何がどのように論じられているかすら、一般には知られていない。

そこで、本書では、文献紹介の意味も込めて、遺稿集各巻についていささか詳しくその構成や内容について述べることにした。その際、各章で取り上げるテキストの差異に応じ、そこで論じられる内容を再構成してこれに詳しく検討を加えた章もあれば、文化哲学形成期の二つの重要な講演を取り上げた第三章のように、テキストそのものの紹介に力点を置いて解説して検討を加えた章もある。

章立てに関して言えば、哲学と神学領域における著作活動をそれぞれ前半と後半とに振り分け、両者を媒介する領域として第六章において宗教哲学的な研究を配した。哲学と神学は学問領域としては別個のものであり、このような学問論的媒介なしには有機的なつながりをつけることができないからである。また、第八章の平和論を除いて、主に遺稿集のテキストごとに各章を割り振り、既刊著作との関連を指摘しながら、それぞれの内容について論じることにした。このような論述の方式は、今後の研究者の便宜をはかる意味も込めている。そしてその上で、本書においては、彼の問題関心の時間的順序にも注意を払いながら、むしろ思想の内実という観点から彼の著作活動について考察していくことにした。

各章の内容は次の通りである。

第一章から第四章までは、主にシュヴァイツァーの哲学面での研究について扱う。第一次世界大戦前後から芽生えていた文化哲学についての初期構想（第一章）から、生への畏敬の倫理を基軸として世界の諸思想を含めて展開される彼の世界哲学（「文化哲学第三部」）の構想（第二章）、またその個別的議論として彼の中国思想研究の状況についても取り上げる（第四章）。なお、文化哲学から世界哲学へと展開する思想の歩みを、彼は二度にわたり連続講演・講義の形で一般知識層の人々に分かりやすく説いたが、この二つの連続講演・講義（ウプサラ講演とギッフォード講義）はそれぞれ「文化哲学第二部」及び「同第三部」の内容を縮約して行ったものであり、これについてはとくにテキスト解説を行う（第三章）。

第五章から第八章までは、主にシュヴァイツァーの神学面での研究について扱う。はじめに哲学と神学の媒介的領域を果たす宗教哲学的研究を取り上げた上で（第五章）、文化哲学研究に先行するシュトラースブルク大学における彼の神学研究の状況を、主にパウロ研究を中心にして検証し（第六章）、さらに神学研究として第二次世界大戦後に取り組まれた神の国の理念とキリスト教の歴史の問題について論じる（第七章）。第八章は、最晩年の彼が文化や時代への切迫した危機意識の下、哲学及び神学両面で新たな光を当てることになった平和論について取り上げる。

なお、彼の説教集もまた広い意味で著作活動に属するものとして、説教に垣間見る彼の「生活と思想」の一端について、これを「付論」として取り上げる。最後の総括では、人類の精神史的展望をふまえた彼の著作活動全体を回顧し、その中で定位される生への畏敬の倫理思想の意義について再確認を行う。

註

（1）その理由としては、遺稿集の分量があまりに膨大で、その上とくに新しい思想的境地が見られないように思われたからである。このことは、遺稿集刊行前から、すでにH・グロース（Groos 1974:503-504）やJ・ブラバゾン（Bravason 1976:431）などにより指摘されていた。いずれにせよ、研究者の射程も遺稿集にまでは伸びていなかった。

（2）当初の遺稿集は、哲学的著作のみの六巻本全集という形での刊行予定だった。Vgl., *AS. Philosophische Schriften*

*Gesamtausgabe, in 6 **Bänden*** hrsg.von Urlich Neuenschwander und Johann Zürcher. Heidelberg (Verlag Lambert Schneider). その内訳は次の通りであった。

第一巻『文化の衰退と再建』、『文化と倫理』、『文化と文化国家―われら亜流者たち』（一九一四～一九一八年の初期原稿）

第二巻『世界宗教の世界観における文化と倫理』

第三巻『生への畏敬の世界観（文化哲学第三部）』二冊本で刊行

第四巻『インド思想の世界観』、新版「（インド及び）中国思想の歴史」（一九三九～一九四〇年草稿）、『中国思想』（一九三七年草案）

第五巻「哲学講義・講演・論文」、「自然的宗教と自然的倫理」に関するギッフォード講義など

第六巻　補巻『カントの宗教哲学』（一八九九年）

（3）その主要なものとしては、一九八九年から『シュヴァイツァー研究』*AS Studien* が Paul Haupt より、一九九四年から『シュヴァイツァー研究論集』*Beiträge zur A-S-Forschung* が Beltz Athenäum（第五・六巻は Philo、第七～第十巻は Lang、第十一巻以降は Lit）より不定期に刊行されている（前者は遺稿集発刊以後は続巻が出ていないようである）。今日に至るまで最も長期にわたり刊行が続けられているのは、一九七一年発刊の我が国の『シュワイツァー研究』（二〇〇二年以降は『シュバイツァー研究』）だけである（刊行元のシュワイツァー日本友の会が同年シュバイツァー日本友の会に改称したため、研究誌の名称もそれにあわせて変更された）。最新号としては、二〇一六年に『シュバイツァー研究』第三十一号が刊行されている。

◉第一章
初期文化哲学の構想

一――文化哲学における『われら亜流者たち』の位置づけ

シュヴァイツァーは、『文化と倫理』（一九二三）の序論の最後に次のように述べている。

文化哲学のこれまでの二部、すなわち『文化の衰退と再建』と『文化と倫理』には、さらにまた二部が続くことになるだろう。『生への畏敬の世界観』において、私はこの世界観を詳しく論じる。私はそれをこれまで、世界観の探究史との対決の帰結としてただ素描するにとどめておいた。他の一部は文化国家について論じる。（G2/KE 115〔第七巻、三一頁〕）

つまり著作として、シュヴァイツァーは文化哲学研究の四部作を構想していたのである。それが『文化の衰退と再建』（文化哲学第一部）、『文化と倫理』（同第二部）であり、またこれらに続く『生への畏敬の世界観』（同第三部）、『文化国家論』（同第四部）であった。しかし、このうち生前に刊行されたのは、『文化の衰退と再建』（一九二三）と『文化と倫理』（一九二三）だけである。文化哲学第三部の『生への畏敬の世界観』は膨大な遺稿集として残された。文化哲学第四部の文化国家論は実際には書かれなかった。しかし実は、彼の初期原稿には、この文化国家についての内容がいわば先取りされているのである。本章で取り上げるのは、遺稿として残されたこの初期原稿である。

これは、一九一四年から一八年にかけて執筆されたもので、二〇〇五年にウィーン大学神学部（プロテスタント組織神学）のウルリッヒ・ケルトナー Ulrich Körtner 教授とヨハン・ツュルヒャー Johann Zürcher 牧師の編集により遺稿集の一環として刊行された全四百十六頁の大冊である。その標題は、『われら亜流者たち―文化と文化国家』*Wir Epigonen. Kultur und Kulturstaat*, hrsg.v. Ulrich Körtner und Johann Zürcher, 2005［N/WE］である。

本章では、まず彼が文化哲学の執筆を開始した一九二〇年代前後のヨーロッパの精神状況から説き起こし、彼の文化哲学全体における本書の位置づけや、国民的共同体〔国家〕、および宗教的共同体〔教会〕が扱われる彼の文化国家論の構成や特徴について紹介する。彼においては、文化の本質をなすのは人間性 Humanität の概念である。それは生への畏敬に由来する彼の思想全体の鍵概念であり、このことによって彼の文化哲学がいかに倫理的志向を有するものであるかを示すものである。彼が時代の子として植民地に対する宗主国の文化的関係を論じた部分にもそうした側面は面目躍如と現れている。後年、文化国家論が著作として書かれなかったのは、既刊著作である『文化と倫理』に、彼の文化哲学のあらゆる著作や遺稿の中心思想が要約的に組み込まれているところがあったからと推測される。いずれにせよ、文化国家を中心的に扱うこの初期原稿の論述にも、生への畏敬に根ざした文化世界観が提示されている。そこに彼の文化哲学の時代的制約を超えた要素があるのである。

二――シュヴァイツァーの文化哲学の背景とその構想

(1)一九二〇年代前後の精神史的状況

シュヴァイツァーが一連の文化哲学を構想した背景には、第一次世界大戦前後にドイツが陥った精神的「危機意識」がある。近代において世界唯一の文化・文明であると自認していたヨーロッパが戦場になったが、とりわけこの大戦において敗戦国になったドイツにおいて、その危機はいっそう深刻になり、それは「文化の危機」として受けとめられた。ドイツに文化哲学関係の議論が盛んになったのもそのためである。この時期以降、多くの文化哲学や文化社会学の論者の活躍が目立った。『西洋の没落』（一九一八～二二）を著したO・シュペングラー Oswald Spengler（1880-1936）を嚆矢《こうし》として、E・シュプランガー Eduard Spranger（1882-1963）、M・シェーラー Max Scheler（1874-1928）、A・ウェーバー Alfred Weber（1868-1958）などがいるが、その中でも自らの哲学の中心に文化の概念を置き、それを一貫して論じたのはシュヴァイツァーであった。彼の文化哲学第一部『文化の衰退と再建』という標題は、『西洋の没落』に抗議するために選ばれたという見方もある（Seaver

1949:100〔シーバー、一二六頁〕)。

シュヴァイツァーは多くの場合、どの原稿にも記載年月日を書きこんでいる。この文化哲学の初期原稿の場合もそうであり、これらが一九一四年から一八年にかけて執筆されたものであることが分かる。それはちょうど第一次世界大戦の期間とほぼ重なる。というよりもむしろ、ずっとその念頭にあった文化への危機意識が戦争という形で現実のものとなったことに触発され、彼は文化哲学の原稿を書き始めたのである(G1/LD 158〔第二巻、一七九頁〕)。この原稿執筆開始は、一九一四年八月にヨーロッパで世界大戦勃発の一報をランバレネで聞き、自らが軟禁生活を余儀なくされてからの翌日のことだった。もし戦争が起こらず、彼がそのまま医療奉仕活動を続行していれば、彼はその後半生をひたすら原生林の医師として過ごし、彼の文化哲学の原稿も現在残されているような形では書かれることはなかったであろう。

シュヴァイツァーは、大戦が始まった一九一四年頃から文化哲学についての原稿執筆を始めたが、最初に構想したのが文化国家論であったことは、彼の文化への危機意識が国家との関わりにおいてきわめて強かったことを意味している。大戦後のドイツは、一九一八年のヴェルサイユ条約により千三百二十億マルクという巨額の賠償金を請求され、天文学的なインフレ状態に陥った。またエルザス＝ロートリンゲン地方をフランスに割譲させられるなど、国力もそがれて疲弊の極みに立ち至った。前者の出来事はシュヴァイツァーに大きな金銭的損失をもたらし、後者はエルザス出身の彼の国籍変更を強いるものとなった。また、故郷のギュンスバッハも独仏の戦闘地帯となって荒廃した。そして何よりも、彼自身が多年の努力と準備をして開始したランバレネでの医療奉仕活動の中断を余儀なくされてしまったのである。

大戦後、国内的には当時最も民主的だと評価されたヴァイマール憲法が制定され、一九二〇年代も後半になると、文化的には落ち着きを取り戻し、「安定と平和の小春日和」という時期に入った。ヴァイマール時代は思想・イデオロギーの史上稀な自由競争の時代だったが、「われわれが遂に埋めることのできなかった空白を最終的にはヒトラーによって埋められてしまった」（トゥホルスキー）と言われるように、一九三三年の時点で右も左もナチスに総敗北し、完敗してしまった[1]。この年にヒトラーが内閣を組織し、ドイツ第三帝国が始まるのであるが、ドイツの精神文化や良識は一九四五年の第二次世界大戦敗北による第三帝国の滅亡にいたるまで、いわば窒息させられることになるのである。ユダヤ人知識人の迫害・追放が行われ、またハイデガーでさえナチス党に入党したほどであった。シュヴァイツァーが文化哲学の著作活動を行った背景には、このような混乱したドイツの精神史的状況があった。彼が文化哲学の著作活動を行った時期は、ちょうど第一次世界大戦開始の年（一九一四年）から第二次世界大戦終了の時期（一九四五年）の三十年間にあてはまる。

⑵シュヴァイツァーの文化哲学の構想

シュヴァイツァーの文化哲学の構想そのものは、第一次世界大戦よりもずっと以前に遡《さかのぼ》る。彼にとっては、一八九九年のある会席上で、その参加者の一人が「何ということだ！　我々は皆、亜流者ではないか」と叫んだ一言が脳裏にこびりつき、それ以来文化の衰退論の構想をあたためていたという（G1/LD:158〔第二巻、一七九頁〕）。これは彼の自伝『わが生活と思想より』の中のエピソードであるが、実は、『われら亜流者たち―文化と文化国家』では、もう少し詳しく前後の状況が書き込まれている。そもそも彼の意識に文化の衰退のことが上ったのは、ギムナジウム時代にヴィルヘルム皇帝 Kaiser Wilhelm I (1797-1888) の逝去を知らされた時（一八八八年）のことである（N/WE:346）。彼は十三歳の少年であった。ヴィルヘルム皇帝は十九世紀を生きた人物であったが、少年にとっては文化の理想の光彩を放っていた存在であった。彼は子ども心にも、皇帝の死によって世界や人類がなにか貧しいものになるのではないかと不安を覚えたという。当時、すでに授業の中で「亜流者」Epigonen という言葉の説明を聞いていたので、後になっても事あるごとに、時代の刻印を押されたかのようなこの言葉が念頭に上ってきたのである。それから十一年後の一八九九年夏、二十四歳のシュヴァイツァーはベルリン大学教授だった故クルチウス家のサロンに招かれていた[2]。このくだりは、彼の公刊された上記自伝の当該個所（G1/LD:158〔第二巻、一七九頁〕）とはいささか表現が異なっているところもあるので、そのまま紹介する。「亜流者」という言葉が彼の多感な青年期の思索にいかに深刻な印象を与えていたかが、読み取れる文章である。

一八九九年、私は上級学生としてベルリンのクルチウス家で、文学や学術分野の錚々たる名士たちに面会し、霊感に満ちた対話の中で学びを深めながらも自ら陶酔していた。その時、彼らの一人が唐突に言った、「これは何とも仕方がない、我々はやっぱり亜流者なんだ」と。私は、物事を考える際にそこから追い払おうとしてきた、まさにこの言葉を、栄誉ある卓越した学者がこの会席において言い放ったことに、大きな衝撃を受けた。そして生暖かい夏の夜を帰宅する中、少年時代にヴィルヘルム皇帝の死の一報を受けて心配の胸騒ぎの中で耐え忍んだものを、私はいま再び体験したのである。（N/WE:348）

だが時代は流れ、やがて世界大戦の勃発によりヨーロッパの文化の破局は決定的になった。文化の衰退だけでなく、むしろこれからは文化の再建について書かなければならないと決意し直したのは、彼がフランス領コンゴのランバレネで活動を始めてからの事である。

これに関連して言えば、シュヴァイツァーの文化哲学で論じられる重要な諸概念の少なからぬものは、実はすでにアフリカ出発以前に彼自身がシュトラースブルク大学での講義の中ですでにかなり深めていたことも、遺稿集の出版により判明している。実は、生への畏敬 Ehrfurcht vor dem Leben という彼の思想の中心的概念ですらそうであった。一九一五年九月、巡回医療の旅の途中、倫理の根本概念を探る思索を重ねていたときに、「生への畏敬」の理念に到達したと、彼自身は述べている（GI/LD:168〔第一巻、一九一～一九二頁〕）。しかし、この理念も、彼はすでに人間性に基づく文化倫理の主題として、講義の中で取り上げていたのである。このことは、一九一一・一二年の講義原稿から次のように窺うことができる。[3]

生命とは我々にとって謎であるばかりではなく、一つの神秘でもある。つまり、我々は生命をただ直観によってのみ知り、生命を我々の支配する自然の諸力で作り出すということは全く不可能なのである。それゆえ、根っからの唯物論者でさえ、道で芋虫を踏んだり花をむやみに摘んだりするのを避けるとき、彼の心を満たしているのは、「生への畏敬」*Ehrfurcht vor dem Leben* なのである。そしてこの畏敬はあらゆる文化の基音である。（中略）生き生きとした自然との交流においてのみ、生きとし生けるもの全ての掛けがえのなさ、全ての生命とその生命の促進に対する責任感、そして生ける存在の目的は、より高次に発展した生命の形態において、それは何よりもまず当然ながら人間において、他の生命よりもより完全に表明されているという洞察が、基礎づけられるのである。（中略）より高次の存在の維持が問われるとき、倫理的には生命に対しても破壊の権利 das Recht der Vernichtung が生じるのだ、と。ここにはまた一種の緊張関係、あるいは二元論がある。すなわち一方において生きとし生けるもの全てが神聖であるという感情があり、他方には我々が場合によっては他の生命存在を踏み越えていくために、我々自身への責任を引き受けるという必然性がある。（N/SV:693-694）

この一連の文章は、生命を尊重するインド思想の偉大な点と、その偉大さにもかかわらず、生命ある者の闘争や、高次の生命である人間による「生命破壊」の問題についてインド思想がつまずいており、そこに「生命を破壊する権利」を倫理として主張しうると論じる文脈の中で語られる。内容的には後年の文化哲学の構想に、ほぼそのままつながるものであり、むしろそれ以上にかなり立ち入った論じ方をしている点に特徴がある。

なお、この時代のヨーロッパ列強は、いずれも植民地確保と争奪、その支配と開発に明け暮れる帝国主義国家であった。この時代的背景は、彼の文化哲学にも影を落としている。初期のある説教（一九〇七年）[4]の中でも、ヨーロッパ列強が果たして文化国家たりうるかという問いを、シュヴァイツァーは投げかけている。彼の答えは「否」である。これらの国は「海外では栄誉ある文化国家でなく、単なる略奪国家にすぎない」（N/Predigten:793）。ただ彼にも、時代の子としての側面がある。その文化哲学の議論の一部分や彼自身のランバレネでの医療奉仕活動も、そうした植民地政策を大前提として展開したものだからである。

三――「われら亜流者たち」から「文化国家論」へ

(1)既刊著作及び遺稿集に見る文化哲学研究

シュヴァイツァーは、文化哲学に関しては、上述のように三十年間にわたって広範な取り組みを行った。本章で取り上げる文化国家を論じた原稿群は、本章の最初にも述べたように、一九一四年から一八年にかけて執筆された文化哲学の初期原稿であり、そこには実際には執筆されなかった文化哲学第四部の内容「文化国家論」がいわば先取りされているものである。彼には、一八九九年以来あたためていた文化の衰退論の構想「われら亜流者たち」があったが、世界大戦の勃発により文化の破局は決定的と見なし、もはや単なる文化の批判ではなく、これからは文化の再建について書かなければならないと計画変更をしたのだった（G1/LD:161〔第二巻、一八二頁〕）。

シュヴァイツァーは、一九一三年にランバレネで医療奉仕の事業を開始したのだが、早くもその翌一九一四年八月にヨーロッパで世界大戦勃発の一報が入り、その日の夜にはもう捕虜になってしまった。ドイツ国籍の彼はフランス領コンゴでは「敵国人」だったからである。彼はランバレネ病院内の自宅での軟禁生活の中、ただちに文化哲学の研究に取り掛かった。その後再び医療活動は認められるようになったのだが、一九一七年九月には捕虜収容所に入所すべく、ヨーロッパに帰還せよという命令を受けた。そして同年の冬から翌年春にかけてガレソンの捕虜収容所に入れられたのであるが、そこで彼は医師として勤めることが許された。「こうして私はふたたび医者になった。自由な時間があれば文化哲学を書いた（当時、文化国家に関わる諸章の草稿を作成した）。そして、卓と床とでパイプオルガンの練習をしたのだった」（GI/LD:181〔第一巻、二〇七～二〇八頁〕）。

(2)遺稿『われら亜流者たち』の構成

シュヴァイツァーの文化国家論がまとまって展開されている遺稿集は、先述した年表で最も早い時期（一九一四～一九一八年）に書かれた『われら亜流者たち―文化と文化国家』である。遺稿集として編集され、二〇〇五年に刊行されたテキストの内容目次は以下の通りである。

【文化と文化国家】
Ⅰ導入文
Ⅱ文化の衰退の根拠
Ⅲ文化の衰退という現象

Ⅳ再生
Ⅴ人類と人間
Ⅵ国家の理念
1国家と文化国家　2国家形態と国家生活
Ⅶ教会—教会と国家
〔Ⅷ〕社会的国家
1経済的及び社会的な問い　2人口減少と文化国家
〔Ⅸ〕文化と非文化国家
【付録】
1白人と有色人種との関係[5]
2講演「植民地における人権」についてのシュヴァイツァー自身による報道記事[6]
【「文化と文化国家」への補遺】
1「我ら亜流者たち」「文化と文化国家」についての二つの展望計画
2並行する系列テキストからの導入文
3Ⅷ［a］：社会的国家　4Ⅸ［b］：文化と非文化国家

この遺稿の本論には、実はさらに「〔X〕文化国家と植民地」という、シュヴァイツァー夫人の鉛筆書きの草稿があったという（N/WE:346 Anm.8）。この内容及び「〔Ⅸ〕文化と非文化国家」の一部は現在の文脈からすれば時代遅れになって不適切なものも見られることから、シュヴァイツァーの一人娘のレーナ女史がこの部分の公刊を差し止めた。また同様に、この部分はギュンスバッハのシュヴァイツァー文庫でも閲覧ができない状態になっている。この部分の刊行をせずして、果たして彼の文化国家論の遺稿集と言えるのかどうか、編集者の間でも議論があったようであるが、結局、「〔X〕文化国家と植民地」の内容を後年より新しく発展させた論文として「白人と有色人種との関係」他一篇を、この章の代わりとして代置することにしたのであった（N/WE:15）。そのため、遺稿『われら亜流者たち―文化と文化国家』は本論部分が全九章構成となっている。

当初、彼は、「われら亜流者たち」と「文化と文化国家」という二つの展望計画を立てていた（N/WE:345-346）。この二つの展望計画の内、「文化と文化国家」（原題「われら亜流者たち」）という書名のものが現存の遺稿の元になっているものである。本来それは「X文化国家と植民地」を含めた次の全十章構成からなっていた（Ⅷ～Xは素描形式）。「Ⅰ導入文、Ⅱ文化の衰退の根拠、Ⅲ文化の衰退という現象、Ⅳ再生、Ⅴ人類と人間、Ⅵ国家と文化国家、Ⅶ教会―教会と国家、Ⅷ社会的国家、Ⅸ文化と非文化国家、X文化国家と植民地」（この中の最終章が二〇〇五年の遺稿に収められなかった章である）。

これに対し、もう一つの展望計画は「決定された［?・］）計画」という名で、一九一五年八月二十六日の日付を有しており、それは次のように十五章の章立てからなっている。「①導入文、②亜流思想はどこにあるか、その本質、③文化の衰退の徴候、④文化概念の大きな哲学的章＝人生肯定、⑤文化の再活性化のための哲学の役割：理念と現実［!］　人類の哲学［!・］、⑥通常の世論、⑦再生とは（有機体にあらず）。集団の再生ではなく、個人の再生。破局後の再生、⑧社会的問題の文化解釈、⑨文化の心理的障害、⑩個人［!・］、⑪宗教、⑫国家主義と文化国家群（実践的問題全般）、⑬文化国家とその課題（教会、国家、政党）、⑭非文化国家群、⑮

文化と植民地、⑯エピローグ」。

この章立ての内、「③文化の衰退の徴候」にはその概要も記されているが、これらの見出し全体を眺めてみても、とくに前者の「文化と文化国家」（原題「われら亜流者たち」）と基本的に大きな相違は見られない。いずれにせよ、彼は一九一五年夏にこれからは文化の再建について書かなければならないとして計画変更を行った（GI/LD:161〔第二巻、一八二頁〕）。この計画変更の前年（一九一四年）に彼は「導入文」を書きかけていたが（N/WE:347-349）、それは彼のギムナジウム時代の回想から説き起こされていて興味深い。ただこの回想記的叙述は、一九一五年九月二十六日の日付を持つ新たな「導入文」（N/WE:19-26）では姿を消し、論文調に全面的に書き換えられている。ここでは、亜流主義が文化の衰退と深い関わりにあるが、ここで今一度文化の志向 Kulturgesinnung を覚醒させて、生き生きとした文化へと回帰しなければならない決意のほどが説かれているのである。

これらの諸章の内、ヨーロッパに帰って後の〔Ⅷ〕社会的国家及び〔Ⅸ〕文化と非文化国家を除いては、シュヴァイツァーは没収を恐れてアメリカ人宣教師に原稿を託しており、それらの原稿が彼の手許に届くのは一九二〇年の夏になってからであった。その年の春、彼は、「世界人生肯定と、哲学及び世界宗教における倫理」というテーマで、スウェーデンのウプサラ大学において講演を行った。その際、アフリカで書いた文化哲学の原稿が手許にないため、彼は原稿を新たに書き直しせざるをえなかったのである。それは同じものを再度書くという単純なものではない。この講演のテーマが示しているように、その間に彼の研究範囲は拡充されて、世界の諸宗教の思想における世界観と倫理との関連性にも彼の探究心は向かっていったのである。それは、生への畏敬の倫理が、人類の精神史においてどのように位置づけられるかを確かめる営みでもあった。こうして文化哲学は世界哲学の相貌を帯びてくるのである。

その後、シュヴァイツァーはパイプオルガンの演奏会や講演会をヨーロッパ各地で開催するようになった。そうした講演の演題の一つとして、一九二二年にはオックスフォードでまさに「文化の衰退と再建」が取り上げられたのである（Seaver 1949:95〔シーバー、一二〇頁〕）。[7] 一九二三年の春には『文化の衰退と再建』（文化哲学第一部）、『文化と倫理』（同第二部）を書き上げ、同年のうちに両書を刊行することができたのだった。

この両書の中でも、『文化の衰退と再建』は小編であるが、その標題からも分かるように、『われら亜流者たち』の内容、とりわけ前半の文化の衰退と再生を論じた諸章（Ⅱ―Ⅳ）と関連するものがある。ときには、『われら亜流者たち』の論述をなぞってそのまま書かれた部分が随所に見られる。あるいは、『文化の衰退と再建』で要約的に論じられた事柄が、『われら亜流者たち』の至るところに散りばめられ、詳論されていると言ってよいかもしれない。本章では、これら両書に共通して論じられている諸問題の関連性に注目して考察を進めていくことにする。

四――シュヴァイツァーの文化国家論の基本思想

(1)世界観の性格特性の記述

『文化の衰退と再建』は、ヨーロッパの文化状況の診断書という性格を持っている。文化の衰退を示す諸症状は政治経済及び精神生活において現れているが、その最たるものが世界大戦である。そもそもこうなった根本的な原因において、彼は哲学の責任を重視している。そして、哲学が真の意味で楽観主義的でかつ倫理的な世界観を再創造するならば、文化もまた再生にいたるというのが、彼の示した処方箋である。

シュヴァイツァーが考える楽観主義 Optimismus は独特なものである。それは、何事も明るく捉え、良いように判断するといった通常の楽観主義ではない。それは、物事の理想を直観し意欲するところに、またそれを実現させせようとする信念に基づいたものである（N/WE:128）。理想実現に向けた意志、意欲にこそ、真の楽観主義の本質があるわけである。そして、これが倫理的な性格を帯びた世界観を形成することになる。そうした意味で、イエスもまた楽観主義者であった（N/WE:130）。イエスは物事を悲観主義的に判断するが、それは理想に従って世界をつくり直すことを彼が欲したからである。世界の認識がたとえ悲観主義的なものであっても、その世界をより良く改造しようという意欲が旺盛であれば、そこに楽観主義的かつ倫理的な世界観が生まれる。そのような世界観を生み出した最たるものこそ、十八世紀の啓蒙主義思想であった。そこでは、理性的（合理的）精神と宗教的信仰が手を携えて、文化に奉仕していた。これが十九世紀以降失われてしまい、したがって文化も衰退に向かったのである。

文化を再建するためには、楽観主義的で倫理的な世界観の再創造が必要なのだが、それはひとえに人類における意欲如何にかかっている。この意欲は発展可能性を秘めている。一つの音響が次々と反響を起こしていくように、意志から意志へと働きかけていくことがその決め手になる。そのようにして、未来の大きな課題は、より高い楽観主義の意欲を目指すよう教育していくことにある（N/WE:133）。そして、これが可能になるのは、生への畏敬においてほかはないというのが、シュヴァイツァーの一貫した主張なのである。一九一六年十二月頃までに書かれた『われら亜流者たち』第四章「再生」によれば、意欲と生への畏敬との関係について次のように述べられている。

生への畏敬において、我々の意欲は自己自身をはっきりと知るにいたる。この意欲は、そこにおいて生命の一つの意欲へと高められるが、それは従来の諸々の世界観が依拠してきたいかなる説明とも関わりのないものだ。この存在はそれ自身において価値豊かになり、他の一切の価値を創造する価値となるのである。生への畏敬は、我々の意志をして我々自身の存在の肯定へと強いる。生への畏敬には、あらゆる道徳的なものの根源が存する。我々が自らの現実存在を止揚する自由を用いないのは、この生きようとする意志の

> 消極的な側面である。この意志は同時に次のことを把握する。すなわち、我々は自ら影響を及ぼし発展させうるような、自己自身の存在及び他のすべての存在を、想像の及ぶかぎりの最高の価値へともたらすことを求めるものだ、ということを。究め尽くしがたい無限な万物の存在の内にあって、我々は存在のこうした肯定を通じて、自己の生命に最高の意義を賦与することになるのである。(N/WE:142)

一方、『文化の衰退と再建』においては、生への畏敬の手前までしか論述は進んでいない。この思想は次の「文化哲学第二部」である『文化と倫理』において、ヨーロッパ精神史の探究の過程を経てその完全な姿を現す。その意味で、『文化と倫理』は、シュヴァイツァーの文化哲学の思想を集約した内容を持っている。この著作の第一章「文化の危機とその精神的原因」及び第二章「楽観主義的世界観の問題」は『文化の衰退と再建』を、第四章「宗教的世界観と哲学的世界観」は『キリスト教と世界宗教』を要約的に述べたものとなっている。また最終章の第二十二章「生への畏敬の文化的エネルギー」は文化国家を論じており、それは文化国家や教会について構想された初期原稿の内容を、「生への畏敬」という観点から圧縮的にまとめ直した内容として読むことができる。

一連の文化哲学の著作活動を通じて、シュヴァイツァーの思想にはぶれや転向といったものはなんら存在せず、基本的には終始一貫した内容を有している。ただ、その間に彼の語法や表現、あるいは力点の置き方が多少変化しており、それが彼の思想の深化を跡づけるものだといえよう。これらのことは、初期原稿と実際に刊行された文化哲学第一部・第二部の間においても見られる。その最たるものが世界観の性格をめぐる論述であろう。

『われら亜流者たち』では、文化再生のための楽観主義的世界観の必要性という議論が登場し、詳しく論じられていくが、後半（Ⅵ以下）になると論述は文化の担い手としての国家や教会へ向かっていく。これに対して、『文化の衰退と再建』においては文化と世界観の関係をどう確定するかということにどこまでも焦点が当てられている。第五章（最終章）の標題はまさに「文化と世界観」であるが、精神の大きな課題は世界観をつくることにあり、我々は文化世界観 Kulturweltanschauung を獲得したときにはじめて、文化に必要な思想と志行と行為を身につけることができると、その冒頭に述べているのである（G2/VW:76〔第六巻、二七九頁〕）。このように文化世界観という端的な表現を用いて論じられるのが同書の特徴である。

また初期草稿及び「文化哲学第一部」に対して、「文化哲学第二部」である『文化と倫理』において進展しているのが、世界観の性格を形容する際の表現である。前者ではしきりと楽観主義か悲観主義かという二者択一で論議されていくが、これは先述したように通常の用法と異なることもあり、誤解を招くおそれもないではない。そこで、後者においては、これが世界人生肯定か世界人生否定かという二者択一に置き換えられていくのである。なるほど、こちらのほうが術語としても洗練されているし、誤解の余地もない明瞭な表現である。『文化と倫理』では両方の表現が混在しているが（『文化の衰退と再建』においても最終章では世界人生肯定・否定という表現が登場している）、後年の遺稿である「文化哲学第三部」になると世界人生肯定・否定という表現が中心になり、楽観主義・悲観主義という形容は希薄になってくるのである。

⑵文化の衰退現象の分析から

シュヴァイツァーによれば、文化の衰退は至るところに現れているという。科学技術や産業の発達により、物質的側面においては進歩しているように見えるが、人間性の根本に関わる精神的側面においては大きく衰退している。精神文化を構成する学問や芸術の世界において、まさにそのような現象が起こっているのである(N/WE:48-49)。

学問に関していえば、現代の学生は事物についての多くの学識を学んではいるが、その事物そのものについては精通しているわけではなくなった。神学、哲学、法学、歴史学、文学などの文科系学問においては、以前ほどにはその源泉に頼ることがなくなってしまったのである。また実践的領域である医学においても、解剖学、生理学、病理学や薬理学などの知識は優れてはいるものの、病院や薬局などで見習い期間を通じて観察や経験を積んで自分の腕を磨いていくということがめっきり減っていった。

芸術に関しても同様である。絵画や彫刻の分野において、かつては師匠の下で弟子仲間が切磋琢磨していたのに、今ではそれが学校での授業に取って代わったため、技芸の継承や能力が失われていった。音楽においても、かつては楽団の中で全ての楽器の奏法を習得し、合唱団で共に歌い、楽曲を書写することで作曲技法を学び、指揮者の代わりを務めることで指揮法を覚えていったのに、それが今では音楽学校の専門教育に取って代わった。こうして、音楽のあらゆる部門に全人的に関わることがなくなった。また、農業を含む職業や手工業の分野においても、学校で勉強することが優勢になっていった。そして、機械を用いた産業が次第に台頭してきたため、自立した伝統的な手工業者が次々と姿を消していったのである。

これらの事例は、シュヴァイツァー自身が神学や哲学の研究にいそしみ、また三十歳からは医学の習得につとめ、またさらには幼少の頃からオルガン演奏の手ほどきを受けてきた実体験から述べたものだと言えるだろう。またアフリカに来てからは、先住民たちの手仕事がヨーロッパ列強の持ち込んだ大量の工業製品により駆逐されて失われていくのを目の当たりにしてきたため、一層そうした危機感を強く持ったにちがいない。

彼は、『文化と倫理』においても、便利なはねつるべをあえて使わない庭師の例（『荘子』第十二天地篇）を引用して、機械的な仕事が多くの現代人の運命になったことを嘆じている（G2/KE:406-407〔第七巻、三四二頁〕）。これにより人々は、自分の住まいや土地から引き離され、物質的不自由の中での生活を余儀なくされ、また統制された労働によって自覚と精神集中は困難になった。また、人間の全人格ではなくて、その能力の一部しか求められないので、それによって不完全な人間が出来上がってしまうのである。不自由、非集中、不完全性に加え、何よりも問題なのが人間性の喪失である。生活が多忙になり、人々の行き来も頻繁になって、狭い地域に多数の人間が住んでいるために、お互いが他人同士の関係になってしまい、人間と人間との正常な関係がきわめて困難となった。これが非人間性を助長する大都市の現状である。

この非人間性の思想は、いつのまにか人々の間に浸透していった。たがいに人類の成員であるはずなのに、それが人間の形をした資材や物になり下がってしまったのである。これが最も明瞭になるのが戦争であり、そこでは個々の人間の運命はもはや思い浮かばず、単なる数字か物のように扱われてしまうのである。シュヴァイツァーは、かつては冒険小説にも人間性が溢れていたとして、デフォー Daniel Defoe（1659?-1731）の『ロビンソン・クルーソー』（一七一九）を挙げている。ここは、『文化の衰退と再建』では初期原稿の文章をほぼそのまま使って述べている箇所の一つである。後者のほうから訳出してみよう（その最後の一文は前者にはないものである）。

〔ダニエル・〕デフォーのロビンソン・クルーソーは単なる冒険家ではなく、たえず人間性 Humanität について反省を重ねている。彼は人間性にきわめて責任を抱いているので、自分を危害から守る場合であっても、人命の犠牲をいかに最小限にとどめるか、常に考慮しており、そのように努めることによって、彼の冒険生活は人間性に裏づけされた一つの内容を有しているのである。昨今のこの種の作品の中で、これほどの内容をもった作品はどこに見出せられようか。道徳的なものは、我々の時代の精神を表明するところではどこにおいても後退してしまっているために、その声を上げなくてはならないときであっても、言うべき言葉を失っているというありさまなのである。（N/WE:63, G2/VW:39〔第六巻、二二八～二二九頁〕）。

この引用からも、シュヴァイツァーが文化にとって人間性の志向、すなわち倫理性が不可欠であると考えていたかが分かるであろう。こうした考え方から、文化における倫理的要素の重視という彼独自の倫理的文化観が示唆されてくるのである。

⑶理性の四大理想と人間性の概念

シュヴァイツァーは、理性の四大理想として、人間、人類、国民的共同体〔国家〕、および宗教的共同体〔教会〕を挙げている（N/WE:168）。これは、『文化と倫理』において、文化を構成する四つの理想として述べているものと符合する。すなわち、「人間の理想、社会的・政治的社会化の理想、精神的・宗教的社会化の理想、人類の理想である。これら四つの理想に基づいて、思惟は諸々の進歩に取り組む」（G2/KE:406〔第七巻、三四一頁〕）。これらの中で人類と人間についての理想は、残りの二つ〔国家と教会〕と比較すれば、より普遍的なものとして証示される。国民的共同体〔国家〕、および宗教的共同体〔教会〕は、個々の人間が人類へと社会化する際の二つの別個な様式なのである。両者は理性の概念であるがゆえに、単に自然に形成されてきた歴史的な集団にとどまらず、それらは同時に思惟必然的な集団でもある（N/WE:169, G2/KE:413〔第七巻、三四八～三四九頁〕）。理性の四大理想がこのように相互に有機的に作用するならば、そこに文化に向かう方向性も存する。そして文化の本質をなすものこそ、人間性 Humanität, humanity の概念である。

しかし、彼によれば、人間性をなんら考慮に入れないで文化の可能性を信じさせてしまうような、文化の概念の混乱状態が起こっているという（N/WE:38）。あらゆる認識的、芸術的、学問的、技術的な獲得があったにせよ、もし人間性がそこに見出せないならば、それらは単なる外面的な教養以外の何物も与えてはくれないのである。それでは、人間性はどこから由来するものなのか。彼は言う。「人間性はなんら感傷的なものではない。人間性は感情からではなく、思惟から由来する。思惟が人間や人類という理性理念に到達するや、人間性もそこに現れる。人間性が啓蒙期において熱狂的な形で登場したからといって、それに欺かれてはならない。当時の人々にとってもまた、人間性は理性から生じたのである。感情的であることは、人間性が現れるときに身にまとう装いに過ぎないのだ」(N/WE:170)。

人間性は、文化にとってきわめて本質的なものである。それは、その最も根本的で普遍的な形式における文化であり、思惟する世界観の最も直接的で同時に最も価値のある成果であるがゆえに、「文化について述べることはことごとく人間性から必然的に由来し、また常に再び人間性へと還帰していくものである」(N/WE:170)。

この人間性の概念はシュヴァイツァーの思想全体の鍵概念であり、彼の文化哲学がいかに倫理的志向性を有するかを示すものである。それは、彼の倫理思想の核心をなす生への畏敬と深く関わっており、文化国家論を扱ったこの遺稿においてもそのことが明確に言及されている。「自分以外の存在への本性的で自己中心的な関わりと並んで、個人が非自己中心的な関わりを打ち立てるところに、活動的な精神的自由としての道徳性がある。この姿勢は、何にもまして生への普遍的な畏敬に由来するものである」(N/WE:91)。

生への畏敬は、倫理的な生き方の出発点となる。それは真の人間存在に属するものであって、生きとし生けるもの全てに対する責任を自覚するものとならなければならない。我々の使命は生命を促進させることにあり、罪とは生命を破壊することなのである(N/WE:194)。生への畏敬がこうして人間性の志向を持ち、人間性が文化にとって本質的なものであれば、自ずと文化国家の性格も規定されてくるであろう。

⑷文化国家と文化人類の関係

では、文化はどのようにして国家と関わり、また国家はどのようにして文化国家となるのだろうか。シュヴァイツァーによれば、文化国家が成立するのは、個人や人類の精神的・道徳的完成にいたる目標が、当該の政体により採用され、その政体に精神的・道徳的な人格性を賦与するときであるという（N/WE:58）。文化国家は、文化の目標であるだけでない。それは、文化のための手段でもある（N/WE:60）。この国家が採用した精神的・道徳的理念は、それ自身とその国民のために、たえず利子を生むような資本を形成する。彼らは、その政体の文化及び文化観を得るべく教育を受けることになる。しかも、文化国家の形成だけが文化の目標に尽きるわけではない。このように、彼にあっては、文化国家が「文化」国家であるという点に常に強調点が置かれており、その「文化」は人間が人間であるということに深く関わるものである。「文化人」こそ真の人間性を証示するものである。「文化人 Kulturmensch の理想とは、どんな境遇の中でも真に人間であることを証示するような、人間の理想以外の何物でもない。我々にとって文化人であるとは、我々が現代文化の状況にかかわらず、人間であるということとほぼ同じ意味を有するのである」（G2/KE:408〔第七巻、三四三頁〕）。

いかなる共同体も、人類〔人間であること〕Menschheit の完成という究極目標を持っている。なぜなら、自分がある民族に属することも、ある宗教に属することも偶然そうなっただけであるが、自分が人類〔人間であること〕に属することは直接無媒介なものだからである（N/WE:172）。そして何らかの共同体への献身には、実現されるべき普遍的な目的が前提されるが、この献身は何らかの不完全な目標にとどまり続けることはできず、人類〔人間であること〕の完成という究極目標において、初めてその安住の地を見出すものなのである(N/WE:173)。

しかし、この文化国家概念に対して敵対的なのが国家主義《ナショナリズム》(これは民族主義とも訳される)である。第一次世界大戦は、ヨーロッパ列強の国家主義が帝国主義という最悪の形で荒れ狂った戦争であった。国家主義は、その意義を喪失した卑しい愛国主義にほかならず、それは本来の高貴で健全な愛国主義に較べると、正常な確信に対する妄想のようなものである(G2/VW:54〔第六巻、二四九頁〕)。この国家主義によって外的な破局がもたらされ、文化は没落してしまうのである。シュヴァイツァーは、繰り返し文化に対する国家主義の破壊的な作用について語る。ここでは、その議論の一部について紹介することで満足しなければならない。

国家主義は国民国家の理念に由来するものであるが、文化の名の下に国民感情を強化しようというところに悲劇の発端があった。『ドイツ国民に告ぐ』(一八〇八)という講演で、フィヒテは国民国家をして文化国家の理想を実現させようと主張した。そのような形で実現される文化国家は、彼にとっては啓蒙主義の理性国家に他ならず、これが世界史の目標の中で運命づけられたものと見なされていた。「同時に文化国家たらんとする国民国家の主たる任務は、国家の内に純粋な人間的要素がバランスよく形成されていくことに配慮していくところにある」(N/WE:75, Vgl.G2/VW:55〔第六巻、二四九頁〕)。民族をたえず教化することで、高貴な人間性の理念を開発していくことが目指されたわけである。このようにして、フィヒテは国民感情を理性、文化、道徳性の後見の下に置いた。愛国主義の礼賛それ自体は、無意味な戦争を引き起こすだけの単なる野蛮なものに過ぎない。

十九世紀を通じて、国民国家の理念は文化国家を実現すべきものと目されたのだったが、文化の衰退とともに国民国家は自立したものになり、それが現実政治《レアルポリティーク》により強化されることになった。現実政治といえば、名指しはされていないが、ビスマルク Otto von Bismarck (1815-1898) がシュヴァイツァーの念頭にあったのは間違いないだろう。ビスマルクこそ、「ドイツの問題は鉄と血とで解決されなければならない」という有名な演説を行い、ドイツの国家主義に立脚した軍備拡大政策を遂行した政治家だったからである。現実政治は、領土や経済上の権益を過度に重大なものと見なし、それを教義化・理想化し、またそれを自国民の情熱によって担わせていたのだった。

ヨーロッパでは、国家主義と共に登場したのは軍国主義だけではない、教権主義（聖職者の不当な勢力）もまた諸々の出来事の中から生じてきた。これは、破局に瀕して揺らいだ国家が文化国家へと到達できず、その間に以前にも増して教会が精神生活を支配することで出現した現象である (N/WE:110)。シュヴァイツァーは国家主義、軍国主義、教権主義を並置して扱っており、『われら亜流者たち』ではカトリック教会のあり方に批判的な姿勢を取っている。

しかし、シュヴァイツァーによれば、現実政治はしょせん非現実政治に過ぎない。その理由は、『われら亜流者たち』においては、「現実を考慮に入れず、予想した目標を確立することを犠牲にしてしまい、結局は信じられないほど何の利益も上がらない」(N/WE:84) からであるとされている。一方、『文化の衰退と再建』では、「自国民の情熱を混入させることで、最も高貴な問題までも解決不能にしてしまったからである。それは経済的な利益を陳列棚の中に並べておいて、その実、国家主義の権力と迫害思想を在庫に持っていたのである」(G2/VW:571〔第六巻、二五二頁〕) と述べられている。こちらのほうがより分かりやすく、また卓抜な表現になっていることが分かるだろう。いずれにせよ、国家主義のために、文化国家の理想が国民国家の理想へと変質させられ、それにより文化人類への道も閉ざされてしまうのである。

(5)「教会と文化」の関係論

シュヴァイツァーによれば、国家は国民的共同体として、教会は宗教的共同体として、それぞれ個々の人間が人類へと社会化する際の二つの別個な様式であった。そこからして、社会的・政治的な社会化及び宗教的な社会化の理想もまた、これらの集団が人間の倫理的精神化及び人類への社会化という観点の下にあってはじめて目的をもつのである。そうしたとき、国家との比較において教会は具体的に文化とどういう関係にあるのだろうか。彼は、『われら亜流者たち』の一章（Ⅶ教会―教会と国家）を割いてこれを詳論している。

教会とは、国家と並んで独自な自然的、歴史的な集団であり、その理念によれば、宗教を通じて成立し、宗教をその対象とする社会集団である（N/WE:245）。教会はあくまで個人を教育するところに、その役割がある（N/WE:248）。教会は人間の教育者であって、民族の教育者ではない。教会は、ただ個人的な道徳性に対してのみ関わるのであって、道徳的な人間からどのように道徳的社会が生じるのかという問いには、教会は関知しない。教会が作用を及ぼすのは、土台においてである。また、教会は宗派的な文化、国家は自由な文化を庇護する（N/WE:251）。国家が自由な文化を擁護するものであるのに対し、教会は、しかし熱意をもって宗派的な文化をその傘下におさめようとする。国家の庇護の下で、自由な文化も可能である。国家がなければ、我々は教会の文化に従属してしまうだろう。

それゆえ、文化に対して教会と国家の目標は明確に異なるものである。教会の目標は、文化国家が文化人類Kulturmenschheit の理念の実現を目指すかぎり、文化国家の目標よりは包括的なものではない（N/WE:252）。教会の精神的性格ですら、教会に対して国家に卓越した性格を賦与するものではない。宗教はそもそも社会の掟となるべきではなく、そうなってしまえば惨憺たる結果をもたらすとして、彼は次のように言う。「キリスト教国家というのは、すでにベール Pierre Bayle（1647-1706）が述べたように、そもそも考えられないものであり、事実そのようなものが存在したためしはないのである」（N/WE:248）。シュヴァイツァーならではの政教分離の視点は、このように文化に対する宗教（教会）と国家の関わりに由来するのである。

彼は、文化における教会の意義を認めつつも、共同体の規模や役割、目標などの点において国家のほうをより重視しているようである。国家こそ、文化国家とならなければならぬものである。文化国家は、理性の理想が生き生きとしていて、全体と個人の完成がそれ自身のために目指されているところに成立する。理性国家であるような国家は、道徳的な精神によって支配されているのであって、その自然的な諸機能がどれだけ達成されているかは、とくに重要視してはいないのである。

だからといって、もちろん教会と国家は相互に無関係であったり、まして相互不信の関係であったりしてはならない。彼は両者のあるべき関係について、「Ⅶ教会―教会と国家」の最後を次のような文章で締めくくっているのである。

教会と国家の関係は社会の精神的状態に依拠している。社会が今日のように、宗教性も文化もともに有していないのであれば、国家も教会も相互不信に陥り、意思を疎通することができなくなってしまう。社会が宗教的文化を達成するならば、両者は相互に自然な調和を保つことができる。それゆえ、多くの人々が思想する人間 denkende Menschen になり、そうした存在として教会においても、また国家においても重視されるようになったときにこそ、問題は解決する。〔この〕精神的な前提が満たされる度合いに従ってのみ、正常な関係を打ち立てる外面的な手段のほうもうまく事が運ぶことになるのである。(N/WE:275)

五――シュヴァイツァーの文化国家論の展開

(1)自然国家と文化国家の関係

文化国家 Kulturstaat は、通常の自然国家 Naturstaat とはどのように異なるのだろうか。自然国家は、言語や文化や生活様式を共有する同じ民族がその歴史的過程の中で自然に作り上げていく国家である。それはその自然的傾向に従って自己を保存し、また膨張していく傾向を持つが、このことが周辺の国家や民族との対立の原因ともなり、しばしば排他的な国家主義（民族主義）がそこに形成されることになる。

シュヴァイツァーは、そうした通常の自然国家と文化国家の圏域をはっきりと分ける（N/WE:221）。自然国家の圏域は、自己保存の志向だけが支配しているところにある。それが未開人の集団であるにせよ最も近代的な国家組織であるにせよ、ただ単にそこには自然国家しか見出されない。発達した法治国家であっても、自然国家の圏域に属するものである。その中に現れる理性がそうした自己保存に奉仕するからである。これに対して、文化国家の圏域は、理性の理想が生き生きとしていて、全体と個人の完成がそれ自身のために目指されているところから始まる。この点で理性国家であるような国家は、道徳的な精神によって支配されている。その自然的な諸機能があまり発達していなくとも、こうした条件が満たされているかぎり、文化国家なのである。文化国家は、我々が文化の理想と文化の志向を国家意志に取り込むことによって成立するものなのである。たしかに完成された自然国家は、幾つかの点で文化国家の相貌を帯びてくることがある。

自然国家は、自己保存を精神的要素にも置くならば、自らも精神的な性格を持つ。しかしだからといって、それはまだ自然国家の精神以外の精神は有しているわけではない。自然国家はその仕組みが合理的である限り、合理的な性格を持つ。しかしだからといって、それは理性の諸理念に導かれているわけではない。こうした理性理念だけが、文化国家の本質をなす理性的志向を生み出すことができるのである。最も非理性的な国家意志が最も合理的〔理性的〕なシステムと結びつきうるということが、近代国家においていまや明らかになっているのである。(N/WE:221)

しかし、文化国家の理念は自然国家とは異なるがゆえに、後者が陥りやすい国家主義〔民族主義〕やそうした文化の指示で前者を想定することは避けなければならない。むしろ、どこまでも生への畏敬に拠る文化志向の力を信頼して導かれる国家として、文化国家を考えることが大切なのである(G2/KE:419〔第七巻、三五五頁〕)。そうした文化国家こそ、前章で述べたように文化人類へと至る社会化の途次にあるものとして本来的な位置づけを得るものなのである。

⑵文化国家の人口減少及び文化国家への道程の問題

文化が進むにつれて人口減少の危険が生じるというのは、現代の先進国の現状からも見てとれるが、シュヴァイツァーもそうした現実を認識していた。これは自己保存及びその延長としての自己拡大を旨とする自然国家では想定外のことであろう。ただ彼によれば、真の文化は楽観主義的世界観にして人生（生命）Leben 肯定であり、それは存在を高揚し肯定することへと向かうはずのものである。まして人間という存在は最も価値豊かな生命であるわけだから、これを文化の向上という質的な意味だけではなく、人口そのものの増大という量的な意味でも拡大させる志向をも有しているものなのである。その理想は「文化人」たちによってこの地上を満たすことなのである（N/WE:288）。

人々に生命に対する畏敬というものが欠けるならば、動物を無思慮に虐待したり殺したり、あるいは国家主義が忌まわしい人間の犠牲を要求することを良しとするように、すでに現存する生命に恐るべき無邪気さでますます罪を犯すことになるわけだから、これから生まれてくる生命のために責任を持って関わることがどうしてできるだろうか。彼はこう問いかけて、包括的な生への畏敬に基づいた人格的な道徳性が人々の心に出現するに至ってはじめて、自らの子孫のことについても人生（生命）肯定的な発想で考えることができるのだと見なすのである（N/WE:298）。

ところで、文化国家に対峙されるのは非文化国家である。非文化国家は、非人間的な志向が支配するところでは、ヨーロッパであれ非ヨーロッパであれ、どの国にも該当するものである。そうした国家が文化国家に至るための道程は決して容易なものではない。政治的に民主政体（民主主義）Demokratie, democracyを採用すれば良いというわけではない。非文化国家を文化国家へと発展させるのに最も好都合なのは、民主政体はただ外面的な形態を取るだけで、合理的な民族の進歩を得ようと努力する一人ないし少数の支配が及ぶという状況である（N/WE:310）。実際、非文化的な民族においては、一種の専制政治を取っているとき最も栄えるものだという。「非文化的な民族を政治的に教育する際に最も困難なのは、近代国家が通常その機能を発揮するのに求められる、次のようなメンタリティを創り出すことである。すなわち、統治者や官吏の側では収賄することなく職務に献身することであり、市民の側では自由な意志で統治されることであり、自らは共同体の目的に献身することである」（N/WE:310-311）。

歴史的な文化国家の場合ならば、長期にわたり恵まれた環境の中で自らを形成することができたが、まだそうしたメンタリティの有していない民族が性急に民主政体を取り入れることに、シュヴァイツァーは危惧しているのである。彼がどこまでも現実主義的に国家統治の問題を見ていたことがこうした所からも分かる。彼が文化国家論の原稿を書き終えた頃の一九一九年に、ドイツでは民主主義的なヴァイマール憲法が成立することになるのだが、そのわずか十数年後にはもうナチスの暴政に屈服してしまうのである。もしかしたら彼はそうしたところまで見越して、民主政体のあり方を捉えようとしていたようにも思われる。ドイツはまだ文化国家とは言えなかったのである。

⑶国家体制としての民主政体の問題点

上述のごとく、シュヴァイツァーは、国家形態としての民主政体（民主主義）の適用については批判的な見方を持っていた。彼によれば、単にその名称ではなく実態を考察するならば、国家形態の相違は全く相対的なものに過ぎない。「イギリス国王は大英帝国の終身的な大統領であり、合衆国大統領は北米共和国の暫時選出された国王である」（N/WE:226）。彼が民主政体について批判的な観点を持っているのは、この原稿が執筆された当時の、まだ民主政体が成熟していない時代状況が大きくものをいっているのではないか、とも思われる。またその民主政体の理解は、彼が得た情報に基づいて判断した経験論的なものであり、ある意味で速断のそしりを免れない、どこか曖昧なところもあったように思われる。それは、次のような発言に現れている。

民主政体の国々の議会が認めざるをえなかったのは、戦争か平和かを決定するような出来事に意見を差しはさむことができないことだった。国家間の敵対関係が続く中で、国の運命を決するような条約や協定は、議会には全く知らされないか、せいぜい後になって知らされたかのどちらかだ。世論は検閲の下にあった。こうして破局が民主政体の破産を明らかにした。（N/WE:227）

君主政に負けず劣らず、共和政においてもまた、民衆はその権力者たちに対して無防備状態に置かれている。あるいはせいぜい民衆は、彼らが互いに折り合わない場合、一方を助けて他方を倒すことが許されるだけである。しかし、単に通常の問題だけにのみ適用できて、決定的な問題には適用できない民主政治というのは、一つのフィクションである。(N/WE:60)

文化国家の理念は、民主政体にあっては、たえずエネルギーを失い、その中で通用しなくなる傾向を持つ。その理由は、単に民主政体だけに帰せられない。むしろ、その内的要因としては、他の全ての事柄と同様、ここでも文化に向けられた思惟が欠如しているところにある(N/WE:59)。この思惟がなければ、文化国家の理念も生き生きと活動するものにはなりえないのである。

民主政体には、到達された成果から我々を前に進めるどころか、そこから我々を押しのけてしまうところがある(N/WE:59)。それは、文化国家の思想が個々の精神的に卓越した諸人格にありありと存在しうるような純粋な形では、大衆がそうした思想を有することができないからである。民主政体が文化国家の精神的理想に合致するかどうかは、そうした大衆の精神化にかかっている(G2/KE:410〔第七巻、三四五頁〕)。そのためには、国家は当然、経済的・社会的な条件整備をも怠ってはならない。可能なかぎり多数の人々に可能なかぎりの高度な物質的な自由を、というのが我々にとっての文化の要請でもあるのだ(G2/KE:411〔第七巻、三四六頁〕)。

シュヴァイツァーの論調は、読みようによっては勇み足を感じさせるところがあるものの、民主政体が衆愚政治に陥りがちな急所を突いており、その点は大衆社会が広がった現代においてもたしかに通用するところが大きいと評価できよう。

六――植民地に対する宗主国の文化的関係とは

(1)テキストの問題

シュヴァイツァーもまた時代の子である側面は免れない。『われら亜流者たち』には付録として一九二七年の「白人と有色人種との関係」が掲載されているものの、この標題の下で構想され、その草稿も残されていた「[X]文化国家と植民地」が現時点では日の目を見ていない以上、彼の正確な植民地論を理解することは難しい。しかし、植民地支配と経営がヨーロッパ列強によって当然だった時代に刊行されたこの「白人と有色人種との関係」を読めば、彼の文化哲学における植民地観の位置づけがある程度分かる。本章においても、その内容を紹介することで満足しなければならない。この論文では、植民地経営を大前提とした当時のヨーロッパ人の時代認識に従って、宗主国の白人と植民地の黒人がどのように両者の利害を一致させ、健全な植民地経営をなしていくかを、両者の利害や人権問題に言及しながら論じている。そこでは両者の倫理的関係こそが基本になるべきである。なお、シュヴァイツァーは、植民地支配を所与の現実として、その支配の下でいかに現地の人間の諸権利を保証していくことができるか、という問題提起を行っている（N/WE:325）。

シュヴァイツァーによれば、「植民の主要問題」とは、すなわち人間の諸権利の維持、擁護、拡張についてなのである。我々白人は、未開・半未開の民族[8]に自分たちの支配を強要する権利はあるかと、彼は自問する。「（我々が彼らをただ支配し、彼らの土地から物質的利益を引き出そうとするだけなら、答えは否である。しかし我々が彼らを教育し、彼らを良き状態へと至らせるために真摯につとめるなら、答えは然りである）」と（N/WE:325, G1/LD:200〔第七巻、二二九頁〕）。この部分が（　）付きになっているのは、この遺稿の原文に加えて『わが生活と思想より』の第十七章「アフリカ回想記」から引用して付加した部分だからである（以下の引用においても同様）。このやり方は、遺稿集の編集者が、シーバーによる『シュヴァイツァー　人物とその精神』（一九四七年）の中で採用したものを踏襲しているところである。シーバーがこのシュヴァイツァー伝を刊行した時期はすでに第二次世界大戦後であり、植民地が独立の声を上げ始めているので、読者に誤解されないよう配慮したものではないかとも想像されるのである。[9]

⑵人権理念の成立の背景とその種類

人間の諸権利〔人権〕Menschenrechte という理念が成立し、発展したのは十八世紀においてであるが、それは組織された社会秩序が確立され揺るぎないものになった時代である。シュヴァイツァーは、そうした歴史的背景から、次のように述べる。「基本的な人権がどこに存しようとも、それら諸権利はただ安定して秩序の確立した社会においてのみ確固たるものとなるのである。秩序の未確立な社会にあっては、人間の福祉さえも、しばしばその基本的諸権利を制限せざるをえないことになる。だから我々は、この考察においては、哲学的な基礎よりもむしろ経験的な基礎から出発することにしよう」(N/WE:327)。彼はここで、基本的人権として、①居住の権利、②滞在地の自由選択の権利、③土地及び土地財産、またそれらの享受を妨げられない権利、④労働選択の自由及び交易の自由の権利、⑤法律上の保護の要求、⑥自然的な国民の紐帯の中で生きる権利、⑦教育の権利を挙げている。

たしかに基本的な人権は、安定した秩序ある社会があって、はじめて機能するものである。しかし、現代的な観点からいえば、不安定で秩序が確立していないからこそ、社会的弱者の人権を擁護し、ときには他の主権国家であってもそこに介入していくべきではないか、という主張がなされるところであろう。この点で、シュヴァイツァーの立場は時代制約的ではあるが、しかし彼も断っているように、あくまで「経験的な基礎」から出発するところに、彼の考察の出発点があるわけで、現代的な観点から裁断することよりも、その時代的限界の中で彼がどこまで真摯に人権問題に取り組んだかをこそ見ていくことが大切である。

(3) 強制労働と教育の問題

その点を最も端的に例証するものとして、上述の人権問題の中から「④労働選択の自由及び交易の自由の権利」と「⑦教育の権利」を取り上げてみたい。

アフリカ人たちは、自らが生まれ育った土地に根ざした人間の部類に属する（N/WE:331）。彼らは、その家族や村から遠く引き離され、そのために食糧や衛生上の深刻な諸問題にさらされるようなことがあってはならない。そうした事態を引き起こす宗主国側の要因が「強制労働」Zwangsarbeit である。シュヴァイツァーは、次のような根本原則の適用を条件とした上で「強制労働」を容認する（N/WE:332）。

①強制労働は、ただ国家のみが行使し、かつ絶対に必要な場合にのみ適用されるべきである。

②女性は強制労働に次の場合にのみ従事できる。

　a その労働場所が村の近隣にあって帰って眠ることができる場合

　b 農作業の仕事が必要ないとき（これは実は容易に知り判定できる）

　c 幼児に授乳していないとき

③子どもの労働は禁止すべきである。

④人々が村から遠く離れて強制労働をさせられる際、食物や住居の衛生的条件が十分要求を満たすよう、とくに準備を整えておくべきである。

⑤労働の速度は決して強制してはならない。

ここには、植民地支配を前提としながらも、現地の人々を人間として尊重し、その生活を大切に守ろうとする姿勢が貫かれている。その「前提」のほうにアクセントを置いてしまえば、シュヴァイツァーもまた植民地主義者であるが、しかし人間性の尊重のほうに着目すれば、彼は卓越した人道主義思想家であり実践家である。

なお、文化の出発点は知識ではなく、あくまで人間が生きている現場と密着したところに求めなければならない。アフリカ人にとっては、それはまず手仕事となるというのがシュヴァイツァーの意見である。「（植民地の学校では、知的学習にはあらゆる種類の手仕事の習得が伴われるべきである。植民地の文化にとって、レンガを焼いたり組み立てたり、丸太を挽いて板にしたり、鎚やカンナやノミを扱ったりする方が、読み書きが才気煥発に出来たり、a＋bやx＋yの数式を用いて計算できることよりも、現地の人々にははるかに重要である)」(N/WE:336, G1/LD:203-204〔第二巻、二三三〜二三四頁〕)。

植民地に暮らす現地の人々が自分たちの食糧を調達し、自分たちの住まいを建てることができてこそ、はじめて宗主国側としても、独自の社会的組織を打ち立ててやることができる。「一切の独立及びその結果としての経済力の獲得能力や正義の確保は、いずれもそこに根ざしたものなのである」(N/WE:336)。こう述べる時、シュヴァイツァーは、ここでは明確に統治する立場に立っていると言えよう。

七——完成作品としての『文化と倫理』

既刊著作である『文化と倫理』（文化哲学第二部）は、シュヴァイツァーの文化哲学のあらゆる著作や遺稿の中心思想が要約的に組み込まれている。例えば、この著作の第一章「文化の危機とその精神的原因」と第二章「楽観主義的世界観の問題」は『文化の衰退と再建』（文化哲学第一部）を、また第四章「宗教的世界観と哲学的世界観」は『キリスト教と世界宗教』を要約的に述べた内容である。その意味で、『文化と倫理』は彼の思想を集約した完成作品ともいえる。これに続く文化哲学第三部『生への畏敬の世界観』が生前ついに一つの著作にまとめられることなく、膨大な原稿群の集積として残されたことを考えると、『文化と倫理』を超える作品を書くのは、彼には困難だったようにも思われるのである。

『われら亜流者たち─文化と文化国家』の内容に関しても、事情は同様である。『文化と倫理』の第二十二章「生への畏敬の文化的エネルギー」が、まさにその本論部分のダイジェスト版ともいえる。この章は、文化国家や教会について構想された初期原稿の内容を、「生への畏敬」という観点から圧縮的にまとめ直したものとして注目される。

『文化と倫理』第二十二章は四つの節から成り立っているが、その概略は次の通りである。内容的に見て、本章のこれまでの論述とも重なっていることが分かるだろう。

第一節「生への畏敬の成果としての文化」（G2/KE:403-405〔第七巻、三三八～三四〇頁〕）では、文化は世界進化とは無関係であり、文化それ自身の中に基礎をもつこと、また文化の本質は、人間の内なる生への畏敬が個々の人間及び人類全体にますます浸透するところにあると述べられている。

第二節「文化の四つの理想、機械時代における文化人類のための闘い」（G2/KE:405-413〔第七巻、三四〇～三四八頁〕）では、文化における三種の進歩（知識・能力の進歩、人間の社会化における進歩、精神性の進歩）、また文化における四種の理想（人間の理想、社会的・政治的な社会化の理想、精神的・宗教的な社会化の理想、人類の理想）について述べられている。単なる生活改善のために掲げる理想ではなく、どんなときでも真の人間性を証示する人間の理想こそ、文化人にとっては本質的なものである。ただし、そのためには経済的・社会的問題をも熱意を持って取り上げるべきだとする。

第三節「歴史的な集団及び文化理想としての教会と国家」（G2/KE:413-415〔第七巻、三四八～三五〇頁〕）では、教会及び国家は、思惟必然的な集団として、自己をたえず理性的で合目的的な共同体に再形成することを欲することが述べられている。文化は教会及び国家の発展を望んでおり、すべての共同体は、生命の維持・促進・展開と真の精神性の発現に役立たなければならない。

第四節「宗教的共同体及び政治的共同体の道徳化」（G2/KE:415-420〔第七巻、三五〇～三五五頁〕）では、宗教的共同体（教会）と政治的共同体（国家）の相違が述べられている。前者は、愛の意志として体験される生への畏敬を中心にすえることにより、自らを敬虔な倫理的・宗教的統一として体験させると同時に、相異なる宗教的共同体相互の間に理解と一致の道を開くものである。後者は、生への畏敬の持つ倫理的世界人生肯定によって、倫理的精神的人格、すなわち倫理的な文化理念によって導かれる「文化国家」となるとされる。それは内的な平和をもたらすと同時に、相異なる政治的共同体の間において生起するならば、国家間に理解と協調をもたらすものである。

刊行された遺稿『われら亜流者たち』は、内容的にもかなり詳細に書き込んでおり、分量的にも相当のものがある。本章で論述してきたのはその主要な論点であるが、シュヴァイツァーは、どうしてこれを一冊の著作として纏《まと》めなかったのであろうか。それはただ単に、彼が後年ランバレネでの活動やヨーロッパでの講演やオルガン演奏などで多忙になったという、外面的なことだけではないだろう。そうしたことも、もちろん要因としてあったには違いないが、『文化と倫理』第二十二章の上述のような概要から見ても、ある程度の推測ができるのである。実際のところ、この章それ自体が、すでに優れた「文化国家論（教会論も含む）」の論文として完成された内容を有しているのである。そのため、シュヴァイツァーはこれ以上の文化国家論を展開し、詳述することを断念したのではないかとも考えられるのである。

さらに言うと、具体的な詳論に立ち入って時事論評になってしまえば、議論自体が哲学論文としては時代的制約を免れない恐れも出てくるだろう。このことも、時代の激動期に生きた彼の念頭にあったのではなかろうか。実際、遺稿に収められなかった「〔X〕文化国家と植民地」のことを考えてみても、それは徒《いたずら》な空想ではないと思う。もしこの章が生前に活字になっていたとしたら、後になって一層「植民地主義者」の印象が強くなっていたかもしれない。いずれにせよ、遺稿として残されたのはこの初期原稿だけであって、文化哲学第四部としての「文化国家論」はついに著されることはなかったのである。

八——生への畏敬に基づく文化国家観

今日の世界ほど、文化の有する力、すなわち「文化力」が問われている時代もないだろう。ここでいう文化力とは、あくまで精神史的意味としての文化力である。それは、文化・文明の客観的な物的成果や経済的繁栄のような外面的な要素だけではなく、その本質ないし根底となる精神的・内面的な要素が及ぼし得る一種の力と定義づけられる。これは哲学的に考察された文化・文明の精神史的位置付けに由来する見方であり、シュヴァイツァーの文化哲学もまたこの文脈において捉えることができる。[10]

彼の文化哲学は、時代を超えてそうした文化力を強く有するところに、大きな意義がある。文化を再建設するためには理想主義的世界観が不可欠である。彼は、それが「生への畏敬」の世界観であるとして徹底的に究明した。生への畏敬こそは、世界人生肯定と倫理をともに含み、それは倫理的文化のあらゆる理想を思惟し意欲するものである。それはまた、我々がどこまでも倫理的人間として、個々の人間や人類全体がなしあたう一切の文化を構想し意欲するようになすものでもある。彼の文化力回復の処方箋は、まさにそうした人間性に満ちた倫理的な文化世界観を打ち立てるというところにある。

遺稿『われら亜流者たち—文化と文化国家』においては、国家と教会とがともに文化の志向性を有するものとして詳論された。両者はそれぞれ個々の人間が人類へと社会化する際の様式であるが、人間性こそ文化の本質をなすがゆえに、両者もまた当然ながら人間性と密接な関係を持たねばならない。今日どの文化・文明に属しようとも、人々が共通に立脚しうる普遍的な理想としての人間性、そしてこれが倫理的理念として具現した生への畏敬の思想は、シュヴァイツァーにあっては、その初期遺稿として残された文化国家論からも十分読み取ることができるのである。

文化国家の問題意識を梃《てこ》にして、シュヴァイツァーの文化哲学は、『われら亜流者たち』においては、ここから国家（国民的共同体）や教会（宗教的共同体）をめぐる議論に展開していく。両者はそれぞれ社会的・政治的社会化の理想、精神的・宗教的社会化の理想として、文化を構成する四つの理想の内の二つだからである（G2/KE:409〔第七巻、三四一頁〕）。これらの理想は、『われら亜流者たち』においては、人間、人類、国民的共同体、宗教的共同体は、理性の四大理想であるという表現になっている（N/WE:168）。残りの二つは、人間の理想と人類の理想である。後者の二つの理想は、国家や教会の理想と比較すれば、より普遍的なものである。国家や教会は、個々の人間が人類へと社会化する際の別個な様式なのである。

これに対して、『文化の衰退と再建』の問題関心は、前述したように、あくまで文化と世界観の関係確定へと向けられている。世界観が「思考する世界観」になってこそ、それは文化世界観となる。世界観が文化を促進させるエネルギーとなるためには、楽観主義と倫理という二つの条件が不可欠であるとして、これについて詳論するのが同書の中心的な議論となっているのである。

ただし、こうした議論は『われら亜流者たち』の中でも扱われていることは、もちろん言うまでもない。「楽観主義を欠いた理想主義は存在せず、また理想主義を欠いた楽観主義も存在しない」（N/WE:133）ように、楽観主義は理想主義と不可分の関係にある。そして理想の世界を実現すべく努力するところに、倫理的な営みがある。しかし、この理想主義を喪失したために、文化は没落してしまったのである。それゆえ、文化の再生のためには、人々が倫理的存在として自ら属する社会へと働きかけて行かなければならない。社会はそのようにして、道徳的人格の性格を獲得し、自己をそのように確信する。文化の本質は、まさにそれ以外においてはありえない。こうした社会にあってはまた、道徳的人格を持つ人間が真の文化人であることが証示されるのである（N/WE:216）。

註

（1）『思想』第六八九号「一九二〇年代・現代思想の源流Ⅱ」（岩波書店、一九八一年十一月号）の巻頭座談会「一九二〇年代を考える」（二〜三一頁）における脇圭平の発言（五頁）より。

（2）高名なヘレニズム学者だったクルチウス Ernst Curtius（1814-1896）は当時すでに亡くなっていたが、その後もクルチウス家はベルリンの知的生活の一つの中心になっていた。シュヴァイツァーは、彼の義理の息子でコルマルの教区管長だったフリードリヒ・クルチウスの知人だったため、同家のサロンにも受け入れられたのである（G1/LD 42〔第一巻、三五頁〕）。

（3）これは遺稿『シュトラースブルク講義』（一九九八）の「歴史的・批判的神学及び宗教評価のための自然科学の帰結」（冬学期の四つの最終講義一九一一・一二、六九二〜七二三頁）の一部である。

（4）シュヴァイツァーの死後五年目に刊行された説教選 *Straßburger Predigten*, München（C.H.Beck）, 1966によれば一九〇五年一月六日となっていたが、二〇〇一年の遺稿決定版の説教集では一九〇七年一月六日に訂正された。これは伝道集会での朝の説教であるが、地上における最初の命令の中で「人間」という語を語ったイエスの教えにこそ、人間性を尊重する真の文化が込められたものであり、海外伝道はまさにイエスの弟子であるその文化を伝えることだと、彼は示唆している。またその一方で、彼はこの伝道がキリスト教国と呼ばれる国々がおこなった暴虐な所業に対する償いでもあることをも明確に述べているのである（N/Predigten:792-796）。

（5）一九二七年頃の執筆とされるが、一九二八年一月 ***Contemporary Review*** に英訳が発表された（N/WE:325）。ジョージ・シーバーがこれに『わが生活と思想より』の文章を補足的に挿入した形で、これを彼の伝記的著作『シュヴァイツァー　人物とその精神』George Seaver, ***AS: the Man and his Mind***, London（A. and C.Black）,1947の付録として付け加えた。今回、私はシーバーのドイツ語訳 George Seaver, ***AS. Als Mensch und Denker***, Göttingen（Deuerlische Verlagsbuchhandlung）, 1949と日本語訳ジョージ・シーバー『シュヴァイツェル―人間と精神』（会津伸訳、一九五九年）の付録一「文明と植民・白色人種の有色人種に対する関係」（Seaver 1949:364-376［シーバー、五〇二～五一八頁］）を参照した。なおドイツ語訳のこの部分は、英語訳から再度ドイツ語に訳しなおしたもので、シュヴァイツァー自身が一九二七年に書いた本来のドイツ語原稿とは文体や語法が異なっている（ただし、文中の『わが生活と思想より』の引用の部分はシュヴァイツァーの原文そのままである）。

（6）これは一九二七年八月十九日にスイスの「平和と自由のための婦人国際連盟」の会合の際に語られたもので、強制労働の問題の指摘や、現地の人々の過酷な取り扱いは改められるべきだと主張している点など、内容的には（5）と重なる内容を有している。

（7）シュヴァイツァーは、一九二一年一月末に初めてイギリスを訪れ、六週間の滞在期間にオルガン演奏会や講演会をこなした。オックスフォードのこの講演もその一つ。他にバーミンガムでは「キリスト教と世界宗教」、ケンブリッジでは「終末観の意義」、ロンドンでは「パウロの問題」で講演を行った。

（８）原語はprimitive und halbprimitive Völkerであるが、シュヴァイツァーの従来の邦訳書（その多くは昭和四十年代までに刊行されてきた）では、これに「原始民族、半原始民族」というような訳語が当てられてきた。またそうした訳書では、植民地の現地に住む人、あるいは土着の人々Eingeborenen（英語のnative peopleに相当する）を「土人」とか「原住民」と訳してきた経緯がある。これらの訳語は、今日の日本語の語感では蔑視的なニュアンスが濃厚なために使われることはなくなった。さらに言えば、その訳語が用いられているがゆえに、シュヴァイツァーの著作そのものも今では我が国で読まれず、また再刊されることがなくなった大きな要因がある。しかし、たとえそうした訳語を用いていたとしても、彼の著作をていねいに読めば、植民地時代での活動という時代的な制約の中で彼がいかに人道主義的に考え、行動しようとしていたか分かるはずである。

（９）シュヴァイツァーの植民地観やそこに住む人々との関係については、金子昭「シュヴァイツァーのアフリカ医療伝道再考」、『宗教と倫理』第十号、宗教倫理学会、二〇一〇年、三〜一八頁）を参照。彼の医療伝道活動はその出発時におけるフランスの植民地政策を前提として展開されたものだったが、その中で現地の人々に対して可能な限り寄り添い、同じ人間同士として接しようとした。その意味で、時代制約的な要素とその中でのヒューマニズム的実践との両面を慎重に見て行かなければならない。

（10）「文化力」の観点から見たシュヴァイツァーの文化哲学理解に関しては、『比較思想』（比較思想学会）第三十五号（二〇〇九年）所載の金子昭「文化力」再生の処方箋は存在するか―シュペングラー、シュプランガー、シュヴァイツァーの場合―」を参照されたい。ここでは、シュヴァイツァーと同時代の二人の文化哲学者との比較を通じて、現代の文化・文明の危機における彼の文化哲学の意義について論じた。

◉第二章

文化哲学から世界哲学へ

——文化哲学第三部の構想

一——四度にわたるシュヴァイツァーの文化哲学の試み

⑴テキスト『生への畏敬の世界観』の構造

シュヴァイツァーは、自らの生への畏敬の思想の探求を思惟の歴史の自己展開のあり方から把握するため、「文化哲学第二部」の副題を持つ『文化と倫理』でのヨーロッパ思想史の批判的吟味だけではなく、人類全体の思想史においてもそれを定位して検証しようと試みた。これが「文化哲学第三部」として位置づけられた遺稿の著作化である『生への畏敬の世界観─文化哲学第三部』*Die Weltanschauung der Ehrfurcht vor dem Leben. Kulturphilosophie III*, hrsg. von Claus Günzler und Johann Zürcher, (Bd.1: Erster und zweiter Teil, 1999)［N/WEL1］,(Bd.2: Dritter und vierter Teil, 2000)［N/WEL2］である。このテキストは二巻本で合わせて約千頁にも及ぶ大部の遺稿集であり、共にシュヴァイツァーの遺稿集全体の責任編集者でもあるカールスルーエ教育大学のクラウス・ギュンツラー Claus Günzler 教授とヨハン・ツュルヒャー Johann Zürcher 牧師により編集がなされた。

生への畏敬の思想は、人が倫理的世界観を求めるならば、思惟必然的にそこに到達するものとして位置づけられる。シュヴァイツァーはそのことが人類全体の思惟の営みにおいても同様に達成されるはずだと考え、壮大な比較思想史的探求を行ったのである。その成果は文化哲学の枠組みを超え、世界哲学の構想ともなっている。

哲学分野に関する遺稿集のいずれにおいても、世界哲学の構想が何らかの形で述べられているが、「文化哲学第三部」以前のものとして重要なのは本書第五章で取り上げる遺稿「世界宗教における文化と倫理」である。これは、一九一九から一九二一年にかけて執筆されており、一九二三年の『文化の衰退と再建』（文化哲学第一部）、『文化と倫理』（文化哲学第二部）及び『キリスト教と世界宗教』に先立っている。これに対して、『生への畏敬の世界観』は、これらの後で一九三一年から一九四五年に至る十五年間に四度にわたって書き改められており、こちらのほうは生への畏敬の世界観を基軸にして、より本格的な形で文化哲学から世界哲学を志向した著作として構想されたものである。当然注目すべきテキストは『生への畏敬の世界観』であるが、シュヴァイツァーはついにこれを生前に刊行にまでこぎつけることができなかった。彼が「文化哲学第三部」に取り組んだこの十五年間は、第一次世界大戦後の疲弊し混乱したドイツにナチズムが台頭し、一九三三年にヒトラーが政権を握る前後から始まり、ファシズムの嵐、そして世界中に惨禍をもたらした第二次世界大戦が終結する時期にそのまま重なるものであった。また、これらの原稿の多くの部分が、ランバレネ病院での辛苦に満ちた一日の仕事が終わってから執筆されていたことも忘れてはならないだろう。

本章では、そのテキストを読み解きながら、生への畏敬の世界観に収斂されるシュヴァイツァーの世界哲学の構想を把握していくことにしたい。

まず我々に残されたテキストについて述べる必要がある。遺稿集では、『生への畏敬の世界観』は「第一・

第二分冊」と「第三・第四分冊」の二巻本（一九九九年、二〇〇〇年）としてまとめられているが、それらは主に時代順に次のようにテキストを並べたものである。

『生への畏敬の世界観』第一巻「第一・第二分冊」

第一分冊　一九三一〜一九三三年　第二分冊　一九三三〜一九三七年

『生への畏敬の世界観』第二巻「第三・第四分冊」

第三分冊　一九三九〜一九四二年　第四分冊　一九四三〜一九四五年

それぞれのテキストの主要部分のおおまかな内容目次は、次の通りである。

『生への畏敬の世界観』「第一・第二分冊」（全四九三頁）

第一分冊（一九三一〜一九三三年）

第一分冊へのまえがき（ヨハン・ツュルヒャー）

[第一の系列（テキストの抜粋からなる）]

[第二の系列]生への畏敬の倫理　第一章の決定稿

Ⅰ人生の成熟

Ⅱ自己自身であること

Ⅲ人格であること

Ⅳ健康な人間悟性と思惟[第一草稿]

Ⅴ伝承された精神的財

［1］序論　［2］ギリシア思想　［3］中国思想　［4］インド思想　［5］ゾロアスターの思想

［6］イスラエルの宗教、キリスト教

［Ⅵ］近代の思想

［Ⅶ］神秘主義に関する章

［Ⅷ］第二の中心となる章

倫理的世界観　倫理的世界観の諸困難

［第三の系列］

［Ⅰ―Ⅲ（第二系列第二章稿のⅠ―Ⅲは欠落、Ⅷは『世界宗教』の巻に移動）］

［Ⅳ］健康な人間悟性と思惟［第二章稿］

Ⅴ人間性の思想について［第一頁　現存しない章の最初の部分］

［Ⅴ］神秘主義と思惟

［Ⅵ］人生観と世界観［決定稿］

世界観と人生観［テキストの素描、後から付加されたものと推定］

世界―人生観［新しい］テキストの素描

［Ⅶ］完全な倫理の問題

第二分冊（一九三三～一九三七年）

第二分冊へのまえがき（ヨハン・ツュルヒャー）

［Ⅰ］世界観の問題

［Ⅱ］人間性の思想　概観

［Ⅲ］敬虔なるもの
［Ⅳ］生への畏敬の世界観［《ラーゲルフェルト・テキスト》］
［元の内容目次（完全なものではない）］
［1］思惟とは何か　［2］思惟　三つの世界観［3］懐疑主義に関する章　［4］哲学、宗教、神秘主義
［Ⅴ］人間性の思想の過程

『生への畏敬の世界観』「第三・第四分冊」（全五〇四頁）

第三分冊、第四分冊へのまえがき（クラウス・ギュンツラー、ヨハン・ツュルヒャー）

第三分冊（一九三九～一九四一年）

［Ⅰ］生への畏敬　序説
［1］思惟について　健康な人間悟性　人生観―世界観　ストア・エピクロス　［2］思惟―感情―理性―悟性　［3］知識と思惟　［4］人生―世界肯定　［5］人生―世界肯定　人生―世界肯定を伴う倫理　二つの焦点　［6］思惟の諸困難と態度　人生観―世界観　倫理的な人生―世界肯定の基礎づけ　侵入者の姿［7］倫理的な人生―世界肯定にとって、この世界に与えられた諸困難　生命の完全な展開　［8］結語　倫理的なものを断念したり、生起の意味のもとに我々が留まることは不可能であること
［Ⅱ］思惟の諸困難へのあとがき

［Ⅲ］人類の思惟　思惟［様式―神秘主義、宗教、哲学］　序論　神秘主義の本質
［Ⅳ］近世における倫理の保持をめぐる問い　倫理的理想の喪失
［Ⅴ］中国、インド、ゾロアスター、ユダヤ教における倫理的世界観
［Ⅵ］生への畏敬の世界観　倫理的なもの［人間と被造物］
［Ⅶ］倫理　倫理的なものと非―倫理的なもの

第四分冊（一九四三～一九四五年）
　生への畏敬の世界観
　Ⅰ時代の精神的・物的な状況
　Ⅱ思惟　一九四四年の第二章稿　健康な人間悟性
　Ⅲ人生―世界肯定の四つの根本類型
　［1］倫理的なもの　［2］倫理的な人生―世界肯定　［3］非倫理的なもの、ニーチェと生物学者たち　［4］［見出しなし］　［5］人間に応用された生物学についての節　［6］生物学的思惟　［7］生物学に影響を受けた非倫理的なものの代表者　［8］生物学と疑似生物学　［9］文化状況による不利な影響に対する闘い　［10］［文書14・3bから、見出し無しの二つの節］　［11］最終節　新しい生物学とベルグソン

この二つの巻には各分冊の主要テキストの他に、相当な分量の付録（Ⅰ主要テキストからの断片、Ⅱ整備資料の付録からの抜粋）がついているが、冗長になるためにその細目は省略した。しかし、ここで記した主要テキ

ストの目次を見ただけでも、似たような章題が繰り返し出てきていることが分かるだろう。一例を挙げれば、「健全な人間悟性」と題した章である。この章は幸福や正義を取り上げ独自な視座を提示して興味深いのであるが、第一分冊（第二・第三の系列のⅣ）、第二分冊（Ⅳ［1］の一部分）、第三分冊（［Ⅰ］［1］）、第四分冊（［Ⅱ］）と、四分冊を通して繰り返し同様な形で登場している。同様の繰り返しは、章題だけでない。全体的な内容を通じても、世界観・人生観及びその倫理との関係、哲学・宗教・神秘主義の相関関係、またこれらを踏まえた人類の精神史の検討などについて、何度も再論しつつ類似した議論を行っている場合が少なくないのである。そのため、四つの分冊を通して文章に修正を加えながら、同じようなテーマの論述が続き、時にはほぼ同一の文章がそのまま繰り返されていることもしばしばであり、引用するにもどの部分を使用したらよいのか迷ってしまう。それら全部を引用して書き連ねることは労多い割には内容と意味に乏しく、かえって煩雑な印象を与えるだけである。本研究では適宜その流れの中で引用することにした。また、中国思想や宗教哲学に関するより包括的な論述は、『中国思想史』、『世界宗教における文化と倫理』などのほうにむしろ、よりまとまった形で収録されている。このようなことからも『生への畏敬の世界観―文化哲学第三部』全二巻を通読して感じるのは、きわめて混沌とした印象である。

遺稿集として編集される過程で、シュヴァイツァーの原テキストはすでに精査されて全体としてまとまりのある形に整備されている。「編集者注記」や各分冊の「まえがき」を読めば、自筆原稿を読解し、主要な部分と素描・草稿や素材類に振り分け、並べ替えて整理したり、表記のずれや誤記・欠字等を補足修正するなど、そこに編集者たちの並々ならぬ尽力が窺われる。(1) 書誌学的な面に関して我々がそれ以上のことを云々することは困難である。それゆえ、我々は彼らの尽力に敬意を表すると同時に、現在刊行された形での遺稿集に即して、その内容面においてシュヴァイツァーの思想を検討することにしたい。その際、膨大な分量になる「文化哲学第三部」において、印刷に廻すべく整備された章節の部分を主要テキストとし、素描や発想及び題材（素材の集成）、試論や草稿類を付録テキストとしてこの二巻本が組まれたことは重要である（N/WEL1:17）。本研究においても、主として主要テキストの内容を取り上げ、補遺となる付録テキストについては重要であると判断される部分のみ取り上げることにする。（内容的な繰り返しが多いので、引用の際は最も特徴を出している箇所を主とした。また付録テキストにおいても、既刊著作にはない新しい思想の萌芽や同時代の思想に対する批判もあり、この部分は取り上げる価値がある。）

それでも主要テキストの分量は第一巻・第二巻あわせて七百頁近くになるが（付録テキストなどを含めると約千頁）、実質的内容となるとかなり大幅に整理して要約することができる。ここでは、編集者の注記等を参照しながら、主要テキストの構成について述べておきたい。

ギュンツラーは、第一巻の序論「1」で「文化哲学第三部」を「シュヴァイツァーのカオス的書物」と名付け、このテキストの性格について次のように端的に述べている。実際にシュヴァイツァーの遺稿の編集に従事した者の告白として、我々も耳を傾けるべきところがあるだろう。

文化哲学第三部は、哲学的議論が批判的な受容に対してなんらかの解答を提供できるような完全な書物、また自己完結した構想といったものでは決してない。むしろ、シュヴァイツァーは、この四度繰り返される大きなアプローチにおいて、それぞれ含蓄のある内的な体系性をもって、たえず新たに同じ道を歩みつつも、ついに一度たりとも達成しようとした目標に到達できないでいるのである。その代わりに、議論の歩みは倫理と世界観の中心的な主題に内在する二律背反とはたえず袂を分かとうとした。そのように思惟の各局面において、そのつど体系的であろうとしているにもかかわらず、〔結果的には〕全体としてなんら体系的な決着を見るにいたらなかったのである。(N/WEL1:19)

⑵生への畏敬を世界観として展開することのアポリア

そもそも「文化哲学第三部」の構想は、「生への畏敬の世界観」という題を持っていることから分かるように、「文化哲学第二部」で提示された生への畏敬の思想を世界観として展開し、ヨーロッパ精神史のみならず人類全体の精神史に定位しつつ、自らの生への畏敬の倫理思想の卓越性を示そうとしたところにある。シュヴァイツァー自身、『文化と倫理』の序言の最後で、第三部「生への畏敬の世界観」の内容について「これまで過去の世界観探究の対決の結論として素描するにとどめたこの世界観〔生への畏敬の世界観〕を詳述する」(G2/KE:115〔第七巻、三一頁〕)と述べている。

彼が「生への畏敬」の「世界観」として構築しようとしたのは、人間において直接的に体験されるところの生命観〔人生観〕Lebensanschauung の意味での世界観であるとはいえ、それはもともと「未完成のままに止めておくべき大聖堂」(G2/KE:382〔第七巻、三一六頁〕)のはずであった。彼は、それを体系的に展開させようと、何度も異なる出発点から議論を手掛けたものの、満足のいく論述にはならなかった。「文化哲学第三部」が、巨大な未完成のプロジェクトとして残されたのも、そのためであった。シュヴァイツァー自身、世界認識と生命体験との本質的な齟齬《そご》を承認する二元論的世界観を了解していたはずなのに、これはどうしたことだろう。倫理を土台にして世界観を構築しようとすると、どうしても非倫理的な世界を取り込んでしまい、「生への畏敬」による「世界観」は自己矛盾をきたすのである。さらに言えば、そうした議論の中に見いだされるのは拡張、詳論、強調点の移動ばかりである。それゆえ、彼がこうした巨人的な試みの不可能性を感じ、ますます新しい、それゆえ絶望的とも思えるほど何度も最初からやり直さざるを得ず、結局は巨大なトルソで終わらせてしまったと、レンクやノイエンシュヴァンダーは刊行前の段階の草稿を読んで同様に述べている。(2) つまり大作ではあるものの、頭部や四肢を欠いた不完全で未完成な作品だというわけである。

しかし新しい思想が遺稿に見られないことは、すでに以前から予想されていた。彼は、『インド思想家の世界観』(一九三四)刊行後、一九六五年に九十歳で亡くなるまで長生きし、その間(三十年間)の書簡集や彼自身のインタビューなどが残されているが、それらからも彼の生への畏敬がさらに深く世界観として探究された様子は見られないのである(金子、三〇九頁)。彼はあくまで世界観という言葉に固執しているが、実質的には倫理に基づく世界観構築の試みからは離れつつある(Günzler 1996:179)ともいえるのである。

着目すべきは、むしろ彼が「文化哲学第二部」で示唆した「生への畏敬の世界観」の試行錯誤の探究が、結果として、もう一つの意図としての人類の精神史の詳論となって展開されたことである。彼は、この詳論をヨーロッパ精神史だけでなく、人類の精神史において展開しようとした。この意図は、生への畏敬の世界観の体系的論述に代わるような形で次第に「文化哲学第三部」の前面に登場してくる。

シュヴァイツァーは一九四五年の春頃には、「文化哲学第三部」の取り組みをこれ以上続けるのを止めている。「一九四五年二月十七日ランバレネにて」と記された注記には、「私の書物がカオス的になったのは、あまりに膨大な題材の持つ困難さにある。いつからうまくこの題材をこなせるか、他の人には分かるだろうか」(N/WEL2:482)。彼の中でずっと気がかりであったと見え、例えば一九五〇年のある手紙の中にも、「もしギュンスバッハで五カ月の静かな時間があり、この書物〔文化哲学第三部〕に集中することができたとしたら、全て終わらせることができただろうに」と述べている(N/WEL2:14-15)。[3] しかし、そのような時間を持つことは、ついに出来なかった。第二次世界大戦後は、彼自身も神学的著作(『神の国とキリスト教』)の執筆に切り替え、さらに東西冷戦が深刻になって核戦争の危機が迫ってくると、彼はその切迫した危機感の中で平和問題に対して声明文を出すようになっていくのである。

二――四分冊の各内容の構成

ここで、各分冊の構成について概観し、シュヴァイツァーが各分冊でどういう構想を抱いていたか、その概要を踏まえて再構成してみよう。なおシュヴァイツァーは自ら脚注の形で執筆年月日を原稿に記している。しかし、それらは彼の他の遺稿集においてもそうであるが、見直しや書き直し等も含め、前後に錯綜しているところがある。また、それらは執筆過程の心覚え的な意味しか持たないこともあり、以下では、各分冊の最初の章と最後の章の脚注から年と月のみを採用することにした。

(1)第一分冊

主要なのは第二・第三系列である。第二系列は一九三一年四月から執筆が開始され、七章部分（Ⅰ〜［Ⅶ］）まで書き継がれているが、シュヴァイツァー独自の論述は第一章から第四章までである。これら諸章の要所（とくに最後の部分）に「同胞よBruder Mensch!」という呼び掛けと共にその要点をまとめて訴えている一文が付されているのが特徴である。第五章（［Ⅴ］）は人類の精神史概観で六つの節から成り、第六章

（［Ⅵ］）はヨーロッパ近代思想史概観、第七章（［Ⅶ］）は神秘主義の章である。これら主に思想史的検討の諸章は百二十頁分にも及び、わずか二十頁ほどの独自な論述部分の六倍にも及んでいる。

おそらくそうした理由により、シュヴァイツァーは、第三系列として一九三三年三月より再度書き改めることになった。この系列は第四章（［Ⅳ］）から始まり、第七章（［Ⅶ］）まで書きすすめられているが、第一章から第三章の部分が欠けている。第四章の標題は「健康な人間悟性と思惟」で、第二系列の第四章と同題になっており、内容的にも前者は後者の第二稿として書かれている。ということは、彼はここで欠落部分の第一〜第三章は第二系列の第一〜第三章で十分だと考えたのではないだろうか。ただ、第五章（［Ⅴ］）以下は内容的に思想史的検討部分が多いせいか、第三系列で「同胞よ」という呼び掛け文があるのは第四章に限られる。また、第五章に該当する部分は当初、「人間性の思惟について」という章題で書き始めたが、付論で一頁分しか残されておらず（N/WEL1:401）、再度「神秘主義と思惟」という章題で全面的に書き改められて本論中に入れられている。なお、第三系列には第八章に該当する部分としては「世界宗教における人間と被造物」という内容であるが、これは分量が長大かつ内容的にも独立したものと編者により判断されて（N/WEL1:36, N/KEW:11, 177-178）、『世界宗教における文化と倫理』に移動され、この巻に収録されている（本論 N/KEW:179-220、付論〔素描など〕N/WEL1:356-399）。

上記のことから、第一分冊の主要内容の目次は次のように再構成してみることも可能であろう。（　）内は元の目次である。

第一章　人生の成熟（第二系列Ⅰ）

第二章　自己自身であること（第二系列Ⅱ）
第三章　人格であること（第二系列Ⅲ）
第四章　健康な人間悟性と思惟（第三系列［Ⅳ］）
第五章　神秘主義と思惟（第三系列［Ⅴ］）
第六章　人生観と世界観（第三系列［Ⅵ］）
第七章　完全な倫理の問題（第三系列［Ⅶ］）

これらは「同胞よ！」の呼び掛け文が入っているために、説教のように語りかけ、内容を念押しするかのような一種独特なニュアンスが現れている。それを活かしながら、第一分冊の内容を整理してみよう。

第一章では、「人間は二回、人生を始める。一回目はこの世に第一歩を記したとき、そして二回目は自らの存在が解くべき秘密となったときである」（N/WEL1:39）という一文で冒頭が書きだされ、主題になるのが人間の内面的な自覚であることが提示される。それゆえ、「同胞よ」とシュヴァイツァーは言う、「これ〔人間と世界のメロディー〕を感知するためには、自分自身と世界とのみ共にあろう」（N/WEL1:43）と。

これを受けて、第二章では、近代以降、デモクラシーの進展に伴って、個人の精神的自立性が弱体化し、単に民衆の一員にすぎない存在になったことに対して、批判の眼差しが向けられる。しかし、社会への帰属は欠かせないものだ。それゆえ、「同胞よ、民衆を愛し、かつこれを恐れよ。教会を愛し、かつこれに気をつけよ。党派に属してもよいが、自らは精神的にそれ以上の存在であれ」（N/WEL1:45）。

人は、自分が自分自身としてそこに所属できるような、全体との調和ある関係にあってこそ、自らを自由な存在と見なすことができる。私自身でありたいという欲求は、何よりも私自身に発し、私自身へと向かう精神的要請としてあり、その次にようやく人々との関わりの中でこれが意識される。人々が有機的な人格の全体性である度合において、人は人々との調和ある関係に入ることができるのである。それゆえ、「同胞よ、自分自身である権利は決して断念するな。一個の全体としての、静かで内面的な存在として、はじめて自分自身であれ」(N/WEL1:47)。

次に問われるのが、人格とは何かということである。これを扱うのが第三章である。人格には自然に与えられた人格と熟考の内に成立する人格との二つがあり、両者が相まって全体人格となる(N/WEL1:47)。人は、なんらかの世界観の内に基礎づけられ、その自然的でなおかつ熟考された本質を貫くことで、そうした人格となる。しかし自然的なものは人間にあって文字通り根源的なものとして、我々はその根をいたずらに掘り起こしてはならない。それゆえ、「同胞よ、睡蓮の根には手を伸ばすなかれ。君の深みにあるものを引き上げるために、自分自身の中に降りていくことなかれ。君自身は一つの秘密であれ」(N/WEL1:50)。

我々が思惟に由来する世界観、すなわち我々や我々の属する世界、我々の存在や無限な存在についての思惟より発して、真の人間性へと高められることでこそ、人間は高貴なものとされるのである。それゆえ、「同胞よ……非精神的なものを、精神的なもの以上に深いものとはみなすなかれ。人々の精神的運命を、君自身のそれと同じように気遣え」(N/WEL1:53)。このような文章が全編続いているである。

なお、第一章から第三章までは、繰り返しの少なくないこのテキスト全体にあって、第一分冊にのみ見られる論述内容であることを付記しておく。

第四章では、健全な人間悟性が全ての思惟の自然な出発点であるとし、そこには幸福になることへの問いと正義を求める問いが生じると述べ（N/WEL1:181）、以下この二つの問いについて詳論される。前者（幸福）の問いは、無限な存在と調和することにあり、善の中の善として平和［魂の平和］を希求することである（N/WEL1:182）。シュヴァイツァーはここでゆくりなくも幸福哲学を論じているが、ただし彼によれば、幸福になるということは、私の存在が無限の存在の中で正しいとされ、活動への喜び、忍耐のための力をもたらすような世界観の中に足掛かりを得ることなのである（N/WEL1:184）。後者（正義）の問いは、倫理的なものである。「真の幸福は自らの存在の最内奥からの体験であり、真の正義は自らの最内奥からの思惟の遂行である」（N/WEL1:185）。それゆえ、「同胞よ」と彼は言う、「幸福になること、また正義についての思惟において、君はさまざまな地点から同一の星を見やっているのである」（N/WEL1:186）。

第五章では、人類の思惟に語らせるためには、単に哲学的世界観だけでなく、世界宗教をも考慮に入れなければならないことが論じられる（N/WEL1:189）。世界宗教の世界観は、哲学の世界観と同様、思想家の創造物であり、その内容からすれば両者には本質的相違はない。真に深い世界観はいずれも宗教的である（N/WEL1:191）。第六章では、人類の思惟の歴史においては、二つの世界観のあり方が際立っていることが指摘される。すなわち確立した ausgebildet 世界観と未確立な unausgebildet 世界観である（N/WEL1:204）。(4) 前者は存在の全体性の理念に到達しているだけでなく、人生観が世界全体の見方と対立して、自らをその見方の中へと組み込もうとするものである（N/WEL1:205）。第七章では、人間が世界との一体化を図ろうとする仕方には、思惟においてと行為においてという二種類があることが論じられる（N/WEL1:214）。「倫理とは無限な存在との行為における一体化」（N/WEL1:215）である。「人類の理念は、ただ中間的な山脈にすぎない。その背後には、すべての存在がつながっているという理念の高峰がそびえているのである」（N/WEL1:218）。

⑵第二分冊

しかし、シュヴァイツァーはこれで満足することができなかった。そこで一九三四年一月より再度、まとまった原稿を書き始める。「同胞よ Bruder Mensch!」という呼び掛け文はそのまま使用されているが、章題及び内容的にはかなり変更を加えており、全体で五章から成り立っている。なお、第五章（［Ⅴ］）は、内容的にみれば第一分冊第二系列の第五章（Ⅴ）の縮約版である。第二系列をより簡略化された形で目次を整理してみると、次の通りである。（　）内は元の目次番号である。

第一章　世界観の問題　（［Ⅰ］）
第二章　人間性の思想　概観（［Ⅱ］）
第三章　敬虔なるもの　（［Ⅲ］）
第四章　生への畏敬の世界観　（［Ⅳ］［《ラーゲルフェルト・テキスト》］）
第五章　人間性の思想の過程　（［Ⅴ］）

目を引くのは［Ⅳ］生への畏敬の世界観（ラーゲルフェルト・テキスト）である。編者によれば、この原稿は一九三六年から三九年にかけて執筆され、タイプライターで清書されて、連続したページ番号がついている

(N/WEL1:291)。これは、一九六八年にスウェーデンのグレタ・ラーゲルフェルト Greta Lagerfelt 男爵夫人の銀行内貸金庫で発見されたので、「ラーゲルフェルト・テキスト」と称するが、最初のページにシュヴァイツァーの自筆で「生への畏敬の哲学の最初の決定稿の諸章。マティルデ・コットマン〔シュヴァイツァーの秘書〕によるタイプ清書」と記されている (N/WEL1:291)。しかし「決定稿」とはいえ、それ以前のまとめや草稿が転用され、再編されているものである。

第一章では、世界観について再度定義し直している。冒頭での世界観の定義は、第一分冊の第四章の問題提起を回顧するようなものとなっている。すなわち、「世界観とは、人間が自然的な仕方で属する無限的存在に対して、精神的関係に入ろうとし、そしてこの関係の内に、苦しみに耐える力及び活動を生み出す歓びを見出すところにある」(N/WEL1:231)。世界観は、それゆえ人生観と結びついた世界の見方であることが指摘される。そして人間は生きんとする意志なるがゆえに、自分自身を維持し向上させるばかりでなく、同じく生きんとする意志たる他の生命に対しても献身的に関わっていくことが要請される。倫理の存立根拠もここに認められる。そこからして、倫理とは生命をあらゆる意味で最高に維持し、可能なかぎり促進することだ (N/WEL1:247) と言えるだろう。シュヴァイツァーはとくに明言しないが、この倫理の定義がまさに生への畏敬の倫理のそれに重なってくるのである。

一つ興味深いことは、彼がここで、倫理 Ethik と道徳 Moral との相違について言及していることだ (N/WEL1:247)。[5] 習俗の中で形成され、義務や命法、徳を寄せ集めた個別倫理が道徳であるが、倫理はそうした道徳を出発点とする。これが思惟において基礎づけられた倫理の根本原理を思念し、すべての個別倫理をこの原理から引き出して把握するようになって、はじめて真の倫理となる。倫理の根本原理は、単純かつ普遍妥当的であるが、この原理に同じような詳細な規定を与えることはできず、あくまでも個人がそのつど深く、生き生きした責任感から決断していかなければならない[6]。限界無き倫理のみが世界観の内に基礎づけられ、そこに含まれる（N/WEL1:252）。世界観もそれでこそ倫理的世界観たりうるわけである。倫理的世界観とは、自らの生への意志において形成される倫理的なものを、無限な存在と精神的に一致するものとして考察することの内に存する。そうした議論の流れの中で、倫理的な世界人生肯定の世界観、純粋な世界人生肯定の世界観、そして世界人生否定の世界観という三つの世界観の典型が以下、検討される（N/WEL1:253-263）。

　第二章では、人類の思惟の歴史が主に世界観の観点から概観される。この歴史には超倫理的な世界人生否定及び倫理的な世界人生肯定という、二つの解釈の流れがあり、どちらも世界が発展して完成に至るという発想において共通しているが、どちらも説明のできない事態と妥協せざるをえなくなる（N/WEL1:272）。前者はインド思想や後期ギリシア思想、近代ではショーペンハウアーがそこに属し、後者はゾロアスター、ユダヤ教、キリスト教、中国思想、中世及び近世のヨーロッパ思想が属しているが、前者はそもそも倫理の困難な問題を扱わず、後者は世界の生起と倫理とを一致させようという最大の不可能事に取り組もうとしている。第三章では、哲学、宗教、神秘主義の区別がいかに相対的であるかが論じられる。この三者は思惟の各種各様なあり方であって、いずれもその根底において世界観の問題、すなわち自らの存在や無限な存在との精神的関わりの問題にそれぞれの仕方で独自に関係しているのである（N/WEL1:278）。哲学は既存の伝統から自由に、また事態に即して真理に関わることができるが、自己の存在や無限な存在と精神的（霊的）に関わるところでは、そうした思惟Denkenは宗教的、また神秘主義的な性格を帯びてくることになる（N/WEL1:278-279）。他方、宗教は伝統の権威を要請し、その中で思惟Denkenを展開するものなのである。宗教が思惟を超えられると自認したところで、実のところ、宗教は思惟から生じる（N/WEL1:279）。老子、ブッダ、ゾロアスター、ユダヤ教の預言者、イエスといった宗教的天才は、その意味でいずれも思想家なのである。神秘主義は、真理との直接的関わりに自ら以外を権威としないところに哲学と共通点があるが、哲学が宗教と同様に教説的になるのに対して、神秘主義は教説的ではない（N/WEL1:280）。神秘主義の偉大な点は、世界観の根本的問いの許に常にとどまるところにある（N/WEL1:280）。

第四章（ラーゲルフェルト・テキスト）は、個々の見出しはないが、全体の表題が「生への畏敬の世界観」となっており、［1］思惟とは何か、［2］思惟・三つの世界観、［3］懐疑主義に関する章、［4］哲学、宗教、神秘主義の四章から成っている。ここでも第一分冊からの繰り返しが目に付くものの、表題との関連で中心となるのは［2］思惟・三つの世界観の章である。

思惟は生への意志に含まれる人生観の理念という真理と、世界の外的事実という真理を一致させようとするが、その際、外的事実の真理を立ててこれを人生観に基づくものとみなすか、もしくは世界認識の事実を生への意志の内に与えられた内部からの認識より高めてしまうかどちらかになってしまう（N/WEL1:319）。その結果として、①二元論的な倫理的世界観、②一元論的な自然哲学、そして③倫理的な世界人生肯定と世界認識を別個に同等の権利を持つものとして承認する世界観という、世界観の三種類の選択肢が生じる。これら三種の世界観は次のように説明される。

①二元論的な倫理的世界観は、世界認識をいわば力づくで世界観とし、これを倫理的世界人生肯定の人生観と見なす（N/WEL1:321-323）。この世界観の強みは世界人生肯定に全き満足感を与えるが、その弱みは二元論的となってしまうがゆえに、世界の原理が外部と内部で矛盾をきたし、内的真理が現実世界に矛盾して座礁し

てしまうところにある。この世界観は、要するに我々に生命の力を与える世界解釈なのである。

②一元論的な自然哲学は、自然をあえて解釈しないところにその誠実さがある（N/WEL1:323-327）。それは自然の秘密に関わることで、人は自らの世界人生肯定を吟味し、深めることができる。そして、諦念に貫かれることによって、世界精神との精神的一体化が達成されることになる。その事例として、中国の道教（老子・荘子）、ストア派やエピクロス派の哲学、またスピノザやライプニッツが挙げられる。

③倫理的世界人生肯定と世界認識とにともに同等の権利を与える世界観は、なにより世界解釈を断念しなくてはならない（N/WEL1:327-328）。世界をあるがままに認識するという点では②と似ているが、世界人生肯定の中にこの認識を取り込まない点が大きく異なる。ところが、近世以降、ヨーロッパの哲学は、自然科学の進展という背景もあって、倫理的世界観と現実の世界認識を調和させる飽くことなき試みを行ってきた。そのために、世界観をめぐって二元論か一元論かという問題がさまざまな形で登場してきた。

この③の後に、シュヴァイツァーは『文化と倫理』における近代ヨーロッパ思想の検討を少し繰り返した後で、倫理が世界人生肯定の自然で最高の表明であるという暫定的結論を提示することになる。「倫理の無い世界人生肯定は頼りにならない ratlos ものであり、世界人生肯定の無い倫理は力にならない kraftlos ものである」(N/WEL1:337)。しかし、両者の関係が自然な方向定位を喪失するという事態が、ニーチェにおいて出現する。ここからニーチェ批判へつとながっていく。ニーチェ批判は『生への畏敬の世界観』の至るところに散見されるものであるが、『文化と倫理』よりも批判のトーンは高くなっている。この点については第六節で改めて論じることにする。

⑶第三分冊

第二分冊から二年後の一九三九年八月から、シュヴァイツァーは再度、生への畏敬の世界観についての新たな原稿を書き始め、一九四一年八月までに完了している。それが第三分冊として残された原稿類である。しかし、編者のギュンツラーやツュルヒャーによれば、新たなテーマを内容的に膨らませるというよりは、すでに展開された議論の線を決定稿として完成させようとするものであった（N/WEL2:13-14）。これは各章の標題や内容を見てもある程度推測できるが、実際に通読してみても、第一分冊、第二分冊のまとめ直しをしているという印象を受ける。

より簡略化された形で、目次を整理してみると次の通りである。（　）内は元の目次番号である。

第一章　生への畏敬　序説（［Ⅰ］）
第二章　思惟の諸困難へのあとがき（［Ⅱ］）
第三章　人類の思惟　思惟［神秘主義、宗教、哲学］神秘主義の本質（［Ⅲ］）
第四章　近世における倫理の保持をめぐる問い　倫理的理想の喪失（［Ⅳ］）
第五章　中国、インド、ゾロアスター、ユダヤ教における倫理的世界観（［Ⅴ］）
第六章　生への畏敬の世界観　倫理的なもの（［人間と被造物］［Ⅵ］）

第七章　倫理　倫理的なものと非―倫理的なもの（［Ⅶ］）

まず第一章では、健康な人間悟性のテーマが再び登場するが、これまでと違うところは論述の順番として最初に持ってきたことと、思惟との関係についてより意識的に論じていることである。健全な人間悟性が前方の山だとすれば、思惟はその後に続く高山であり（N/WEL2:20）、人はいつまでも常識のレベルの悟性人にとどまるのではなく、真に思惟する人間にならなければならない。この後、世界観・人生観の問題が提起され、世界人生肯定及び否定、そしてこれらと倫理との関係について論究される。

第二章はその標題からして補足的な部分とも受け取れ、我々の生への意志に与えられた精神的事実と世界の認識とが二重の真理として、人類の思惟の歴史において存することについて言及されている。この人類の思惟の歴史について詳論するのが、第三章である。哲学・宗教・神秘主義の相関的な位置づけに関する議論の他、人類の思惟と個人の思惟とが相互に自然の関係にあることが示される（N/WEL2:52）。人類の思惟の歴史には高次の認識を目指す一本の線が走っており、一見混沌としているようでも実は螺旋状に前進しているのである（N/WEL2:55）。その認識枠組みが、次のように整理されてなされるところが興味深い（N/WEL2:64）。①伝統に依拠しているか伝統から独立したものであるか、②一元論か二元論か、③明晰な認識を重視するか内的信仰の確信を重視するか、④教義的か精神的（霊的）体験・行為を重視するか、⑤人間がそこで意義ある存在として把握される世界の認識か、世界を測り知れない秘密と見るか、この五点である。第四章・第五章はその詳述であるが、前者は近代思想における倫理をめぐる闘いについて取り上げ、後者は中国、インド、ゾロアスター、ユダヤ教の倫理的世界観を概観する。ここでは、これらにあって倫理と世界認識との関係が問われる。進歩した倫理は、この倫理に対応した世界の解釈を想定し、これを世界認識と見なすことで、人間の倫理的営為を世界において基礎づけることができるとする（N/WEL2:97）。中国の民衆宗教の思想、倫理的ヒンズー教、ゾロアスター教、ユダヤ教、さらにはキリスト教及びこれに影響されたヨーロッパ哲学思想は、各種各様の仕方でこうした傾向を有している。

第六章は、そうした世界思想の詳論をふまえて、倫理のあり方について総括される。この中の「倫理的なもの」と題された節（N/WEL2:130-138）では、倫理が献身と自己完成を二つの中心とする楕円構造を持つことが再度言及され、これら両契機の結びつきを求めての思想史的歩みが述べられる。それに続く「［人間と被造物］」の節（N/WEL2:138-162）は遺稿「世界宗教における人間と生物」（一九三三）の要約的議論である。再び倫理思想史との関連で中国思想史についての祖述がなされるが、こちらのほうは遺稿『中国思想史』（二〇〇二）の要約的議論となっている（N/WEL2:162-177）。[7] 第七章では、再び倫理について、非倫理との対比において論じられる。非倫理的人生観の三類型については、次のようにまとめられている（N/WEL2:182）。

①そのつどの行為に含まれる善・非善を超出する人生観（バラモンの原初的神秘主義をはじめ神秘主義全般に多く見られる）。

②倫理の基礎づけに絶望しているがゆえに、倫理の妥当性については多かれ少なかれ懐疑的になっている人生観（ソフィスト、懐疑主義、唯物論的な思惟に見出される）。

③自然に則していること以上に非倫理的なものへと決意する人生観（ニーチェ及び現代思想の多くが一致してこれを追究している）。

(4)第四分冊

第四分冊は一九四三年十一月から一九四五年五月末までに執筆されている。第三分冊と同様、第四分冊においてもまた、新たなテーマを内容的に膨らませるというよりは、すでに展開された議論の線を決定稿として完成させようとするものとなっている。実際に通読してみても、やはり第一分冊から第三分冊までの再度組み直しの印象が強い。第三章（Ⅲ）「人生―世界肯定の四つの根本類型」は例外的に内容的な展開部分も存在するが、この部分がかなり膨らみ、第一・二章あわせても四十六頁分にすぎないのに対して第三章は九十七頁分であり、構成的にアンバランスな状況になってしまった。おそらくそういうこともあって、シュヴァイツァーはその後の続行が困難になり、第三章を終えた時点で筆を置いてしまったようにも受け取ることができる。なお、この部分はニーチェや生物学的思惟に対して、興味深い批判的な分析を含んでおり、これは本章第六節で取り上げることにしたい。

より簡略化された形で目次を整理してみると次の通りである。これはほぼシュヴァイツァーの原稿通りである。（　）内は元の目次番号である。

第一章　時代の精神的・物的な状況　（Ⅰ）

第二章　思惟　一九四四年の第二草稿　健康な人間悟性　（Ⅱ）

第三章　人生―世界肯定の四つの根本類型（Ⅲ）

執筆時がまさに第二次世界大戦のさなかであったこともあり、第一章は同時代の精神的危機をもたらした思想的背景について論述している。ヘーゲルやマルクスの思想、文化国家の危機、人間性の思念などについて触れられる（人間性の思念については第二次世界大戦後、平和問題についての諸講演でも取り上げられる）。第二章では、とくに第二分冊のラーゲルフェルト・テキストをふまえて、再度、健康な人間悟性についての問題が説き起こされる。ここでは、思惟の存在論的意義が、次のように指摘されている（N/WEL2:232-233）ことが興味深い。どんな存在も生きた存在としての統一を有し、一つの状態から別の状態への移行がある。原子の結合から始まって、無機物から有機体の生成、単純な細胞から複雑な細胞の生物に至り、そこで精神的なものが芽生え、表象や思考の能力も生じる。この一連の流れの中に人間存在はある。それゆえ、人間の思惟にあっては存在との関わりが否応なく問われてくることになるのである。「我々が思惟するのは、ただ単に我々が思惟能力を持つようになったからというだけではない。自らを世界の中へと見出していくために、我々が思惟しなければならないからでもある」（N/WEL2:233）。

第三章では、世界観と倫理との関係の四類型（倫理的な人生―世界肯定の世界観、非倫理的な世界人生肯定の世界観、倫理的な世界人生否定の世界観、非倫理的な世界人生否定の世界観）が説かれ（N/WEL2:254）、以下これらについて詳論される。ここでは、生物学に影響を受けた非倫理的思想の系譜をたどり、ニーチェについての厳しい批判がなされ、またシュヴァイツァーと同時代の諸思想についても批判的な論究がなされる。彼はそれを特に名指しはしていないが、当時ヨーロッパで戦争の災禍をもたらしたナチス・ドイツの思想を念頭においていると思われる。この部分は第四分冊においてだけではなく、「文化哲学第三部」としても新しい論述である。

三――「世界哲学」的探究の方法論としての世界観と倫理

「文化哲学第三部」はこのように反復と展開の坩堝《るつぼ》のような印象を与えるが、そこでシュヴァイツァーが適用していく方法論は骨子が明確である。端的に言えば、彼は世界観と倫理という二つの視座から大きく世界の諸思想を裁いていくという方法で論を展開する。個々の思想評価については、当該分野の専門的研究者から種々の異論が当然出てこよう（なにより彼は、原書でこれらの著作を読んでいるわけではなく、英独仏の翻訳を用いているのである）。しかし私は、むしろその大胆な裁き方があればこそ、スケールの大きな世界哲学の構想を展開しえたというその一点を評価したい。

世界観と倫理は、相互に深い関連を有するものと、彼は考える。世界観について言うと、彼は広義の世界観（Weltanschauung＝世界の見方）を、狭義の世界観（Weltanschauung＝世界認識）と人生観（Lebensanschauung＝生命観）とに分けている。この狭義の世界観と人生観とは本来は別物であるが、彼にあっては、世界観から生命観が生じるのではなく、生命観から世界観が生じるものとされる。この生命観の立脚点は、「文化哲学第二部」において「私は生きんとする生命に取り囲まれた生きんとする生命である」（G2/KE:377〔第七巻、三二一頁〕）とされた。これはシュヴァイツァー自身がアフリカの原生林の中で得た生命の根本体験において端的に表明される（G1/LD:169-170〔第二巻、一九二～一九三頁〕）。ここから自他の生命を尊重し、その維持と促進に向けて手助けしていこうとする思想が、彼の生への畏敬の倫理となる。

そして完成された世界観は神秘主義という形を取り、しかもそれが倫理的なあり方をとるべきである（倫理的神秘主義 ethische Mystik）と、彼は主張した。当然、生への畏敬も世界観としては倫理的神秘主義である。既刊著作の中でも、すでに次のように述べている。

> 世界観が究極において、我々が無限な存在と精神的に一体となることであるとすれば、完成された世界観は必然的に神秘主義となる。……神秘主義のみが世界観の理想に適合する。これ以外の全ての世界観は、その様式からして不完全であり、世界観というには相応しいものではない。（G2/ID:440〔第九巻、二七頁〕）

> 神秘主義が深い世界観であるのは、それが人間を無限なるものとの精神的な関係へともたらす限りにおいてである。生への畏敬の世界観は倫理的神秘主義である。これは無限なるものとの一致を倫理的行為によって実現しようとする。この倫理的神秘主義は論理的思索より発している。（G1/LD:284〔第二巻、二八四頁〕）

この引用からも分かるように、シュヴァイツァーは、思想における倫理性というものをきわめて重視している。倫理的神秘主義という考え方からして、それが世界観を評価する試金石ともなっていることが明らかである。

彼は、世界観と倫理という二つの鍵概念の組み合わせによって、ヨーロッパ精神史だけでなく、人類の精神史全体をも通覧的に検証しようとした。その際、彼は幾つかの分類法を試みているが、それらはいずれも内容的に重なり合うものである。

『キリスト教と世界宗教』（一九二三）では、世界観に関しては楽観主義的世界観か悲観主義的世界観か、また一元論的世界観か二元論的世界観かという区別が、そして倫理については倫理的動機がどの程度強いか、それとも論理的説明の傾向が勝っているかという区別がなされているだけであったが（G2/CW:683〔第八巻、三二頁〕）、「文化哲学」においては楽観主義と悲観主義という見方も採用しつつ、世界人生肯定と世界人生否定という観点が導入されている。(8)『キリスト教と世界宗教』と同年に刊行された『文化と倫理』では、①世界人生肯定的自然哲学に倫理を基礎づけようとするもの、②世界人生否定的自然哲学に倫理を基礎づけようとするもの、③自然哲学を顧慮せず、それ自体で倫理的世界観に到達しようとするものという三類型が登場する（G2/KE:148〔第七巻、六六頁〕）。そして『生への畏敬の世界観』の段階になれば、楽観主義と悲観主義という用語法は一般には誤解されやすく、不適切なものとして、世界人生肯定と世界人生否定という類型論を採用するに至る。彼はその理由として、次のように述べている。

通常の言語使用では、世界人生肯定は楽観主義、世界人生否定は悲観主義と言われている。この命名は、世界人生肯定と楽観主義、また世界人生否定と悲観主義が、それぞれ相互に同一なものではなく、ただ単に関連があるかぎりにおいて、誤解を招くものである。〔通常の意味での〕楽観主義と悲観主義は物事の見方の問題である。そこで問われているのは、物事をより明るく見るか、より暗く見るか、また自分が遭遇する出来事を喜んだり、喜べなかったりするような、人間の素質なのである。たしかに楽観主義は世界人生肯定と、悲観主義は世界人生否定と重なり合うところがある。しかし、世界人生肯定と世界人生否定は、楽観主義と悲観主義というよりも、包括的で深い表現である。それは物事の見方というようなものではなく、意志の規定性なのである。この意志の規定性は、楽観主義的あるいは悲観主義的な素質が共に働く影響の下に、また恵まれた境遇あるいは恵まれない境遇の下に成立するかもしれない。しかし、それは単純にこれらの結果なのではない。最も深い世界人生肯定は、幻想を交えない物事の判断や不幸な境遇から闘い取られるものであり、最も深い世界人生否定は、物事の明るい見方や外面的な幸福のありようにも関わりなく形成されるものである。（N/WEL2:255）

この一連の記述は一九四四年になされた第四分冊からのものであるが、実を言えば内容的にも文章的にもその十年前に刊行された『インド思想家の世界観』冒頭の文言をほぼそのまま踏襲する文章でもあり（G2/ID:432〔第九巻、二〇～二一頁〕）、こうしたところからも既刊著作と遺稿集とがいかに連動しているかが見て取れるのである。なお、この第四分冊における類型論では、①倫理的な世界人生肯定の世界観に属するもの、②非倫理的な世界人生肯定の世界観に属するもの、③倫理的な世界人生否定の世界観に属するもの、④非倫理的な世界人生否定の世界観に属するものの四通りに分類される（N/WEL2:254）。

上述のほかにも、彼が楽観主義と悲観主義に代えて世界人生肯定と世界人生否定を採用するに至った理由としては、後者の分類法が世界思想に対してよりきめ細かな分析手段として有効であるということが挙げられよう。そもそも世界人生肯定と世界人生否定は単なる肯定と否定ということだけではなく、一つの根本的な違いが存している。世界人生肯定はいつでもどこでも同じ姿を取る単一的なものであるの対して、世界人生否定はそれが出現する際にはさまざまな形態を取るという性格がある（N/WEL2:259）。どうしてそのようになるかと言えば、世界人生肯定は人間にとって本性的なものであるのに対して、世界人生否定は作為的なものだからである。作為的に考え出されたものなるがゆえに、多様な姿を取るのである。彼がここで挙げている世界人生否定の類型は四種のものがあるが、世界思想に対して、よく練られていると同時に、独自の鋭い斬り込みを入れた分析として興味深いので、以下に紹介しておきたい（N/WEL2:159-161）。

その第一は、ウパニシャッドにおけるバラモン的な世界人生否定である。これは感覚世界やそこでの出来事が一種捉え難い遊戯にすぎないと見なす。この遊戯の中では、純粋かつ非物体的、無時間的な存在が現象として現れるばかりである。第二は、ブッダにおける世界人生否定である。これはバラモン的なそれを変形したもので、その根本認識は、あらゆる存在の生は苦悩に満ちており、その苦悩の元たる生への意志を滅却することを説く。第三は、後期ギリシア（プロティノスを始祖とする新プラトン主義、またグノーシス思想）の世界人生否定である。ギリシア思想はもともとは世界人生肯定から出発したものの、それに到達できず、またそれを世界認識の内で基礎づけることができなかったために、この世界から背を向け、そこからの救済の理念に囚われるようになったもので、いわば人生や世界に対する宗教的な絶望に由来するものである。そして四番目が、原始キリスト教の世界人生否定である。これは一種独特なものである。世界人生肯定から出発して世界人生否定に至るところが後期ギリシア思想と似ているが、これよりはるかに倫理的性格を有する。というのも、そこでは自然的で不完全なこの世界は超自然的かつ完全なる神の国の理念と対置されて否定的に見られているからであって、人は倫理的な態度を通じてこの世界と異なったあり方を取ることが目指されるからである。いずれにしても、これらの世界人生否定が不自然である理由は、そもそもそれが最初から貫徹できるものではないからである（N/WEL2:261）。

ただし、シュヴァイツァーによる世界思想の分類・評価は、そうした用語法の微妙な差異はあっても、その大枠にはとくに変わらず、ほぼ一貫したものがある。その場合、『文化と倫理』の類型論によるものが最も簡明にまとまっている。それはおおよそ次の通りにまとめられる。

①世界人生肯定的自然哲学に倫理を基礎づけようとするものとしては、中国思想（孔子、孟子、老子、荘子および彼らの弟子たち）およびヨーロッパの大半の思想がある。これらの思想は、世界を楽観主義的かつ倫理的に解釈し、そのことによって世界の運行や目的に人間の使命や人生の意味を重ね合わせる傾向がある。それゆえ、世界観としてはいずれも楽観主義的・倫理的な一元論である。ただし、シュヴァイツァーによれば、世界認識と生命体験との本質的な齟齬《そご》のゆえに、このやり方は現実的世界と人間存在の意味づけとの間の亀裂を埋めることはできない。

②世界人生否定的自然哲学に倫理を基礎づけようとするものとしては、インドの宗教的思想およびヨーロッパのごく少数の思想（ショーペンハウアー等）がある。これらの思想は、世界を悲観主義的かつ倫理的に解釈して、それによって世界や生存からの脱却を目指そうとする傾向がある。それゆえ、世界観としてはいずれも悲観主義的―倫理的な一元論である。これも同様に、世界と人生との亀裂が現実には残されたまま、それが隠蔽されているという。

③自然哲学を顧慮せず、それ自体で倫理的世界観に到達しようとするものがある。これには、中近東に生じた諸宗教（ゾロアスター教、ユダヤ教、キリスト教、イスラム教など）が属する。これらは、倫理的人格神や理念

が世界とは独立したものとみなす二元論的・有神論的世界観を有する。世界と人生との亀裂を直視し、それをあえて承認するこの方式こそ、彼が推奨する世界観の道程である。

この三類型の①が「文化哲学第三部」第四分冊になると、自らの人生肯定を押し通すことでかえって非倫理的となる思想（楊朱、ニーチェ）の問題点があらわになってきて、倫理的な世界人生肯定の世界観に属するものと、非倫理的な世界人生肯定の世界観に属するものというように、二種に分かれてくる。この点については、とくに新たなニーチェ批判の問題として本章第六節で取り上げたい。また一方で、シュヴァイツァーの分類にも幾らか不整合が生じており、上記第四分冊における四類型の後半部分にあたる③倫理的な世界人生否定の世界観に属するもの、④非倫理的な世界人生否定の世界観に属するものの区別は、実際には曖昧なものとなっている。とくに④は分類枠組みとしては存在するが、実際の思想としては該当するものを見出さない。というのも、世界からも人生からも背を向け、さらに倫理的でもない思想などは、思うにニヒリズム以外にはありえないからである。しかし、さすがにニヒリズムは世界思想に値する思想とはならず、シュヴァイツァーもニヒリズムについては「文化哲学第三部」においては取り上げていない[9]。

このように見ていけば、「文化哲学第三部」は、「文化哲学第二部」の三類型を踏襲しつつ、これをより世界の諸思想に広げてより詳細に見直していこうとしていることが分かるのである。

四——人類の精神史の詳述とその意味

「文化哲学第三部」から判明することは、シュヴァイツァーの哲学的探究の広大さとその深さである。それは、もはや単なる文化哲学の領域を越えて、哲学や宗教の両方を含めた人類の精神史全体へと射程を伸ばしている。こうした論述は、比較思想的考察としてもきわめて興味深いところである。彼の思想は、これらの遺稿集にあっては、神学と哲学との媒介がいわば一種の宗教哲学的な探究として行われているのである。

すでに概観してきたように、この巨大なテキストは大きく分けて四度にわたって書き改められ、そのまま四分冊として編集されている。そこには、世界観、倫理、神秘主義に関する幾つかの議論の再検討や人類の精神史全体に踏み込んだ思想的検証を除けば、とくに基本的に新しい思想的深化は見当たらない。ただ、こうした書き直しの状況から、シュヴァイツァーが体系を意識した記述からやがて人類の精神史への展開（とくに第一分冊に見られるように、インド思想・中国思想の章が拡大してインド思想史や中国思想史となっていった）に移行していく様子が伺われる。

こうした全体的構想からは人類の精神史全体の検証という性格が強く打ち出されており、それ自体はもはや文化そのものを哲学的探究の主題とはしていない。この点で重要なのは、『世界宗教における文化と倫理』（二〇〇二）である。ここに収録されたのは、いずれも人類の精神史探究という世界哲学的意図が込められた原稿群であり、明確に文化哲学という枠組みを越えた視座を有しているので、『生への畏敬の世界観』とは独立したものとして位置づけられて編集された。とくに重要なのは、「世界宗教における文化と倫理」(一九一九〜一九二一)と「世界宗教における人間と生物」(一九三三)である。前者では、原始宗教や古代の多神論から始まり、中国思想、インド思想、ゾロアスター教、ユダヤ教、イエスの思想、キリスト教と世界の諸宗教にわたり、その世界観と倫理および文化の関係について詳細な分析と検討を行う。後者はいわば前者の姉妹編であり、具体的な姿として現れる動物保護及び尊重の思想が世界宗教においてどのように生まれ、どのように展開してきたかを詳論する。ここでは、あたかも水が勾配に沿って流れ、ついに海に注いでいくように、人間と生物との間の全ての限界を越え、生きとし生ける存在との結びつきに至る(N/KEW:181)という倫理の思惟必然的な展開が扱われる。

これらから窺われるシュヴァイツァーの世界哲学の構想の特徴は、次の二点にある。

まず第一点は、徹底して倫理に着目したその歴史観である。彼は倫理の登場に焦点をあてて、人類の精神史を通覧している。彼が注目するのは、人類が伝統の風俗習慣によらず、新たな倫理的認識を獲得した時期である。この時期は、時代的にはヤスパースの言う「枢軸時代」と重なる。[10] ただヤスパースは、人類の意識変革の時期として、人類が全体としての人間存在とその限界を意識し、今日につながる精神史の軸とみなしているのに対して、シュヴァイツァーによる倫理的刷新への着目は対照的である。ユダヤの預言者アモスとイザヤ、ゾロアスター、また孔子は、紀元前八世紀から六世紀の間に、遠く離れて互いに没交渉にある三つの民族に属しながらも、相互に同じ認識に達した。それは「倫理とは、伝統の風俗習慣に追従することなく、個人が隣人のために、あるいは社会状態の改善のために常に活動的に献身することであるという認識」(G1/LD:194〔第二巻、二二二頁〕）である。この大きな革命によって、人類は精神的な人間へと成長を開始し、それと共に最高度に発展しうる文化も可能となったのである。

第二点としては、人類の精神史の思想的内実として、宗教と哲学の相違を相対的なものと見なす評価である。宗教も哲学も、共に思惟することDenkenとしての動的な営みとして捉えているのである。『文化と倫理』において、すでに哲学的倫理と宗教的倫理は、一方が科学で他方が非科学であるのではなく、両者とも思惟であると規定された（G2/KE:142〔第二巻、六〇頁〕）。違いがあるとすれば、前者が伝統的な宗教的世界観から自己を解放しており、後者はそれとの関係を維持しているだけのことである。「文化哲学第三部」でも彼は次のように述べる。

実際には世界宗教の世界観は、哲学の世界観と同様、思想家の創造物である。内容に関して言えば、哲学の世界観と世界宗教の世界観との間には区別はない。世界宗教の世界観が宗教的で、哲学の世界観が非宗教であるというのではない。あらゆる真に深い世界観はいずれも宗教的なのである。（N/WEL1:190）

それゆえ重要なのは、思惟の営みとしての必然性Denknotwendigkeitであり、人類の精神史は、世界人生肯定的世界観の倫理的神秘主義へと収斂されていく。その頂点をなすのが生への畏敬の倫理的神秘主義であると、彼は考えていたのである。そして、そこには異なる地域の思想が合流し、一種の共同作業をしていかなければならないことが示唆される。世界哲学もそのことによって目指されるものである。『インド思想家の世界観』では、次のように端的に表現される。

ヨーロッパの思想は、倫理的な世界人生肯定の世界観が内容的には最も価値あるものであるという認識により導かれている。また、インドの思想は、神秘主義こそ完成した様式の世界観であるという認識によって規定されている。それゆえ、ヨーロッパの思想は、神秘主義という様式の倫理的な世界人生肯定の世界観に到達するよう努めなければならない。一方、インドの思想は、神秘主義に倫理的な世界人生肯定を内容として与えるように努めなければならない。（G2/ID:445〔第九巻、三五頁〕）

しかしながら、世界哲学を視野に入れた生への畏敬の倫理的神秘主義の探究は、大きく四度も取り組みなおされながら、なおかつ完成されざるままに残された。一九四五年以降は、彼はその続行を断念し、今度は「キリスト教における神の国の理念の展開史」という形で、歴史的神学の研究に移っていくことになった。

五――付録部分における独自な論述

⑴新しい思想の萌芽

「文化哲学第三部」と銘打っていても、基本的には「文化哲学第二部」の延長上での詳細な論述ということであるが、それでもシュヴァイツァーは生への畏敬の世界観をより内容豊かなものにしようと絶えず試みたのだった。そこから、たしかに新しい思想の萌芽も見られる。ただし、それはあくまで彼がそれまでに考えてきた思想の延長線上での〝改編〟的なものであって、思想そのものが全く新しく〝改変〟されるということではない。それは、何よりも倫理についての検討において垣間見ることができる。

まず倫理そのものについての規定である。倫理が自己完成と献身の二要素を持つことによって、完全な倫理の条件を満たしうる。これが「文化哲学第二部」における論述であった。シュヴァイツァーは「文化哲学第三部」では、両者の関係を「楕円」という言葉で表現して、次のように述べる。[11]

倫理は計量不可能な楕円である。その二つの中心点は自己保存と自己犠牲であるが、両者は常に相互の位置を変えていく。最高の自己保存を完全な自己犠牲として実現できうるという極端な事態が生じれば、この楕円が一つの円となる。この円は完成であると同時に、終局でもある……。それは終局へと至る運動の中に完成するのである。（N/WEL1:247）

ここで「自己保存 Selbsterhaltung と自己犠牲 Aufopferung」とある部分は、他の多くの箇所では、完全な倫理の二要素を構成する「（内面的な）自己完成（innerliche）Vollkommenerwerden と献身（奉仕）Hingebung（Dienen）」等という表現に言い換えられているが、いずれにしても両契機の有機的な相互作用を、この引用個所は最もダイナミックに表現していると言えよう。完全な倫理がこのようなものであるとすれば、倫理の射程範囲はきわめて大きくなる。それはいわば人間の活動全体をカバーすることになり、また人間そのものの理想像をも提起していくものとなる。

献身の倫理において、人間は倫理的に活動する存在となる。彼はまた熟考と態度の内で、内面的完成の理念により共に規定されるときにのみ、倫理的な人格なのである。

倫理的世界人生肯定における指導原理は、倫理でなければならない。倫理的活動以外には、他のどんな活動も考えられない。

ある人間やある時代の偉大さは、熱狂主義と深さの内に存在する。しかし最高のものは熱狂主義であると同時に深さなのである。

調和ある人間は、その内面性がその活動と同じほど大きな人間である。(N/WEL2:286-287)

このようにしてシュヴァイツァーは、倫理の内に、自己完成と献身の両要素を有機的に含んだより包括的表現を目指している。さらにここから、世界に対する人間の精神的な関わりとの関連において、倫理的神秘主義の表現としてより踏み込んだことも、断章的なものではあるが、次のように述べている。

世界は神の身体 Leib である。そして私は神の魂 Seele と結びつき、一体となる。——一切はかくも大きく、かくも小さい。

神が愛であると真に認識されるならば、この神観は透明な覆いのように、他のすべてを吸収し、内側から透射されてくる。それ以外の神観は、すべて相対的、副次的なもの[である]。

神における霊的(精神的)なものを、私は愛への意志として把握する。そして物的なものを、[私は]手に届き得るだけのすべての被造物の内に[把握する]。

同胞よ、なぜ私は神と人間ではなく、世界と人間について、両者は同一のものであると、かくも長く異教的に語るのか。ああ、真の敬虔さとは、敬虔という言葉を前にした恐れである……。[私は]倫理的なものを常に霊的(精神的)なものの本質をなすものとして[考える]。私の倫理的な意志がそこに献身すべき倫理的な意志として[私は]神を認識したのだった。(N/WEL1:414)

「世界は神の身体であり、私は神の魂と結びつく」というところなど、神秘家的な口吻すら感じさせる文章である。そのような倫理的神秘主義を世界における人間の存在として語りなおしていけば、ミクロコスモス（人間）とマクロコスモス（世界）との関係にも議論が及んでいくだろう。そうなってくると、それは「宇宙における人間の地位」という形で一種の哲学的人間学に展開していく方向性が出てくる。そのような発展可能な思想がいわば未知同然の境涯のまま置かれているのは、とても惜しまれるところである。

シュヴァイツァーにあって倫理はどこまでも個人倫理の性格が強い。彼は社会に倫理をゆだねることに対して、常に警戒している。なぜなら、社会の現実は往々にして個人的責任を超えた事態との妥協を強いるものであり、倫理をして応用的な相対的倫理と化してしまうからである（G/KE:395-397〔第七巻、三三〇～三三二頁〕）。それゆえ彼は社会倫理の構築に対しては、いきおい批判的になる。しかし、そのことが実は彼の独自の社会哲学的な姿勢となって表れているのである。

こうした姿勢を「文化哲学第三部」で窺うことができる事例として、例えばマルクス思想の批判的考察の論述がある（N/WEL2:198-199, 205-207）。シュヴァイツァーによれば、マルクスは産業化がもたらした諸問題全体には概して関わっておらず、ただひたすら工場労働者の現状や苦境について詳論するばかりである。しかし、そのことが人々に誤解と偏見を植え付けることになった。[12]『共産党宣言』（一八四八）では「万国のプロレタリアよ団結せよ」と謳《うた》ってはいるが、彼の念頭にあったのは、当時の産業国家の工場労働者に過ぎず、本当にあらゆる国の産業が勃興して互いに競争をするようになるところまでは思い及んでいなかった。これまでの国家では、外国の競争相手に対して、自国の産業を守る闘いは、資本家によって行われてきたが、共産主義国家においては、この闘いは国家と労働者によって担われるとされる。今日では、たしかに労働者は個人資本家に対して団結もできるだろう。しかし、マルクスの期待に反して、国営化された産業においては、労働者はむしろ国家という総資本家と共同して、自国の産業の利益を他国から防備しなければならなくなってしまったのである（N/WEL2:206-207）。

このようなマルクス思想批判の論述も、シュヴァイツァー独自の興味深い独自な論述であり、これをさらに展開させて一冊の著作なり論文として刊行していたら、彼の社会哲学研究として位置づけられ、それなりに大きな影響を持ち得ていたのではないかとも想像するのである。

⑵同時代の思想への批判

『生への畏敬の世界観』では、シュヴァイツァーと同時代に哲学界を風靡していた諸思想が批判的に論じられている。これらの批判的論述は断片的なものにとどまっているが、彼がランバレネにあって決してヨーロッパのアカデミズム哲学に通じていなかったというわけではないことが分かる。

第一分冊の「付論」（「最近の思想における世界観問題」）の中では、価値哲学に対する批判が、自然哲学との関連において行われている（N/WEL1:415-416）。[13] 思弁的体系の崩壊後、自然哲学への新たな動向が生じたが、これは自然考察から世界観を引き出そうとする試みであり、そこでの倫理も貧弱なレベルなものにとどまる（ここで引き合いに出されているのはヘッケル Ernst Haeckel〈1834-1919〉の『世界の謎』である）。しかし、そうした自然哲学に追随せず、むしろこれを回避するような形で、より豊かで深い世界観を求めて台頭してきたのが価値哲学である。価値哲学は、歴史上現れた価値理念を基礎づけ、体系的に統合しようとする。ここで挙げているのは、ヴィンデルバンド Wilhelm Windelband（1848-1915）、リッケルト Heinlich Rickert（1863-1936）、ミュンスターベルク Hugo Münsterberg（1863-1916）、W・ジェイムズ William James（1842-1910）、そして彼と同時代に活躍したシェーラー Max Scheler（1874-1928）、W・シュテルン Wilhelm Stern（1871-1938）、N・ハルトマン Nicolai Hartmann（1882-1950）である。彼らは皆、世界観 Weltanschauung を価値観 Wertanschauung に還元し、価値観念が精神的なものの経験的事実であると考えた（N/WEL1:416）。価値は単なる自然生起的な出来事ではなく、客観的に妥当するものとして価値独自の領域を形成するがゆえに、倫理や文化にも一定の意義を賦与することができる。

しかしながら、価値とは本来、全体的価値としての文化が、生との関係においてのみ価値となるのであり、そしてこの生の維持と促進に貢献するものでなくてはならない。価値哲学と言っても、その根底においては生の哲学と関わるものであり、したがって存在それ自体に取り組むものとして、何らかの形で存在の哲学たらざるをえない。それゆえ、自然哲学から独立した価値哲学なるものは考えられないのである（N/WEL1:416）。それゆえ、「存在の横で登場できるような思惟などあり得ない。あり得るのは、存在へと向けられた思惟のみである。経験的価値は、存在を熟考することでのみ洞察され、基礎づけられる［ものである］。価値哲学は、自然哲学を回避する試みにすぎない［ものである］」（N/WEL1:416）。

現代思想についてのシュヴァイツァーの考えは、第二分冊以下の「付録」に「思索と素材」として断片的な形で批判的コメントが少なからず残されているところから知ることができるが（N/WEL1:449-460, N/WEL2:368-391, 469-484）、思想家を名指しで挙げて集中的にコメントしているのは第二分冊である。ただ、それらのコメントが断片的なため、意味を汲み取りにくいのが難点である。価値哲学もN・ハルトマンの『倫理学』（一九二六）を通じて理解しているが、「ハルトマンは道徳的価値がそれ自体で存立していることを全く見ていない」(N/WEL1:453)、「ハルトマンは倫理的な最高価値を何ら［知らない、求めていない］がゆえに、価値における体系像を認識していない。……価値の構造法則を明るみに出すには我々の分析は十分深くないということを、彼ははっきりさせていなければならない」(N/WEL1:454)等と、きわめて厳しい評価である。ハイデガー Martin Heidegger (1889-1976) やヤスパース Karl Jaspers (1883-1969) に対しても、同様に厳しい視点で見ているが、ただそれは必ずしも彼らの思想に即した理解を示しておらず、あくまでシュヴァイツァーの思想的立場からの判定である。(14)

> 自然の如き存在。死に取り組むこと！　精神の如き存在。活動を欲すること！　……ハイデガーは既往性の観念から罪の観念へとどのようにして辿《たど》りつくのか。才気あふれる宗教だ。ハイデガーにとっては、ニーチェと同様、世界は単なる付け足し［である］。というのも、彼らは他の生命とはなんら内的な関わりを持とうとしないからである。……ヤスパースとハイデガーは自らの哲学を神話のように講義する。ヤスパースとハイデガーは、ベルグソンの亜流だ。時間の分析を通じて現存在の謎を「照明」しようとする。
> (N/WEL1:450)

ヤスパース哲学のアキレス腱。純粋に実存に由来する、無条件な、完全には定義されないところの無目的な「無条件」の行為。ここで不明瞭さの中に［彼は後戻りしてしまう］。謎に満ちた自己が世界との関係にあることを見ていない。ヤスパースにあっては、自己は世界へと働きかけるのではなく、交流における

人間と共にあるのみだ。この点で、ニーチェと同様、世界からの退却［がある］。（N/WEL2:451）

なお、この両思想家に対しては、後年のことであるが、フリッツ・ブーリ Fritz Buri（1907-1995）宛の数多くの書簡の中で、随所に詳細かつ率直な表現で、手厳しいコメントを行っている。[15] ブーリは当時、バーゼルの若き神学者であり牧師であったが、一九五〇年六月二十九日には「シュヴァイツァーとヤスパース」と題する講演を行い、シュヴァイツァーの内に実存思想的なものを見ようとするなど、シュヴァイツァーを同時代の哲学とを独自に関連づけようとしていたのだが、シュヴァイツァー自身はそうした試みには敬意を表しながらも、決して同意してはいなかった。彼はヤスパースよりもとくにハイデガーを警戒していた。若き友人ブーリに対し、次のように書き送っている。「わが息子よ、ハイデガー及び、この男から発する内的に病んだ思想を避けなさい。ハイデガーの思想は統一的なものではあるが、いずれにしても満足の行くものではありません。ヤスパースのほうは、生を正当に扱う堅実なものを創り出そうとしています。しかし彼はそこまでに至らない。彼の哲学は私には無調音楽のように思えます。そして彼は、プロティノス、キルケゴール、ブルーノ、スピノザ、ヘーゲル、シェリング、W・フォン・フンボルトなど、あまりに多くの頭脳を一つにまとめてしまっています」と（一九四七年十一月二十六日書簡より AS-Buri Briefen:110）。

シュヴァイツァー自身、その著作の中で数多くの思想家たちを取り上げて論じるが、彼らを寄せ集めて一つにするなどということはしないという自負心のようなものがここには感じられる。そうした自負心からして、彼はとくに誰とはあえて指してはいないが、現代の哲学者たちを「カクテル哲学者たち」と評して皮肉を述べるなど、現代思想に対するシュヴァイツァーの評価は概して低い。

最近の哲学は……カクテルのようなもの［である］。カクテル哲学者たち。プラトンをちょっぴり、カントをちょっぴり、スコラ哲学を多めにちょっぴり、ニーチェをちょっぴり混ぜている。主観主義を前に不安とは！　それは、人がかつて遠洋に出て行かず、沿岸航行をする中で、こちらのほうが危険が少ないとうそぶいていたことに似ている。しかるに現実は逆なのである。……深い主観主義ならば客観的なものの価値、客観的妥当性を有しているはずであるのに。（N/WEL1:455）

彼がこのように現代思想を貶価する理由には、これらの思想が現代という時代の精神的反映でもあること、そして現代という時代は実は先行する時代の思想がある意味形成したものだからということが指摘できよう。現代は二度も凄惨な世界大戦を経験している時代である。彼の眼差しは明らかにこの戦争をもたらした哲学的背景について向けられている。

戦争については、第四分冊の第一章「時代の精神的・物的な状況」（N/WEL2:219-224）で触れられているが、この元原稿である「付録」の第一章「二つの世界大戦についての節」（N/WEL2:427-432）が詳しい。この部分は一九四四年二月に執筆されたものであるが、第二次世界大戦が大きな災禍をもたらしていることに加え、ソ連の共産主義政権についても言及され、その官僚制度や精神的不自由の問題について批判しているところも興味深い(16)。

ただ、シュヴァイツァーはこの問題に深入りすることはなく、世界大戦の背後にある哲学思想の状況に再び戻っている。端的に言えば、歴史の内在的進歩を信じたヘーゲルの歴史観は、十九世紀以降の現実政治の前に、また両大戦の前に虚偽であることが判明したわけで（N/WEL2:430）、とりわけこの間に大きな影響を与えたニーチェの超人思想に対する批判に、彼のペンが向けられていくのである。ニーチェは善悪の彼岸に立つ、力への意志に満ちた超人の思想を唱えたが、現代人は知識と能力の進歩によって、現実にそのような超人になってしまった。限りなく進歩した科学技術が兵器として使用され、恐るべき災禍をもたらしている。長距離兵器が戦場を無際限に拡大し、戦闘員と非戦闘員の区別も失われ、国と国との総力戦の時代になったのである。赤十字が戦傷者や戦病者の犠牲を食い止めるために貢献していることは評価できるものの、かつての戦争のように騎士道精神や人間性を満足させる状況ではなくなったことの淵源に、彼はニーチェの超人思想が容赦なき生物学的イデオロギーとなって現実化されたことを見抜いていく。そこからして、第四分冊では、ニーチェに対する厳しい批判が顕著に表れていることが分かるのである。

六――ニーチェに対する厳しい批判

第四分冊において特徴的なのは、十九世紀後半以降にダーウィン Charles Darwin（1809-1882）やスペンサー Herbert Spencer（1820-1903）によって登場してきた生物学的な思想に対して厳しい批判がなされていることである。この思想動向は十八世紀来の理性的・倫理的な人間性の理念を揺るがす思想の最たるものとして、幾度もその批判的論述が繰り返して登場する。ラテン語のフマニタス humanitas に由来する人間性 Humanität という概念は、「人間がその本来的かつ最上の本質において全き人間となるべく努め励むこと、［また人間が］他のどの人間をも自分と同じ人間存在であると認め、共感的態度をもって関わり、その尊厳を重視するものである」（N/WEL2:210）。人間性とは、シュヴァイツァーがつとに強調する理念であり志向性である。[17] 第四分冊の第三章「人生–世界肯定の四つの根本類型」第二節「非倫理的なもの、ニーチェと生物学者たち」以下の部分は、すべてこの一連の問題に終始していると言ってよい（N/WEL2:290-341）。

シュヴァイツァーがとくに紙面を割いて批判しているのは、ダーウィン、スペンサー、そしてなかんずくニーチェ Friedrich Nietzsche（1844-1900）であり、彼らを非倫理的な人生世界肯定という世界観類型に入れている。この世界観類型は自らの人生ばかりがひたすら肯定されることによって、倫理的なものの妥当性が否定され、制限されてくるものであるが、実はこのような世界観類型はすでにインドのバラモンの思想、中国の楊朱

〔楊子〕（前四五〇～三八〇頃）、ギリシアのソフィストたちにも先例が見られるという（N/WEL2:290）[18]。こうした人生及び世界肯定と共に行われる活動は、非倫理的なものを超えて反倫理的な事態を出現させてしまう。反倫理的なものは自然的な世界人生肯定であり、そこでは、倫理的なものは、反省的思考の中ではじめて形成され、自分自身〔の人生肯定〕と葛藤を生じさせるがゆえに、根本的なものとは見なされない（N/WEL2:293）。反倫理的なものはひたすら自然的なものであり、倫理的なものに比して、より自然的かつ完全に自らを生き抜くことを可能にさせるものとなるのである。

その行きつくところが、同章第四節に登場する新原始主義 Neo-Primitivismus という新しい概念である。これは文化人 Kulturmensch と対比させて論じられる（N/WEL2:298f.）。文化人が人間の精神的・倫理的向上の上に成立する理想的人間の姿であるのに対して、生の自然的な高揚という偽りの生物学的な理想に過ぎない。この考え方が十九世紀後半以降、台頭してきたのである。

シュヴァイツァーは生硬な表現ながら、新原始主義について次のように特徴づける。

> 彼〔新原始主義者〕は、再び自然的な仕方で感じるようになった人間、精神性よりも強さというものを評価し、自然的なものの背後にある情感的なもの以上に、共感や愛、人間性の志向、また倫理の他の本質を自ら超えて出てしまうような人間である。そうした人間は、自らの促進する生の高揚を通じて存在の意志を満たし、存在の完成に寄与することを自覚している。（N/WEL2:299）

新原始主義者は新しい人間類型であって、本当の原始人 Primitive からすれば、真率なものではない。問題はなぜそのような見方が登場してきたかであるが、十九世紀後半にダーウィンやスペンサーが生物学によって人間の倫理をも理解しようとしたところにある（N/WEL2:301-303）。ダーウィンは既存の倫理を生物学的に解明しようとしただけであるが、スペンサーのほうは、彼と同時代人ながら彼とは別個に、生物学的考察法を人間やその社会に適用し、これを生命進化の理念に組み込んだ。こうした生物学的人間観には少なからぬ追随者も現れたが、なんといってもこれを独自に展開させたのがニーチェであった。生への意志を力への意志と同定させたのはニーチェであって、生物学の理論のなすべきところではなかったのである（N/WEL2:305）。ニーチェは力への意志を例外的な人間の特権と見なした点で、生物学における異端者である（N/WEL2:306）。というのも、自然には特権なるものは存在せず、自然は同じ種に属する個体にはすべて同じ生の高揚を帰するからである。

力への意志は現代思想においても一種の共通財のようになっている。ヤスパースですら、限界状況の解決として、闘争せずして人間として没落するか、逆に闘争をひたすら肯定して、ついには闘争の内に倒れるかという二者択一を提示している（ヤスパース『実存開明〔哲学Ⅱ〕』）[19]という（N/WEL2:306-307, 318-319）。ヤスパースは没落か闘争かというのは限界状況の外面的な解決に過ぎないとし、生への意志に別な方途を求めさせているものの、彼が一種の心理学的な事態として、根源的な生への意志を力への意志として体験させてしまうという事実がやはり問題として残るのである。[20]

ニーチェによる既存の倫理観への攻撃は、それ自体としてはとくに目新しいものでもないし深いものでもない（N/WEL2:323-324）。そうした倫理観は、強者に対抗するために、弱者により創造され発見されたものだというが、似たようなことはソフィストもすでに唱えていたのである。しかしニーチェが反道徳主義者としてより深い意義を持つのは、自らを生き抜くという主張にある。そのように主張することによって、生の意味は充実される。彼が生と言うとき、それは人間の生にとどまらず、存在全般の意味でもある。その点、ソフィストは単に思い上がった反抗を行ったに過ぎなかった。生への意志が力への意志として体験されるところに、彼の超人思想が存する。この思想を高貴で英雄的であるとし、共感・同情・隣人愛を奴隷道徳としたことにより、一種の混乱が生じた。彼は人間性の志向を一挙に陳腐なものにしてしまったが、彼が詩として語ったものがいまや現実のものとなっている。本物の英雄崇拝が日常的に暴威をふるっているのである（N/WEL2:327）。このように述べるときシュヴァイツァーは、暗にヒトラーのことを指しているかのようである。

七――〝未完のプロジェクト〟としての「文化哲学第三部」

「文化哲学第三部」は、タイトルを「生への畏敬の世界観」と銘打っているものの、生への畏敬の倫理思想へと至る世界思想に関する収斂的な議論の展開がその主たる内容になっている。たしかに、生への畏敬の倫理思想そのものの内容的な掘り下げとなると、いささか希薄であると言わざるを得ない。しかし、この遺稿集にあっては、取り上げられ詳論される古今東西の世界の諸思想についての批判的論述のそこかしこにおいて、生への畏敬の倫理思想のありようや意義が逆照射されていることが分かり、また新たな思想的展開の萌芽もある程度うかがい知ることができるのである。

かくして「文化哲学第三部」は未完結の膨大な原稿として残された。しかし別な見方をすれば、もしかしたら、シュヴァイツァーは人類の精神史の詳述的探究については、ほぼ彼なりにやりつくしたと言えなくはないのだ。生への畏敬という指導理念に照らされつつ、世界観と倫理の視座から、古今東西のさまざまな思想を可能なかぎり吟味してきたのである。一見混沌とした記述の中にも、その取り組みの有り様は十分伝わってくる。

十五年間にわたり四度に及ぶ大きな試行錯誤と書き直しを経た後に、シュヴァイツァーが「文化哲学第三部」の続行を結果的に断念したのは、一九四五年以降の時代的状況への彼の危機意識の高まりがあったことも見逃せない。いわゆる「冷戦」時代の核戦争の危機感の中では、彼はむしろ人類にとってより焦眉の急である

「神の国」という課題のほうを取り上げなくてはならない、と考えたのではなかろうか。なぜならば、神の国の理念こそ、キリスト教において絶対的な平和の理念として思念されていたからである。

註

（1）ツュルヒャーによる「編集者注記」はN/WEL1:15-17に、ギュンツラーによる「序論」はN/WEL1:18-28に、ツュルヒャーによる「第一分冊」「第二分冊」のまえがきはそれぞれN/WEL1:35-37, N/WEL1:229-230に、ギュンツラー及びツュルヒャーによる「第三分冊」「第四分冊」のまえがきはN/WEL2:13-15に載せられている。このような編者まえがきは他の遺稿集においても同様になされている。

（2）Hans Lenk, Ethik und Weltanschauung. Zum Neuigkeit von ASs〉Kulturphilsophie Ⅲ〈*AS heute*, 1980:41. Ulrich Neuenschwander, *Christologie-verantwortet von den Fragen der Moderne*, 1997:324.

（3）これは一九五〇年九月十四日付クルト・レーゼ Kurt Leese 宛の手紙による。ギュンツラーとツュルヒャーは彼が戦後出した他の手紙も幾つか紹介しているが、それを読めばシュヴァイツァーは継続の思いそのものは最後まで持っていたようである。

（4）なお『インド思想家の世界観』においては、ausgebildet/unausgebildet に相当する分類の仕方で、世界観の完全な vollendet なあり方と不完全で要を得ない（世界観らしからぬ）unvollkommen und unsachlich あり方の世界観という表現を用いている（G2/ID:440〔第九巻、二七～二八頁〕）。世界観の完全なあり方とは要するに神秘主義的なあり方である。

（5）第三分冊の中（N/WEL2:135-136）、また第四分冊の中（N/WEL2:271-272）でも再度、倫理Ethikと道徳Moralの違いが言及される。両者の相違についての論述は基本的に同じであるが、ここでは哲学史における両語の使用法について記されている。ギリシア哲学では倫理Ethikを正しく善の本質の基礎づけであると見なし、アリストテレスもこの名の下にその試みを行った。同様の探究はスピノザの『エチカ』（一六七七）においても見られる。カントはMoralやSittengesetzのほうを用いたが、ドイツ哲学ではやがてEthikの語が多く使用されるようになった。一方、フランス哲学では、ベルグソンの『道徳と宗教の二源泉』（一九三二）のように、ラテン語由来の道徳Moralが好んで使用された。そうしたところから、シュヴァイツァーは、フランスの思想が義務と徳目の探究にとどまる傾向があると述べる。彼自身は独仏のバイリンガルであるが、こういう意味でもドイツ哲学の伝統に立っていることが示唆されるだろう。

（6）シュヴァイツァーは直接引き合いには出していないが、これは明らかに生への畏敬の倫理を念頭においた記述である。この倫理には根本原理のみ有って、詳細な規定はないからである。どこまで自分の存在と幸福を提供したらよいかとか、どこまでこれを他の生命の存在と幸福を犠牲にして得たらよいかということを確定しようとすれば、そうしたことはまさに現実との妥協を求める応用的相対倫理になってしまうだろう（G2/KE:387〔第七巻、三二一頁〕）。

（7）ここでは孔子や老子・荘子の思想が主として考察されているが、そのほかに墨子についても取り上げられているのが注目される。墨子は、愛の倫理を天の愛の意志から基礎づけたものの、実際の現場では合目的性の考慮を重視したとしている（N/WEL2:168-169）。シュヴァイツァーの中国思想史研究の詳細については、本書第四章「中国思想史研究の視座とその展開」を参照。

（8）シュヴァイツァーはいくつかの著作において、Welt-Lebensbejahung (verneinung)、または Lebens-Weltbejahung (verneinung)と表記の異動があるが、世界人生肯定（否定）と言っても、人生及び世界肯定（否定）と言っても、どちらも意味は同一である。

（9）ニヒリズムについての論述は確かに見られないものの、これに関連した部分として示唆的なのは懐疑主義を取り上げた部分であり、それはとくに「第二分冊」において一節を割いて論じられている（N/WEL1:351-364）。懐疑主義には真摯な批判精神に基づいた価値ある懐疑主義と、単に懐疑をめぐる遊戯に過ぎない無価値な懐疑主義とがある。知覚された世界の現実性までも疑うような行き過ぎた懐疑主義（完全懐疑主義）は思惟の小児病に過ぎない（N/WEL1:352）。当然このような完全懐疑主義においては倫理の存在余地もないということになる。

（10）シュヴァイツァーとヤスパースの比較考察については、金子昭「シュワイツァーとヤスパース―その人間と思想に関する伝記的比較考察―」（『シュワイツァー研究』第二十五巻、シュワイツァー日本友の会、一九九八年、三～二九頁）を参照。

（11）「楕円」の比喩は形を変えて何度も使われている（N/WEL1:131, N/WEL1:247, N/WEL2:131）。この他、「自己完成の倫理と献身の倫理は同一の山脈の二重の頂上である」（N/WEL1:248）、「倫理は献身と内面的完成の両契機を有し、これら二つの電極からなる電力供給網のようなものである」（N/WEL2:266-267）という形容もなされている。これらを見れば、シュヴァイツァーがさまざまな比喩を通じて、いかに倫理のありようをより生き生きと表現しようと試みたかという、その苦心のほどを窺うことができる。

（12）これに関連して、シュヴァイツァーはちょっとした挿話をはさんでいる。それは一九〇八年頃、彼が医学部に入って三年目ほどたった時期のこと、ある技師が怪我をしてシュトラースブルク大学病院で治療を受けていた。彼は長時間待たされていたことに対して腹を立て、彼の順番が来たとき若い見習い医師と口論になった。そして正当にも、「あなた方は、私がしているような、生産的な仕事は何もしていないですね」と言って、彼に注意を促したという（N/WEL2:198-199）。この技師は、労働者としての自分の権利と意義にとらわれるあまり、医師の置かれた立場について想像力が及んでいなかったわけである。

（13）この部分で批判されている他の思想家は、ベルグソン、シュペングラー、カイザーリンクである（N/WEL1:417-419）。ベルグソンは思惟の代わりに直観を置いたが、生 Leben とは体験 Erleben だけであり、その生の認識がない。シュペングラーの『西洋の没落』はベルグソンに似て、文化をも勃興し衰退する生きた存在と見なしているという。精神的発展をも自然過程として位置づけられるので、倫理が見られない。カイザーリンクは存在の内に意味を見て取るが、悟性的認識が無い。彼らはいずれも世界についての思惟が見られず、世界観の予感しか存しない。また、人間性の理想を保持することができず、文化のエネルギーも出てこない。シュヴァイツァーによれば、そもそも人間は「西洋の没落」という認識にとどまることはできないのである。人間は本体、存在を生への意志、活動への意志、すなわち創造的な存在として体験し、その存在との合一を活動的調和として［実現する］ものなのである（N/WEL1:419）。

（14）ハイデガーとヤスパースに対する評価については、『ギッフォード講義』の中にも見ることができる。本書第三章「ウプサラ講演とギッフォード講義」第六節から第二次第五講義（一九三五年十一月十三日）を参照。

（15）ブーリは、シュヴァイツァーを現代思想家のヤスパースやカール・バルトとも結びつけて論じようとした。この往復書簡集では、そうした研究についてある程度の評価と敬意を表してはいるが、遺稿集における彼らへの厳しい評価からして多分に社交辞令とも取れるようにも思われる。ブーリとの往復書簡集（AS-Buri Briefen, 2000）は、両者間の思想のやり取りも見られて興味深いが、本書の範囲を超えるため、これについては他日を期して論じていきたい。

（16）シュヴァイツァーは共産主義を壮大な歴史的実験と見なし、その結果には最終的判定は下せないとしながらも、その問題点を種々提示している（N/WEL2:428-430）。革命の際に数多くの精神的・物的価値が失われ、多大な犠牲者を出してしまった。そして共産主義の危険性は、巨大な官僚制度、複雑な統治機構、自由が無いことによる人間性の危機、精神的不自由にあることについて言及している。ただ、こうした記述は断片的なレベルにとどまり、この第一章の原稿には反映されていない。おそらく現在進行形の政治的イデオロギーの評価については、判断を差し控えたのだろう。

（17）人間性の理念は、この後の部分で、後期ストア派哲学（セネカ、エピクテトス、マルクス＝アウレリウス）及びユダヤ教・キリスト教において主唱された。両者は哲学と宗教という相違があるとはいえ、十七～十九世紀には両者があいまって再評価されるようになった。すなわち、この時期、人間性の理念は合理的に基礎づけられると同時に、神の命令として受け止められたのである。シュヴァイツァーは第二次世界大戦後、この思想を平和アピールにおいて積極的に打ち出そうとするようになる。

（18）彼らの思想はこの後の部分で詳論される。バラモンの神学者たち（ウパニシャッド）においては世界人生否定の世界観のために倫理的なものはその価値を失い、楊朱は人間がみな各人の人生を正しく享受すれば世界は自ずと治まるとだけ考え、ソフィストたち（プロタゴラスやゴルギアス、彼らの弟子たち）は正義・不正義を追究するのではなく、合理的かつ即時的な判断により、ただ自己主張するだけの修辞学者である。

（19）Karl Jaspers, *Philosophie*, 3Bde., 1932, Band2:237. この箇所は、第二巻「実存開明」第七章「限界状況」第二「個々の限界状況」の「闘争」（現存在のための暴力的な闘争）の部分である（草薙正夫・信太正三訳『実存開明〔哲学Ⅱ〕』創文社、一九六四年、二七〇〜二七一頁）。シュヴァイツァーは長い直接引用を行っているが、その要点は次の通りである。「限界状況の外面的解決」として、「闘争を欲せず、闘争なき現存在を実現する道を歩み、自らはユートピアの無制約性のうちにいると信じつつ、現存在として没落するか」、それとも「闘争のための闘争を肯定し、何のためにかといった内実には頓着せず、ただひたすらに闘い、その中で死ぬことで自らの実存を満たすか」のどちらかである。前者は福音書の説くところであるが、後者では「人間は快楽ではなく、権力の増大を求め」、「彼の権力の大いさが同時にかれの価値の等級であり、幸福とは優勢な権力感である」となる。

（20）シュヴァイツァーはこの一連の論述をほぼ同じ文章で繰り返しているが（N/WEL2:307, 319）、一回目のときは、ただ単に「生への意志を力への意志と同一視している」とのみ述べ、それが心理学的事態であるとまでは言及していない。そうした点に、彼が繰り返しの中にあっても、考察をより深めている様子を垣間見ることができるのである。

◉第三章

ウプサラ講演とギッフォード講義

——文化哲学形成期の講演活動——

一――シュヴァイツァーの講演活動

シュヴァイツァーは生涯、数多くの講演活動をヨーロッパ各地で行い、そのテーマも哲学、神学、音楽や文明論など多岐にわたっている。これらの講演活動には多くの場合、オルガン演奏会も付随している。それはランバレネでの活動資金を募るという意味もあった。

本章では、最初にシュヴァイツァーの講演活動について概観し、次に従来知られていなかった講演などを収録した遺稿集『講演・講義・論文集』（二〇〇三年）*Vorträge Vorlesungen Aufsätze*, hrsg. von Claus Günzler, Ulrich Luz und Johann Zürcher, 2003［N/VVA］の内容目次を紹介し、三番目にこのテキストの中から、彼が初めて生への畏敬の倫理について述べた講演として、一九二〇年のウプサラ大学での一連の講演を取り上げ、その内容について紹介して論評する。最後に、一九三四年、一九三五年のエディンバラでのギッフォード講義について取り上げ、同様に紹介と検討を行う。（原語タイトルは Uppsala Vorlesungen と Gifford Lectures である。ドイツ語の Vorlesungen も英語の Lectures も共に講演・講義と訳されるが、後述するように両者の回数も大きく相違しており、前者を「ウプサラ講演」、後者を「ギッフォード講義」と表記することにした）。

ウプサラ講演・ギッフォード講義はシュヴァイツァーの思想を一般知識層の聴講者向けに語るものである。とりわけギッフォード講義の場合は、一般的にも宗教哲学やキリスト教神学の領域で非常に高い評価を有してきた。『講演・講義・論文集』所載のテキストはどちらも講演・講義の完全原稿ではないものの、「文化哲学第三部」の時期におけるシュヴァイツァーの思想の歩みを彼自身が的確にまとめているので、このテキストの叙述を丹念にたどることにより、我々もまたその思想の歩みを明確に捉えることができるのである。本章はその意味でテキスト解説に焦点が当てられることになる。

ウプサラ講演が「文化哲学第二部」の形成過程を示しているのに対して、ギッフォード講義は文化哲学第三部の取り組みのただ中で行われ、文化哲学から世界哲学への移り行きを最もよく示しているものである。ウプサラ講演は全八回、ギッフォード講義は第一次（一九三四年）十回、第二次（一九三五年）十二回にわたって行われ、その概要が『講演・講義・論文集』に掲載されており、彼の一連の文化哲学研究の状況を垣間見るのに有益な資料となっており、本章では概要を要約して紹介することにしたい。というのも、これら二つの講演及び講義を時系列の流れに沿ってたどることによって、我々は文化哲学研究におけるシュヴァイツァーの議論の歩みと組み立てを確認することができるからである。

シュヴァイツァーは一九一七年、第一次世界大戦の勃発により、ランバレネからの帰国を余儀なくされた。こうして第一次ランバレネ滞在は三年半ほどで終わってしまった。シュヴァイツァー四十二歳の時である。彼はしばらく南仏の捕虜収容所での生活を送ったが、そこで赤痢に罹患して体調を崩し、後遺症が残った。またドイツの銀行に預けた預金も、インフレのために反故同然になり、莫大な借金を抱えた。シュトラースブルクの市立病院の助手を務めながら、牧会活動を行うという精神的にも経済的にも苦しい生活が続いた。そうした中、一九一九年十二月にスウェーデンのナータン・ゼーデルブルム監督からウプサラ大学での講演依頼が舞い込み、これが一筋の光明になった。翌一九二〇年四月にこれが実現し、その前後からのオルガン演奏会も行われるようになった。彼の講演活動はこうして始まった。一九二四年、四十九歳の時に第二次ランバレネ行きを果たし、その後はアフリカとヨーロッパを往復することになるが、ヨーロッパ滞在中は、各地で精力的に講演活動及び演奏活動を行った。こうした活動は一九三六年まで続き、翌三七年一月にランバレネ行き（第六次ランバレネ滞在）後はヨーロッパは不穏な情勢になり、やがて第二次世界大戦が勃発するなどして、そのような活動は中断されてしまうのである。

シュヴァイツァーの講演活動は、細かいものを含めると拾いきれないほどあり、その内容も不詳なものがあるが、ここでは長谷川洋二による最も詳細な「年譜」(1)に基づいて、一九二〇年から一九三六年までの講演活動を紹介しておく（必要に応じて語句や表現を修正・加筆し、月名を変更した箇所もある）。この時期は、ウプサラ講演に始まりギッフォード講義に至る期間に相当し、シュヴァイツァー四十五歳から六十一歳までの最も脂の乗った円熟した時期にあたるのである。

一九二〇年四月～五月　ウプサラ大学で連続講演。
一九二一年十一月末　スウェーデンで講演活動及び演奏活動。
一九二二年一月　スウェーデンで講演活動及び演奏活動。
　二月～三月　英国で講演活動及び演奏活動。（オックスフォード大学では「文化哲学」、ケンブリッジ大学では「終末論の意義」、ロンドン大学では「パウロの問題」、セリ・オーク大学では「キリスト教と世界宗教」）。
三月～四月　スウェーデンで講演活動及び演奏活動。

五月～六月　スイスで講演活動及び演奏活動。十月にもスイスで講演活動。
十一月　デンマークで講演活動及び演奏活動。
一九二三年一月　プラハで講演活動（「文化哲学」）及び演奏活動。
（一九二四年二月～一九二七年四月　第二次ランバレネ滞在）。
一九二七年十月～十一月　スウェーデンで講演活動及び演奏活動。
十一月～十二月　デンマークで講演活動及び演奏活動。
十二月　ドイツで講演活動及び演奏活動。
一九二八年四月～五月　オランダで講演活動及び演奏活動。
五月　英国で講演活動及び演奏活動。
八月　フランクフルトにてゲーテ賞受賞講演。
九月～十月　スイスで講演活動及び演奏活動。
十月～十一月　ドイツで講演活動及び演奏活動。
一九二九年二月～六月　ドイツ各地で講演活動及び演奏活動。
（一九二九年十二月～一九三二年一月　第三次ランバレネ滞在）。
一九三二年三月　フランクフルトにて「ゲーテ没後百年祭記念講演」。
四月　ドイツで講演活動及び演奏活動。
四月～六月　オランダで講演活動及び演奏活動。
六月　英国で講演活動及び演奏活動。（ロンドンでは「思想家及び人間としてのゲーテ」、ケンブリッジ大学では「ゲーテの哲学的発展」を講演)。

七月　ドイツで講演活動及び演奏活動。(ウルム大学では「思想家及び人間としてのゲーテ」を講演)。

(一九三三年三月～一九三四年一月　第四次ランバレネ滞在)。

一九三四年十月　オックスフォード大学で「現代文明における宗教」を講演(ヒッバート講演)、ロンドンでも同じ講演を行う。

十一月　エディンバラ大学で第一次ギッフォード講義を行う。

(一九三五年二月～八月　第五次ランバレネ滞在)。

一九三五年十一月　エディンバラ大学で第二次ギッフォード講義。グラスゴー大学では「現代ドイツ哲学における倫理学」を講演。

一九三六年四月～九月　スイス及びフランスで講演活動と演奏活動。(ローザンヌとシュトラースブルクで「バッハとその作品」を講演。その他にインド思想についても講演)。

(一九三七年一月～一九三九年一月　第六次ランバレネ滞在)。

これらの講演の内、数多くのものが内容的に同一またはかなり重なっていると想像される。ヨハン・ツュルヒャーは、一九二二年から一九二三年にかけてオックスフォード、シュトラースブルク、コペンハーゲン、プラハ、ミュンヘンで講演やオルガン演奏会を開催したが、これらはウプサラ講演の内容を基本的には繰り返し、一部を新しくしているという(N/VVA:33)。おそらくそういう理由で、『講演・講義・論文集』にはそうした講演類のテキストは掲載されなかったが、巻末にはこれらの講演タイトル及び関連原稿の一覧が載っている(N/

VVA:410-411)。[2] もしかしたら、他の講演類も何らかの形でウプサラ講演（一九二〇年）やギッフォード講義（一九三四年、三五年）と内容的に関連しており、それらの一部を繰り返す形で行われていたのではないだろうか。なぜなら、これら両講義はそれぞれ一連の連続講義の形態（前者は八回、後者は第一次十回、第二次十二回）になっており、いずれもシュヴァイツァーが力を入れて準備し、またその講義の概要が残されているのに対して、それ以外の講演では、独自な内容のものは、完成された原稿が残されているが（典型的なのはゲーテ講演だろう）、単に繰り返されたものであればそうしたものは無く、既存の原稿を転用したものと理解することができるからである。

第二次世界大戦後、シュヴァイツァーの講演活動は再開されるが、しかしその回数は目立って減少する。また、講演内容は晩年になるにつれて、平和問題や核実験反対の方向に向かっていく傾向にある。哲学思想に関わるもので特筆すべき講演には、一九四九年六月～七月に初めて訪問したアメリカで行ったゲーテ生誕二百年祭記念講演「ゲーテ　人と活動」（コロラド州アスペン）、一九五一年のドイツ出版協会平和賞受賞講演「ヒューマニズムと精神の力」、また一九五二年のフランス学士院会員就任講演「人類の思想の発展における倫理の問題」がある。

二──『講演・講義・論文集』

二〇〇三年にシュヴァイツァーの遺稿集の一環として刊行された『講演・講義・論文集』は、哲学・神学に関わる公刊・未公刊の講演・講義・論文類、及びその他関連する小品（エッセイや書簡など）の幾つかを収録している。もちろん、これが完全なものではないが、主要なものはほぼ網羅していると言えよう。その最大のものがウプサラ講演であり、ギッフォード講義であるわけであるが、ここでは文献紹介という意味も含めて、『講演・講義・論文集』の内容目次を紹介することにしたい。このテキストは、クラウス・ギュンツラー教授、ヨハン・ツュルヒャー牧師の他、ベルン大学で新約聖書学を教えるウルリッヒ・ルッツ Urlich Lutz 教授の三名の編集による。全体はⅠ〜Ⅲの三部構成で、Ⅰの哲学的テキストの部分はギュンツラーが主に担当、Ⅱの神学的テキストはルッツが主に担当し、それぞれに序文を書いている。Ⅲ日常的な小品はギュンツラーとツュルヒャーの編集によるもので、とくに全体に関する序文はない。紹介にあたっては、目次のタイトルの次に発表年月日または掲載紙の巻数等を記した（［　］は原書のままである。また、シュヴァイツァーがしばしば寄稿している『エルザス＝ロートリンゲン福音プロテスタント教会報』[3]の場合は＊印をつけている）。

なお、ここで興味深いのは、第二次世界大戦後の講演や寄稿論文として、平和問題をテーマとしたものが少なくないことである。例えば、Ⅰ⑼ドイツ出版協会平和賞受賞講演、Ⅲ⑶世界の不安からの救い、⑷世界における喫緊の課題、(8)人類に語る私の言葉がそうである。これらの幾つかについては、シュヴァイツァーの平和論を扱う第八章で取り上げることにしたい。

I　哲学的テキスト

序文　クラウス・ギュンツラー（編者）
(1)十九世紀における哲学と一般教養（一九〇〇年以降の初期原稿）
(2)哲学者カントの没後百年によせて（＊一九〇四年二月十三日号）
(3)ウプサラ講演……後述
(4)鷹狩をもう一度（一九三二年『アトランティス』スイス誌七月号）
(5)思想家ゲーテ（一九二七年『ヨーロッパ』フランス誌、原文フランス語）
(6)ギッフォード講義……後述
(7)インド倫理における暴力の非承認（アヒムサー）の原理。その根源とその意義（一九三五年十二月で講演、原文フランス語、一九三六年九月に再度ドイツ語による講演）。
(8)［ゲーテ講演集の日本語版序文］（一九三九年三月付）
(9)フランクフルトのドイツ出版協会平和賞受賞講演（一九五一年九月十六日）
(10)『人間性の記録』の米国英語版序文（一九五四年一月）
(11)［学校での講話］(4)
(12)ヒューマニズムと文明（一九五九年十一月十日、パリでの講演）

(13)「ルドルフ・シュタイナーとの出会い」(一九三一年)
(14)フランスと闘牛(一九六四年、「動物愛護倫理のための原稿」)

Ⅱ　神学的テキスト

序文　ウルリッヒ・ルッツ
(1)プロテスタンティズムと神学的学問(一九〇三年二月、プロテスタント自由協会での講演)
(2)二つの宗教的講演(一九〇六年一月、プロテスタント自由協会での講演)
(a)我々の時代と宗教　(b)イエスと我々
(3)精神医学的イエス伝研究の批判と諸問題(『歴史と現代における宗教』第三号、一九一二年)[5]
(4)[二つの待降節の人物]
(a)預言者アモス(*一九一八年第四七巻第五〇号)
(b)第二イザヤ(「イザヤ書」第四〇～六六章)(*一九一八年第四七巻第五一号)
(5)伝道について　思想と経験(*一九一九年第四八巻、第三・四・六・九・一〇・一一・一二・二四・二七・二九・三〇・三二号に連載)[6]
(6)アルベルト・シュヴァイツァー　その神学的発展の自伝(一九二六年ランバレネの原生林にて著されたもの)[7]

Ⅲ　日常的な小品

(1)[『エルザス=ロートリンゲン福音プロテスタント教会報』抜粋(いずれも*一九一九年第四八巻)]
(a)完全性の目標によせて　(b)自由について

(c)我々の天の御国の知識　(d)人間性

(2)「私の人生の究極の知」への問いについてのE・ゲメリへの回答（『新ウイーンジャーナル』でのアンケート調査、一九三二年四月）

(3)世界の不安からの救い（『ウニヴェルシタス』一九五二年一月号）

(4)世界における喫緊の課題（一九五二年二月二十四日付）

(5)あるアメリカの聖書物語のために（一九五二年八月）

(6)他者のための祈り（『道と真理』ドイツ誌、一月二十四日刊）

(7)日々のための恵み（ヌスブルガー氏宛書簡、一九五八年。『スイス改革民衆雑誌』第一二号、一九八二年）

(8)人類に語る私の言葉（一九六四年のラジオ講演、『スイス改革民衆雑誌』第二号、一九六七年）

三——ウプサラ講演

⑴講義について

『講演・講義・論文集』では、ウプサラ講演として取り上げられた部分は全五十八頁と、確かにそこそこの分量が収録されている。その内訳としては、「I哲学的テキスト⑶ウプサラ講演」として、ツュルヒャーの前書きに続き、次のような見出しになっている。

(a)倫理的問題の講義の中心思想

(b)［ウプサラ講演の］序論

(c)倫理的問題の中間部分の講義の原稿。人類の思想における文化と倫理。

このうち、(a)の部分に全八回行われたウプサラ大学の連続講義の概要が記されている。この部分はわずか八頁強に過ぎないが、シュヴァイツァーの講義の展開を知るのに重要な部分である。

シュヴァイツァーはすでにアフリカでの軟禁生活の中、文化哲学の構想を得て執筆を開始していた。一九一七年にヨーロッパに強制送還された後、シュトラースブルグで病院の補助医師や聖ニコライ教会の説教者として勤めていた。知人に託していた文化哲学の原稿はまだ届いていなかったので、彼は世界の諸宗教における世界観の問題について研究をしていた。そうした時にウプサラ講演の依頼が届いたのである。自伝『わが生活と思想より』（一九三一）では、シュヴァイツァーは自ら当時の状況について次のように述べている。

一九一九年のクリスマスの何日か前のこと、このような仕事〔世界宗教の世界観の研究のこと〕をしている時であった。一九二〇年の復活祭後、ウプサラ大学でオラウス・ペトリ基金による講義をしていただきたいという旨の、ナータン・ゼーデルブロム監督の招待状を受け取った。この要請は全く思いもかけないものだった。戦争後、私はシュトラースブルクにすっかり引きこもって、まるで家具の下に転がってそのまま見つからなくなっている一グロッシェン硬貨のような気持ちだったからである。（GW1/LD:195-196〔第二巻、二二四頁〕）

ゼーデルブロム Nathan Söderblom（1866-1931）は当時著名な宗教学者でもあり、シュヴァイツァーの既刊著作や研究だけでなく、文化哲学の研究も始めていることも知っていた。彼がウプサラで講義に選んだのは、哲学及び世界宗教における世界人生肯定と倫理の問題であった。アフリカで書いた原稿はいまだ届いていなかったので、再度書き直しをせざるをえなかった。それは、ウプサラ講演から帰った後の一九二〇年の夏にようやくそれが届いた（シュヴァイツァーの遺稿中に内容的に重なる書き直し原稿が散見されるのも、こうしたことがあったためである）。

ウプサラ講演で扱われた内容は、文化哲学第二部『文化と倫理』（一九二三）、また彼が一九一九年以来取り組んできた世界宗教の研究（二〇〇一年刊行の遺稿集『世界宗教における文化と倫理』に所収）の内容とも重なっている。一読して強く感じられるのは、哲学史の分析を古代から始めて最後に生への畏敬にいたるという論述の仕方など、とくに『文化と倫理』の草稿的な要素の性格である。実際、『文化と倫理』の扉には「ウプサラ大学におけるオラウス・ペトリ記念講演」と記されており、明らかにこの著作がウプサラ講演を踏まえて執筆されたことを示している。シュヴァイツァー自身もこの講義に力を入れていて、最後の講義で生への畏敬を取り上げた際、自分でも感動を覚えたので、努力してようやく語ることができたという（GW1 /LD:196〔第二巻、二二五頁〕）。

ゼーデルブロムは、ランバレネでの活動再開を希望するシュヴァイツァーに、スウェーデンで講演やオルガン演奏会を開いて資金を得ることを勧め、自らも紹介の労を関係各方面に取るなど尽力した。また第一次ランバレネでの活動について本を書くように慫慂《しょうよう》し、ウプサラの出版社に紹介したのも、彼であった。ウプサラ講演の翌年の一九二一年に『水と原生林のあいだに』が原著と同時にスウェーデン語訳が刊行されたのもそのためである。シュヴァイツァーはゼーデルブロムのおかげで、ランバレネでの活動再開の大きな力を与えられたと深い感謝の念を後年表明している。(8)

(2) ウプサラ講演の概要

一九二〇年五月と記された「(a)倫理的問題の講義の中心思想」では、講義の概要が箇条書きふうに記されている。時には言葉の羅列になることも多いが、これは文章の長短、内容の濃淡はあるものの、『文化と倫理』の梗概を読んでいるような気持ちになる。実際、この講義が下敷きとなって『文化と倫理』が執筆されたのである。また、シュヴァイツァーが将来、「文化哲学第三部」などで扱うことになる世界哲学の構想の一端についても、部分的に読み取ることができる。

なお、「(c)倫理的問題の中間部分の講義の原稿。人類の思想における文化と倫理」は、シュヴァイツァーなりのヨーロッパ哲学の歴史的検討であり、『文化と倫理』のヨーロッパ哲学史的検討（第五章～第十五章）と内容的にほぼ重なり、まるで同書のこの部分の概要を読んでいるような感もある。ソクラテス、プラトンなどギリシア哲学から始まり、ショーペンハウアーとニーチェについての論究で終わっている。興味深いところもなくはないが、紙幅の関係でこれについて述べるのは省略したい。

以下、「(a)倫理的問題の講義の中心思想」と題された、一九二〇年の八回に及ぶ講義概要を要約し、『文化と倫理』の内容との連動性についても触れることにする（日付はテキストによる）。

第一講義（一九二〇年四月二十九日）

この第一講義は、『文化と倫理』第三章「倫理的問題」に主に対応し、全体の問題提起的な部分にあたる(N/VVA:33)。

倫理を説くのはやさしいが、倫理を基礎づけるのは難しい（ショーペンハウアー）。ある宗教は高次の道徳化を可能とするが、別な宗教はそうではないが、それはなぜなのか。老子や孔子における道徳的な根本原理。彼らは道徳法則を自然の世界秩序に基礎づけるという前提に立っている。彼らの倫理の人間性。ゾロアスターの宗教における倫理の宇宙論的基礎づけ。それは人間以外の生物へも価値ある生命としての探究を行うものでもある。この倫理の文化的性格。一方、インドの倫理思想は、存在の本質一般から道徳を基礎づけようとした。認識論的観念論と倫理的理想主義、悲観主義と倫理の関係について。また神秘主義と倫理の関係について。

第二講義（一九二〇年五月三日）

ここでは、イエスの終末論的倫理の性格が論じられる（N/VVA:33-34）。倫理の終末論的基礎づけの立場の強さと弱さ。預言者の倫理の人間性の理想。イエスの倫理の時代史的限界。イエスの倫理は「中間時の倫理」である。イエスの倫理は労働や所有といった文化価値を否定する。他方で、それは終末論を通じて独自の深さを有する。その倫理との関係におけるイエスの楽観主義と悲観主義。イエスの倫理観と老子、仏陀のそれとの比較。イエスの倫理は終末論に基礎づけられた「歴史的」基礎を持つが、このことはパウロにおいて示される。

第三講義（一九二〇年五月四日）

ここでは、古代の倫理、近代の倫理の批判的考察が行われる（N/VVA:34-35）。古代哲学における道徳の根本原理。ソクラテスは道徳を理性に則したものと定義した。ソクラテスの倫理的神秘主義。普遍的な世界観とは関わらない。そこから今日に至る倫理学の二つの探究の道が現れた。一つは、道徳の内容を確定させて、直観的＝経験的にこれを導き出すか、あるいはこれを直接的に基礎づけるかの道である。前者はキュレネ学派、キュニク学派、エピクロス、ストア派の道、後者はプラトンの取った道である。前者は行為や態度の規範を道徳的なものとすることはできない。また、プラトンは直接基礎づけられたものに真の内容を与えることができない。後期ストア派の倫理において人間性の思想が登場した。近代の思想は、道徳を合理的に快をもたらすもの、有用なものと把握する試みを再提起した。古代の倫理とは対照的で、とても行動的な性格を持つ。功利主義の倫理は、利己的なものと利他的なものを論理的に架橋することに成功しない。

第四講義（一九二〇年五月六日）

ここでは、功利主義など近代哲学の倫理についての批判的検討が行われる（N/VVA:35-36）。この講義は、『文化と倫理』第七章～第十五章の内容に対応する圧縮された要約になっている。

利己的なものから非利己的なものを説明する試み（ハートレイ、ドルバックなど）、非利己的なものは社会が個人に課したり教え込むものとして説明する試み（ホッブズ、ロック、ベンサムなど）、非利己的なものを利己的なものと並んで自然に与えられたものとする試み（ヒューム、スミス、J・S・ミル、コントなど）。後期功利主義の発展。人間性の倫理の後退。道徳の直接的な基礎づけ（カドワース、ムーア、シャフツベリ、バトラー、カントなど）。認識論的観念論と倫理的理想主義は結びつけることができない。一つの全体観から倫理を基礎づける試み（スピノザ、フィヒテ、シュライエルマッハー、ヘーゲル、ショーペンハウアー、ニーチェ）。これらの試みにおける自己完成の倫理と社会に向けられた行為の倫理との関係。しかし、これらの試みは、世界生起の法則と道徳的な法則を結びつけられず、最後まで遂行することができない。

第五講義（一九二〇年五月七日）

ここでは、文化の人間性と非人間性について取り上げている（N/VVA:36-37）。第五講義は、『文化と倫理』の第一章「文化の危機とその精神的原因」、第二章「楽観主義的世界観の問題」の内容に対応する要約となっている（この二つの章は「文化哲学第一部」『文化の衰退と再建』の要約でもある）。

倫理の基礎づけの問題の内的関係。ショーペンハウアー以外の近代の倫理は、他の生物に対する態度として道徳を受け入れない。文化の問い。楽観論と悲観論との関係。倫理的エネルギーを喪失すれば、文化はその基礎を揺るがされる。文化理想の倫理的性格。経済的・政治的組織化が進めば、倫理が困難になる。現代文化の非人間性。人間は物となってしまった。植民地化に文化の非人間性が端的に現れている。再生はありうるか。個人の精神的価値と自立が肝心である。真の倫理はそれをめざす。個人の倫理と社会の倫理との根本的相違。

第六講義（日付不明）

ここでは完全な倫理としての生への畏敬の倫理について取り上げている（N/WA:37-38）。この第六講義で初めて生への畏敬の倫理について言及されている（『文化と倫理』では第二十一章「生への畏敬の倫理」に対応する）。倫理の根本原理の新たな定立。倫理の進歩は次の二点にある。①倫理的な活動の領域の拡張。人間だけではなく、生きとし生けるものがすべて含まれる。②人格的な責任概念の拡充。従来の倫理の不完全さ。完全な倫理に属するものには、受苦的な自己完成、活動的な自己完成、人間と生物及び人間と人間の関係、そして組織化された社会との関係が含まれる。あらゆる知識の究極的な帰結は、生への畏敬、すなわち我々の内においてと同様、あらゆる現象の内に、存在の本質的なもの、究め尽くしがたいものとして出逢われる生きんとする意志への畏敬である。善とは生への畏敬と生の促進である。悪とは生への畏敬の欠如であり、生の阻害または生の否定である。これが倫理の最も普遍的な基本である。真の倫理は人生肯定的であり、文化創造的である。生への畏敬の倫理の原理において、道徳的なものは直接的に基礎づけられ、同時に内容も与えられる。これまでの倫理の思惟による基礎づけの二つの試み（直観的倫理と経験的倫理）の対立は克服される。倫理は何らかの世界観から基礎づけられるものではなく、倫理それ自体が直接的で根本的な世界観であり、自らが世界観を基礎づけるものである。

第七講義（一九二〇年五月十一日）

ここでは、生き物に対する倫理、個人倫理と社会倫理の関係が取り上げられる（VVA:38-39)。第七講義は、『文化と倫理』では最終章の第二十二章「生への畏敬の倫理の文化的エネルギー」に対応する内容である。

低次の生命が高次の生命の犠牲になるのが許される原則がある。どの程度他の生命を否定したり犠牲にするかは、個人がただその責任において決めることができる。倫理は人間が目覚め、責任を鋭くすることである。生き物、人間に対する責任。社会の倫理は本質的には非人間的である。なぜなら客観的な目的を実現するために、個人を手段と化してしまうからである。社会は個人の道徳的教育者ではありえない。なぜなら、それは常に相対的で低次の倫理を代表するものだから。倫理はただ個人が組織化された社会の倫理とたえず倫理的な緊張関係に立ち、倫理的エネルギーを社会へと逆に働きかけることにより存在しうる。倫理的教育者はどこまでも倫理的個人なのである。

第八講義（日付不明）

この最後の講義概要はこれまでのまとめであり、とても短いので、そのまま書き出してみる（N/VVA:39-40)。

「受苦する自己完成の倫理と活動する自己完成の倫理は、自己の生への畏敬の倫理の根本的原理から基礎づけられる。新しい倫理的文化は、個人が倫理的に深まることと、新しい志向を創り出すことから成り立つ。楽観主義の倫理的根拠。回顧と総括。」

(3)ウプサラ講演の評価

ウプサラ講演を概観して分かることは、シュヴァイツァーが生への畏敬の倫理をどのように聴衆にかみくだいて説明しているか、ということである。たしかに残された論述は断片的とも言える箇条書きふうのものでもあるし、内容的に既刊著作にない新しい見解を述べているわけではない。しかしその中からでも、彼なりに人々に理解しやすくヨーロッパ思想史の中で生への畏敬の倫理思想を位置づけて説明しようとする姿がよく伝わってくるのである。

生への畏敬の倫理は、『文化と倫理』全二十二章の中では、最後の二つの章で正面から扱われ、それまでの二十の章はそれを導出するための伏線部分ともいうべき内容で、そのうち十二章がヨーロッパの哲学思想史の批判的検討に当てられている。一方、八回連続のウプサラ講演では第六講義で初めて言及されているが、この第六講義と第七講義がちょうど『文化と倫理』の最後の二章に対応する部分となっているのである。第一講義から第五講義までの内容が詳細に練り上げられて、『文化と倫理』の二十の章に形成されていったと推測される。そのヨーロッパ哲学史の検討部分については、「(c)倫理的問題の中間部分の講義の原稿。人類の思想における文化と倫理」の中で、ある程度詳しく窺うことができる。

四――ギッフォード講義の概要

ギッフォード講義は、『講演・講義・論文集』では六十八頁にわたり収録されている。「I哲学的テキスト(6)ギッフォード講義」として、ヨハン・ツュルヒャーの前書きに続き、次のような見出しになっている。

(a)生への畏敬の哲学。第一次ギッフォード講義、一九三四年十一月、エディンバラ。
　報道向けの講義の抜粋。
(b)自然的倫理と自然的宗教。第二次ギッフォード講義、一九三五年。報道向けの講義の抜粋。
(c)自然的倫理と自然的宗教（原文仏文）についてのギッフォード講義。［フランス語の原本から選択した断片］。

　A［一九三四年の第一次の］第一講義。テキストはフランス語。決定稿（原文仏文）。第一講義の第二のプラン。
　B［一九三五年二月十一日の第二次の第四講義の結び三分の一］
　C［一九三五年二月十三日の第二次の第五講義から］
　D［一九三五年二月二十五日の第二次の第十講義から］

このうち、重要なのは、(a)第一次講義及び(b)第二次講義の報道向けの講義の抜粋である。第一講義は一九三四年十一月五日から数日おきに同月二十七日まで計十回行われた。第二講義は翌三五年十一月四日から同じく数日おきに同月二十九日まで計十二回行われた。この部分は『講演・講義・論文集』では六十八頁中、五十三頁分を占めており、わずか八頁弱しかないウプサラ講演の箇条書き的概要より、はるかに充実した内容になっている。

ギッフォード講義については、自伝刊行(一九三一年)以降のことなので、シュヴァイツァーは自らその経緯についてはつまびらかにしていない。ツュルヒャーの序文に即して、それをまとめてみよう(N/VVA:112-119)。そもそもギッフォード講義は、アダム・ギッフォード卿 Adam Lord Gifford(1820-1887)が自然神学の研究に資するために、エディンバラ大学、グラスゴー大学、アバーティーン大学、聖アンドリュース大学でそれぞれ講座の基金を設けたことに由来する。この講座は今日に至るまで続き、著名な神学者や宗教学者、哲学者たちが講演を行っており、そのホームページもある。(9)

シュヴァイツァーは、この講座の趣旨が自らの倫理の基礎づけに合致しているとして引き受け、テーマを「自然的倫理と自然的宗教」とした。ギッフォード講義と並んで、彼はオックスフォードとロンドンでの一連のヒッバート講演(10)の依頼を受け、これは「今日の精神生活における宗教」というテーマで、一九三四年十月十六日〜二十六日の日程の中で行われることになった。ギッフォード講義(第一次講義)が同年十一月五日〜二十七日にエディンバラ大学で行われるわけだから、両講義は十日間しか離れていない。彼はちょうどこの年の夏は『インド思想家の世界観』(一九三五年刊行)を仕上げる作業に取り掛かっており、その内容の一部はギッフォード講義の中にも反映されている。

ヒッバート講演がドイツ語で行われたのに対して、ギッフォード講義は主催者の要望によりフランス語で行われた。シュヴァイツァーは独仏のバイリンガルであったが、得意なのはドイツ語であり、フランス語で原稿を書くのはいささか骨が折れたようである。どちらの講演の際にも、独仏両国語に精通したL・ラッセル夫人が一文ごとに英語に通訳した（そのため原稿には随所にラッセル夫人の注記も入っているという）。

ただ講義全体の原稿については不詳で、第一次講義「生への畏敬の哲学」も第二次講義「自然的倫理と自然的宗教」も、一部を除いて報道向けの抜粋である内容の縮約版のみ現存している。『講演・講義・論文集』でもこれがテキストになっている。

ウプサラ講演が、文化哲学の原テキスト的な構想で、その記述の仕方も発想ノート的な印象の梗概的な性格のものであるのに対して、ギッフォード講義もまたたしかに概要には違いないが、ウプサラ講演と比べて文章が長く、また内容密度も濃く、文章としてのまとまりもある。それは「文化哲学第三部」の第二分冊の執筆時期に当てはまり、その主題や内容がこれと重なっていることが分かるだろう。興味深いのは、この講義と相前後して執筆された『インド思想家の世界観』の成果も取り入れられている。そして何よりの特徴は、生への畏敬の倫理思想が全面に出た内容となっていることである。それは「文化哲学第三部」以上にそうである。思想史的検討についても、ヨーロッパ思想だけでなく、インド思想や中国思想についての検討も取り入れられて、その論述はいっそう詳細になっている。ただし、根本的な思想性格はウプサラ講演とは変わらない。シュヴァイツァーは生への畏敬の倫理を、人類全体の思想史・精神史において思惟必然的に至りつく境地であるとして、これを確証していこうとしているのである。

なお、一部のフランス語原稿がフランス語のまま掲載されている。それが、(c)自然的倫理と自然的宗教（原文仏文）についてのギッフォード講義［フランス語の原本から選択した断片］である。これらは後述する二十二回の講義について詳しく述べた箇所もあり、その意味では興味深いところもあるが、内容的には重複するものでもあり、本章では省略したい。また、これに関連した内容で、インド思想家の世界観についての講演録も一部残されているが（N/VVA:188-200）、これも同様の理由で省略する。[11] 以下、二次にわたり全二十二回に及ぶ講義の内容を要約する（日付はテキストによる）。

五――ギッフォード第一次講義「生への畏敬の哲学」（一九三四年）の概要

シュヴァイツァーは、一九三四年の第一次講義において、現代の精神的状況を分析するところから始める。そして、そこから哲学や宗教が無力化するに至った原因を、ヨーロッパ思想だけにとどまらず、インド思想を含めた人類の精神史全体に求めていく。世界精神との一体化の起源を探り、世界生起における人間の倫理的意志をめぐってのヨーロッパ中世・近世思想やインド思想における二重真理の問題を論じた後、それらの問題を解決するための決定的な処方箋として、最後の第十講義で生への畏敬の倫理を提出する。

第一講義（一九三四年十一月五日）

この第一講義は、現代の精神的状況に対する哲学と宗教の無力について、問題提起を行う（N/VVA:119-121）。シュヴァイツァーは講義全体の序論として、ここでは次のように述べている。ギッフォード卿がこの講義を創始した理由には、人間の理性がいかなる倫理的・宗教的認識に到達できるかという問いがあった。しかし哲学も宗教も今やすっかり力を失った。宗教は自らを思惟から引き離して自立的であろうとする。十八世紀には教会は啓示を引き合いに出すだけでなく、思惟に対しても訴える力を有していたが、現在ではそうではない。また民族共同体や個人の思惟も倫理的・宗教的理念や理想を打ち出せない状況にある。そこで自分はこのギッフォード卿の思いに従って、人類全体やあらゆる時代に生起してきた思想を俯瞰し、なぜ思惟が今日かくも不満足な結果をもたらしたか、また我々が今後、倫理的・宗教的理念をどう探究すべきかについて考察をしていきたいのである、と。

第二講義（一九三四年十一月七日）

シュヴァイツァーは、ここで思惟は何を目標とし、何を達成してきたかという問題提起から人類の精神史を概観する（N/VVA:121-123）。ロックは、思惟を中世の諸観念から解放した。デカルトは、思惟が事物について持つ確実性を明らかにした。カントは、我々の認識能力が時間と空間の制約下でのみ可能であると指摘した。思惟の自己規定を行ったこの三人には、しかし倫理はなんら問題にならず、ただひたすら形而上学の可能性にのみ関わった。今日では、彼らよりも一層包括的な仕方で思惟は自らのあり方を考えなければならない。

ゾロアスターの思想や中国思想は、我々ヨーロッパの思想と親近性がある。ゾロアスターはイスラエルの預言者たちと同様、倫理的宗教を打ち立てたが、すなわち倫理的な一神教と神の国の理念である。中国には孔子と老子の二つの学派がある。また墨子は、キリスト教のそれと近しい普遍的な愛の倫理を説いた。老子は平和主義の最初の代表者である。一方、インド思想は中国思想よりは我々にとってずっと異質な感を与える。我々の思惟が世界人生肯定的であるのに対して、インド思想は世界人生否定的であり、またインド思想は神秘主義であることにもよる。

ここで見出されるのは、思惟の二つの根本的な傾向である。一方は、神秘主義的で世界人生否定的な傾向、他方は合理主義的で世界人生肯定的な傾向である。人類レベルの思惟においても、個人レベルの思惟においてと同様の諸問題や諸困難が存する。そこで、こうした諸問題が、人類の思惟にとってすでにいかなる仕方で生じたのかを明らかにする必要がある。満足すべき真理の頂上に到達していないからといって、それが不可能だということにはならない。これまでの道筋ではそこに到達できないというだけに過ぎないのである。

第三講義（一九三四年十一月九日）

ここでは、世界精神との一体化の心的・歴史的起源について考察される（N/VVA:123-124）。『省察』（一六四一）の中で、デカルトは思惟の分析を試みた。思惟的であろうとすることは、謎にとり囲まれているという自覚を意味する。その自覚の下で、世界の無限性、この世における人生の意味などを理解する。思惟はこの秘密に充たされ、動かされているかぎり、健康で生き生きしている。しかし現代では、この秘密は意義を失ってしまっている。大都市は文化にとって、精神的な危険をはらんでいる。それは、人間が自然との関わりを喪失してしまったからである。

思惟するということは、存在の秘密に充たされることだけではなく、我々の内なる生への意志を理解しようと欲するところにある。我々は生命である。我々の内に、全世界についての意識があり、また意志がある。我々の生への意志は、この世において関わる創造的な意志への自らの関係を追思考することである。我々は自然的なあり方だけでなく、精神的なあり方でも、この世界に所属している。すなわち、世界精神と我々の精神とが一体化することとである。そのことによって、我々は苦しみに耐える力と活動に向かう喜びを見いだすことができる。

我々の思惟の自然的な傾向は、それゆえ宗教的であると同時に神秘主義的である。我々は無限な存在と精神的に一体化することを求めるのである。バビロニア、アッシリア、フェニキア、エジプトにおいては、いまだ人間の精神が、無限の存在との関わりに取り組んではいなかった。それが始まったのは、インド、中国、ゾロアスター、イスラエルの預言者たち、ギリシアの哲学においてである。老子、孔子、仏陀、ピタゴラスが、いずれも紀元前六世紀~五世紀初めに生きた同時代人であったのは驚くべきことである。

第四講義（一九三四年十一月十二日）

ここでは、健康な人間悟性の限界について論じられる（N/VVA:124-127）。これは「文化哲学第三部」で繰り返し登場してくるおなじみの主題である。人類の歴史では、思惟 Denken に代わって、健康な人間悟性 der gesunde Menschenverstand というものが出現する。それは、ごく自然に思いつくことや直接的で実際的な物事にのみ関わろうとする思惟のこと〔いわゆる常識の類〕である。あらゆる思惟の始まりには、二つの問いがある。一つは幸福になることに関わる問い、もう一つは正義の行いに関わる問いである。ギリシア哲学は、ソクラテスにおいてこの二つの出発点があった。ところが、これは健康な人間悟性の限界を超えるものであった。

ギリシア哲学は最終的にはエピクロスやストア主義に落ち着いたが、これらの結論では、真の幸福とは、人間が自らの生命に内的に関わることの内に基礎づけられ、静穏な生活や苦悩の内的超越に至ることだとされた。けれども、これはギリシアの健康な人間悟性が当初期待していたものとは遠く離れたものである。

これに対して、正義の行いの問いは、健康な人間悟性にとっては、より確固とした結びつきを持っている。健康な人間悟性はこれを的確に定義できると信じたが、どの程度まで他者に対して私の権利や利益を追求してもよいか、またどの程度まで他者のために自分の幸福を差し出すべきかという問いには答えられなかった。ストア主義は、真なる善の問いへと関わることにおいてのみ、この問いに答えられるとしたが、真なる善とは人間精神が世界精神と調和するということ以上には定義できなかった。

古代的思惟は、こうして完全な諦念に終り、活動的な行為には至らなかった。そもそも人間の悟性とは、途中まで進んでそこで止まってしまった思惟のことである。それは本来、自らをも乗り越えて進んでいくべきものなのである。

第五講義（一九三四年十一月十四日）

ここでは、思惟の差し当たっての困難と本質的な困難について論じられる（N/VVA:127-129）。

思惟の差し当たっての困難は、我々の表象する世界と現実にある世界とが、どの程度まで対応しているかという問題に関わるが、本質的な困難は、我々の精神が世界精神と調和するためには、世界をどう理解したらよいのかという問題に関わる。ヨーロッパ近代哲学は、認識論の問いとして、後者よりも前者の問題に主に取り組んだ。カントは時間と空間に制約された我々固有の認識のあり方に基づいて、認識されうる精神的なものが我々にとっての世界であると考えた。ところが、認識論の次元では、人間の行為が自由な意志の決意によるもので、この決意は行動に責任を負うものだということを確証することができない。

思惟の本質的な困難は、人間が世界生起を自らの行為の類比によって探究するところに生じる。人間の行為は目標がある。それは生命の維持と発展を目指すものだ。しかし、世界はそうでない。我々の住む地球は無限に巨大な宇宙にあっては、けし粒のようなものである。しかも、地球には生命の無い状態が長く続いた。さらには、人間の生存も、地球上の生命それ自体から常に脅かされているのである。我々はバクテリアその他微小生物との絶えざる闘いにある。

そもそも世界生起にあっては、何の目標も見出されない。自然界中の個々の生命における合法則性は、全体としての合法則性に関係していない。有意味と無意味、残酷さと壮麗さが隣り合わせになっているのが、この世界である。創造的な力は破壊的に作用し、破壊的な力は創造的に働く。この世界は、じつは生への意志のおそるべき自己矛盾のありさまを呈しているのである。

第六講義（一九三四年十一月十六日）

ここでは、世界生起における人間の倫理的意志について再考がなされる（N/WA:129-130）。

思惟が骨を折って取り組んできたのは、我々の倫理的意志が世界生起における普遍的な創造的力とどう折り合いをつけるかについてである。ライプニッツは『神義論』（一七一〇）で、この世界は「可能な世界の中では最上の世界」であると述べた。しかし彼は、世界生起の中で人間が自らの倫理的意志でもって、どう自己理解するかという最も深い問題には立ち入らなかった。ショーペンハウアーは『意志と表象としての世界』（一八一九）で、より詳しくこの問題に取り組んだ。しかし彼は、その悲観主義のために、倫理的行為を世界の認識と一致させるという、うまく行かない試みからは抜け出せなかった。彼よりもいっそう悲観論で惑わすのはブッダの「四苦の教え」である。しかもブッダにおいてもまた、世界への絶望の深い動機や倫理的動機は何の役割も果たしていない。

コペルニクス、ケプラー、ガリレイの天文学や物理学上の諸発見は、従来の世界観を一変させるものだった。それは、世界における合法則性や調和の認識に再考を促すものでもあった。ブルーノもこの世界認識に思いを馳せたが、宇宙にあって人間の倫理的活動がどういう意義を有するかについては立ち入らなかった。カント、フィヒテ、ヘーゲルもこの問いには関わりあわなかった。彼らの世界の自然科学的見解は、コペルニクス、ケプラー、ガリレイのそれであるが、彼らの哲学的見解はトマス・アクィナスのそれと本質的に相反するものではない。今日に至るまで、思惟はこの新たな宇宙論が立てる問題に決着をつけていない。また、この問題がまさに倫理との関係においていかに困難なものであるかを、一度たりとも白状していない。

より偉大な知識というのは、我々の内なる倫理的理念や神秘主義との関係を持つ。というのも、倫理は世界における他の生命と我々とのつながりの自覚であり、またこのつながりは同時に世界とのつながりであり、世界との一体化だからである。

第七講義（一九三四年十一月十九日）

ここではもっぱら中世哲学が取り上げられ、その二重真理説 die Lehre von der doppelten Wahrheit とその批判的展開が論じられる（N/WA:131-133）。

トマス・アクィナス Thomas Aquinas（1225-1274）は、思惟は自ずから神の認識や倫理に到達すると考えた。しかし完全な宗教的認識は思惟には不可能である。三位一体、原罪、受肉、聖礼典などは啓示と信仰の事柄にとどまる。ドンス・スコトゥス Dons Scotus（1274-1308）は、理性に対してトマスよりも少なく認識能力を与えた。ウィリアム・オッカム William Ockham（1280-1347）もこの道を進んだ。オッカムは、神や魂の不死については、理性はなんら確証を得られないと主張した。理性はもともと通常の経験にのみ関わる。宗教は信仰の主要な事柄であって、倫理はそれ自体が倫理的である神の意志に基づいてはじめて倫理的だというのである。

スコトゥスとオッカムは、懐疑主義者ではない。彼らは、我々がスコラ神学や倫理のために引き合いに出す証明が納得の行くものではないことを理解している。だからこそ、宗教を、信仰の事柄として説明するのである。そのようにして中世の末期には、二重真理の教説が出来上がっていった。宗教改革はスコラ神学に対抗するためもあって、宗教は信仰の事柄であり、理性的認識とは関わりがないことを断固として主張した。我々の時代にあっては、カール・バルトの神学が同じことを行っている。

ルネサンスの思想家は、教会が公式に承認する二重真理説は、実際には理性の真理としてだけであるという仕方で対応した。思惟が後世、再び自らの信頼を取り戻したのは、自然科学との関わりを通じて、また後期ストア（セネカ、エピクテトス、マルクス・アウレリウス）を知るようになってからである。そのようにして十七世紀、十八世紀の理性主義（合理主義）が成立した。この理性主義は、二重真理説と訣別し、思惟があらゆる真理に至るのだと主張したのである。とくに後期ストア派の思想家たちには、理性に則した神の認識、また理性に則した愛の倫理を説いている。このような理性的神認識や倫理を表明した最初期の一人が、フランソワ・ジャン・ボーダン François Jean Bodin（1530-1596）である。この新しい思惟の勝利のドキュメントは、ジョン・ロックの『キリスト教の合理性』*The Reasonableness of Christianity*（1695）である。この思想の特徴は、倫理的なものが大きな意義を有し、これが宗教的認識の基礎であることだ。トマスやスコトゥス、オッカムのスコラ学においては、宗教と倫理のこうした結びつきはない。信仰は倫理的に動機づけられていないのである。

倫理が思惟にとって大きな意義を持つことは、中世的な世界人生否定が世界人生肯定に席をゆずることの内に存している。この新しい思惟は、倫理的活動を通じて、地上における神の国を実現しようと目指すものだ。世界人生肯定と倫理とは、もともと反理性的なプロテスタンティズムが理性主義のために獲得したのである。この新しい倫理を完成させたのは、シャフツベリ伯 Graf Shaftsbury（1671-1713）である。彼において、ルネサンスの一つの倫理が精神を得ている。

二重真理説にはもう一つある。理性的認識は究極的な真理には到達できないというのが神秘主義の一つの立場であり、ヨーロッパの思想では意義のある役割を果たしてきた。人間をして絶対者と精神（霊）Geist において一体となることを求めるのが神秘主義である。それを理性に則した思惟を通じて試みるのが思惟神秘主義である。この思惟神秘主義は、それゆえ二重真理のあらゆる主張から遠く離れたもので、ストア派の神秘主義がまさにそうであった。ヘーゲル、フィヒテ、シェリング、シュラエルマッハーの哲学においても、このような神秘主義が見出される。これに対して、最高の認識は思惟には到達できないという、もう一つの神秘主義がある。それは脱我（脱魂）状態Ekstaseによって直接、真理を実現することをめざす。二世紀及び三世紀の新プラトン主義においては、この種の脱我が一つの役割を演じた。古代後期の神秘主義から、中世のスコトゥス・エウリゲナScotus Eurigena (810-877)やマイスター・エックハルトMeister Eckhart (1260-1237)である。

第八講義（一九三四年十一月二十一日）

シュヴァイツァーはここで眼差しをインド思想史へと転じ、引き続き二重真理をめぐる問題をインド思想史に即して取り上げる（N/WA:133-135)。

バラモンの思惟神秘主義は魔術的・宗教的神秘主義に由来する。古代の魔術的・宗教的神秘主義においては、人間は魔術的で実効性を持った呪文や脱我状態によって、秘密に満ちた根源的な力と一体化することを求める。神々もまたそこに服するところのこの根源的な力は、バラモンによってブラフマンと名付けられる。

バラモン的思惟の特徴は、理性的な思惟が自ら求める認識としてある。脱我状態において、人間は思惟から確固として成立する認識を体験する。ここには、ヨーロッパの神秘主義においてなされているような、神秘主義の認識と理性的な思惟による不十分な認識との区別は見いだされない。だからといって、インド思想は二重真理の教えから逃れることはできない。その神秘主義的な真理は、日常生活には使用に耐えられるものではない。人間は純粋な世界人生否定にとどまることはできないのである。

この二重真理は、九世紀のバラモンの教師シャンカラにおいても見出される。彼らはバラモンのスコラ学のトマス・アクィナスである。ブッダは二重真理を採用しなかった。しかし、大乗仏教においては、二重真理が見出される。最高の真理として大乗仏教が教えるのは、感覚世界は非実在的であり、真理には沈思もしくは脱《エクス》我《ターゼ》によって達するが、人間はこの世を実在しているかのように生きなければならない。

インドの二重真理説、また後期ギリシア及びヨーロッパ中世の二重真理説においても問題になるのが倫理である。インド的神秘主義の最高の真理においては、倫理は何の役割も果たさない。ブラフマンは超倫理的なものである。世界人生否定において、ブラフマンとの一体化を体験する人間は、あらゆる行為をだけでなく、善悪をも超えてしまう。このことがウパニシャッドに明確に記されている。

この二重真理の危険を新しいインド思想は感じている。それは世界人生肯定かつ倫理的な神秘主義を求める。こうした展開はラビンドラナート・タゴール Rabindranath Tagore (1861-1941)の思想によって表現されている。タゴールの思想はシャフツベリの思想によく似ている。この倫理的・世界人生肯定的な神秘主義の解釈を、タゴールはウパニシャッドの超倫理的解釈の中に持ち込もうとする。彼はインド思想がかかる展開を貫徹したことを自ら告白しようとはしないのであった。

第九講義（一九三四年十一月二十三日）

ここでは、近代における二重真理と倫理の刷新が取り上げられる(N/VVA:135-138)。

十八世紀、思惟にはあらゆる倫理的・宗教的認識に到達できるという確信があった。しかし、その確信は十九世紀、二十世紀には失われてしまった。十八世紀の思惟は、倫理によって促進される形而上学的確信を認識として妥当させた。つまり、世界をあるがままに見るのではなく、世界を倫理的な意味で解釈していたのである。それが、批判的精神が強まるにつれて揺らぎ始め、十九世紀のなかばには形而上学を断念せざるをえないところまで進んだ。人間はそのような認識に生きるのではなく、この認識を超えてそれ自体、一種の内的認識でもある倫理的確信を必要とすることを認めざるをえなかった。

かくして今日、我々は再び二重真理説の一形態に至ったのである。倫理が足場をそこに持つ世界解明を断念せざるをえないことを通じて、倫理の立場はきわめて困難になった。今日、倫理をめぐる議論は四分五裂のありさまで、我々の時代精神にそれは何の権威も有していない。このような有様は、結局のところ、我々の生きんとする意志の内に与えられた最高の確信が、世界の客観的認識と合致しないというところにある。

思惟の問題中の問題は倫理である。我々は倫理に限界を引きたがる。しかし倫理の範囲は本来、無限である。原始人は自らの部族の者とだけ結びつきを感じていた。倫理が思惟的になるにしたがって、人間の間に存するあらゆる相違を乗り越えて、あらゆる人間同士の間にある結びつきを主張した。しかし今やその範囲は、人間だけではなく、他の生き物すべてにも及ぶべきである。そのためには、生き物を倫理の単なる対象にするのではなく、心情的なつながりをこそ重視するべきである。

ところが最近まで哲学はそうしたことに一切関心を払っていなかった。それは、倫理の範囲が無限であることを認められないがゆえに、倫理の要請の無限性をどの程度まで満たすかということが出来なかったのである。しかし、思惟はいまや倫理が無限な性格を持つものとして認めなければならない。倫理はそれ自体、理性的原理にもとづいて、なおかつ無限なものであることができるのである。

第十講義（一九三四年十一月二十七日）

シュヴァイツァーは第一次講義全体を締めくくるにあたり、ようやくここで生への畏敬の倫理について語り出すに至る（N/WA:138-139）。ただし、内容的にはまださわりの部分にとどまり、この倫理の詳述は翌年の第二回ギッフォード講義に持ち越されることになる。

倫理は発展途上にある。それは自らを深め、その領域を広げつつある。今これを極限にまで至らせなくてはならない。倫理は、その要請や範囲については無限大のものである。倫理は他者への献身と同時に自己完成である。あらゆる倫理の普遍的原理とは、生への畏敬の倫理である。倫理は、私自身の生命の最高に精神的な完成をめざす努力、そして他の生命の最高の維持と促進を求める努力の内にある。思惟的になるということは、あらゆる生命が価値のあるということに満たされることである。そうした真の思惟から倫理は生じる。生への畏敬の倫理は、生命の身体物理的な側面だけでなく、その精神的側面にも関わる。それゆえ、精神的に発展可能な人間的生命に関しては、これをも促進することが求められるのである。

倫理の根本原理は絶対的なものであるが、それを適用する際には主体的になる。個々の人間が生への畏敬をどのように展開すべきか、あらゆる事例でどのように決めるべきか、自らの生命の何を保持し、何を他者のために捧げるべきかについて、普遍妥当的な法則を立てることはできない。

我々の時代は倫理的著作が乏しいし、倫理をたんなる感傷性のように見なす傾向もある。倫理と非倫理が我々の時代精神の中に入り混じっている。しかし、倫理は純粋に実践的に考察されたとき、唯一理性に則したものである。そして、生への畏敬の根本原理が人々や民族の志向の内で承認されて初めて、倫理は実現される。生への畏敬の倫理は、絶対的原理から人間を駆り立てる。それは、どの程度これが目的に適《かな》ったものであるか、判然としないような場合であっても、生命を維持することを命じるのである。この倫理を通じて、我々は世界へと生き生きとした関係にもたらされるのである。真の倫理は行為の神秘主義の意義を有するものである。

翌年（一九三五年）の講義では、この倫理の遂行の問題及びその基礎となる宗教的確信について扱う。

六――ギッフォード第二次講義「自然的倫理と自然的宗教」(一九三五年)の概要

第一次と第二次の講義の関係は、シュヴァイツァー自身の形容で言うならば、「前奏曲」と「フーガ」の関係である。彼は、第二次講義の冒頭で、次のように述べている。

「前年［一九三四年］の連続講義は前奏曲であって、本年［一九三五年］からこれがフーガになるものである。先の前奏曲において、すでにモチーフが登場しているが、そこからフーガの主題が成立してくるのである。」(N/VVA:139)

フーガの主題とは言うまでもなく生への畏敬の倫理である。第二次講義では、生への畏敬の倫理の特性について取り上げられる。『文化と倫理』や『キリスト教と世界宗教』の再論的な部分の他、この年に刊行された『インド思想家の世界観』のさわりを論じた部分も見られる。その意味で、既視感を覚えるところも少なくないが、過去の哲学史的な関連や、動物に見られる倫理の萌芽、また同時代の哲学批判や生への畏敬の応用問題など、既刊著作にはない興味深い論述も見られる。最後の第十二講では、ギッフォード講義のテーマたる自然宗教との関連で生への畏敬の倫理が論じられて締めくくられる。

第一講義（一九三五年十一月四日）

第二次講義の最初のこの講義では、前年の第一次講義の振り返りと新たな着始が語られる（N/VVA:139-141）。それが先ほどの「前奏曲」と「フーガ」の喩《たと》えで説明されるものである。第一次講義では主としてヨーロッパ思想史をたどってきたが、ここでは現代の思想状況を論評する。我々の時代は理性主義の時代のように、倫理的真理は確固たるものではもはやないがゆえに、我々の倫理的理想主義やそこから由来する文化が危機にある。それは認識論の問題ではなく、思惟そのものの本質的な問題である。あらゆる思惟にとって大きな困難は、我々の生きんとする意志が、世界を支配する創造的な力において折り合いをつけられないということだ。我々は世界と単に自然的関係ではなく、精神的関係に入りたいという欲求を感じるが、世界生起の内に現れる意志は謎に満ちたものであり、そのような世界認識を我々の倫理に合致させることはできない。

結局、認識に則した真理と感性に則した真理という、二つの相異なる見方があるということであるが、そこでは後者のほうが問題にされなければならない。そして、それこそ、我々の生きんとする意志を分析して、どのような仕方で世界人生肯定と倫理がこの内に与えられるかを把握していかなければならない。これが哲学することの最も自然な着始となるものである。

第二講義（一九三五年十一月六日）

ここで生への畏敬の倫理が初めて明確な形で打ち出される（N/VVA:141-143）。周知の内容であるが、講義の形で示された説明でもあり、これもあえて紹介し提示する。この第二講義と次の第三講義は『文化と倫理』の第二十一章「生への畏敬の倫理」を回顧するような内容となっている。

思惟は我々の人生観を世界観の内に基礎づけようとするが、思惟の歴史はそれが不可能なことを示した。世界は謎であり、そこからは生きるのに必要な人生観を得るような世界認識を持つことはできない。我々は自ら生きることを把握することが第一であり、世界を認識することは第二義的なものである。幼年から老年にいたるまで、常に現存する基本的な意識の現実は、私が生きんとする意志であるということである。私は、生命を烏有に帰する死への恐れ、またそれを毀損する苦痛への恐れ、そしてそれが高められることへの憧れを有する、生きんとする意志である。私にまったく本能的な感情において確固として存する第一のものは、人生肯定である。私の生きんとする意志が思惟的になるにしたがって、人生肯定は深まり、明確になる。何よりも、私における生きんとする意志に忠実になることを明確にすることである。

人生及び世界否定は、我々の生きんとする意志にとっては、決して第一義的に与えられるものではない。それは第二義的なものであり、我々の内なる本質的なもの、本能的なものとの関係を喪失した反省から由来する。生きんとする意志が思惟的になるに従って、それは諦念に至ることになる。私の生きんとする意志が快不快の出来事には内的に依存していないことは、諦念の積極的な側面である。諦念の門を通って我々は倫理の領域に入る。

最も深い知識は、存在する一切が生であることを私が認識することの内に存する。私の意識の基本的事実は次のように表明される。「私は生きんとする生への意志のただ中にあって、自らを生きんとする生への意志である」と。私は、これら他の生きんとする意志もまた、私と同様、生命の無化、苦痛への恐れ、歓びと幸せへの憧れを有していることを知っている。そこから、私の生きんとする意志に対しても、他の生きんとする意志に対しても、同じく畏敬の念を抱かざるをえない。

そこに次のような道徳の根本原理が与えられる。すなわち、善とは生命を維持し、促進させ、発展可能な生命を最高の発展へともたらすこと、悪とは生命を破壊し、生命に苦痛をもたらし、発展可能な生命を阻害すること、これである。私が深みへと向かう思惟の内にあって、私自身であろうとするほど、私は私自身であることをますます止めることになる。というのは、私は他の生命をも私の内に体験し、生命を通じて私は宇宙との関係を持つ。このような思惟から、倫理が生じる。かくしてここに至り、生への畏敬という、倫理の普遍的な理念が初めて把握されることになるのである。

第三講義（一九三五年十一月八日）

ここで論じられるのは生への畏敬の特性分析である（N/VVA:143-145）。

生への畏敬の倫理には三つの特徴がある。

第一の特徴は、これが理性に則したものであるということである。人間が思惟の道を究極まで推し進めれば、生きとし生けるもの一切への責任に必然的に至り、生命の維持・促進を善と見なし、生命の破壊・毀損を悪と感じることになる。

第二の特徴は、これが絶対的なものであるということである。生への畏敬を最後まで貫くことが問題なのではない。生への畏敬の倫理は、我々に対してひたすら命じるばかりである。（たんなる命法の体系やその可能性だけを求める倫理はそれ自体が誤りである。）カントの倫理は、ただ理論的にのみ絶対的である。しかし生への畏敬の倫理は実質的に絶対的である。これは、倫理を絶対的仕方で命じる原理を立てるが、絶対的なものとして促進するものを語るわけではない。

第三の特徴は、これが普遍主義的であるということである。それは責任においても、範囲においても限界を持たない。人間社会だけでなく、生きとし生けるもの全てに関わるのである。生への畏敬の倫理に至った人間にとっては、一切の生命がそれ自体聖なるものである。この倫理はあれこれの存在が価値を持つか、我々にとって有益かどうかを問うものではない。我々は現実には、価値ある生命とそうでない生命を区別しなければならないこともあるだろう。しかしその区別は何らかの知識によるものではなく、全く主観的なものである。

倫理が合理的で全く実行可能な倫理の理想に魅力を感じるなら、それはかえってその倫理が絶対的で普遍主義的であるのを妨げるものとなる。つまりそうなってしまうと、倫理が非合理的なものになるのではないかというわけである。しかし、生への畏敬の倫理は、それが絶対的で普遍主義的であるがゆえに、最高の精神的確信の基礎を断念することができる。思惟はここで無限なものとの精神（霊）的な一体化の問いに関わることになる。

しかも、その一体化は思惟とともに、行為においてなされたとき、初めて完全なものになる。これがあらゆる哲学とあらゆる神秘主義の最大の問題である。生への畏敬の倫理が行為による無限性との精神的な一体化の理念を実現することによって、両者の区別は相対的なものに過ぎなくなる。この倫理を通じて、人間は行為による世界との関わりに入り、そこにおいて世界精神（霊）Weltgeist との調和を得る。生への畏敬の倫理はその本質において行為的神秘主義である。

第四講義（一九三五年十一月十一日）

ここでは、生への畏敬の倫理を倫理学の学説として明らかにする（N/VVA:145-148）。ヒュームの倫理学との親近性や動物における倫理、また同時代の哲学批判など、素描的であるが、既刊著作に見られない論述を行っているところが注目される。

倫理学の成立や本質に関わる学説には三通りのものがある。

第一の学説は、精神主義的な学説である。それは倫理を何らかの超自然的なものとして把握しようとするもので、プラトンやカントなどにそれが見られる。我々が物質的であるだけでなく、非物質的な存在でもあるという根本事実にこの倫理学は基づいている。

第二に知性主義的な学説がある。これはストア派や老子をはじめ、一般的にあらゆる深い自然哲学に見られる。我々の精神《ガイスト》(霊)が世界精神《ガイスト》(霊)をいかに了解し、いかに関わるかというところから、この倫理学は成立する。

第三の学説は、倫理の自然的解明である。これが探究するのは、我々の内で利己主義要素と並んで非利己主義的な要素が存在するという事実を、自然な仕方で把握することである。このような探究はすでに十八世紀に始められ、その解決策もいろいろなものがある。その中でも特筆すべきはヒューム David Hume(1711-1776)である。彼は非利己主義的なものが我々の内に本性的に与えられていることを明らかにし、それを共感 Sympathie という言葉で表明した。共感とは、自らの生命においてと同様、他者の生命を体験できるし、体験しなければならないという能力である。共感に根ざした倫理学を構築することにより、ヒュームは生への畏敬の倫理の途上にあることが示される。彼は共感を人間だけの間に限定して理解していた。

しかし生への畏敬の倫理は、共感能力が人間に対して、その領域に入り来るすべての生命に対しても及び、そこから献身が生じなければならないことを主張する。自分以外の生命に助力する能力は、我々の内に存している。それは自然それ自体がそのように成したものであって、自分の生命は他の生命に根源を有し、また自分の生命から他の生命を生み出し、そのような中で生命相互のつながりが形成されるのである。

倫理は生理的な事実に起因するものであって、発達した生命であれば、自らが生み出した生命を維持しようとするものである。すでに動物においても、そのような倫理は見いだされる。いや単なる子孫という自然の枠を超えて、つながりを拡げようという事例すら存在するのである。動物もまた異なる動物との共感を有するがゆえに、たとえそのような動物には関心がなくとも手助けをすることがありうる。

生への畏敬の倫理は、自らいかに自然本性に由来したものであるかをあえて告白する。ここに、この倫理がその成立の仕方においては、自然本性的であり理性的であるが、その内容においては非理性的なものであることが分かるのである。つまり、生への畏敬の倫理は、理性に則して行為の原理をなんら立てず、ただ無限の義務と責任とを課すのである。それは限度を知らない自己犠牲の思想を含み、宗教的倫理のような熱狂的な性格を有するのである。

今日の哲学は反知性主義的傾向があり、ニーチェ以来、悟性的人間を嘲笑するようなありさまである。しかし真理は、知性主義と反知性主義との中間にある。今日の反知性主義は思惟以上にあろうとして、もはや思惟ではなくなってしまっている。直観を充分に発達したものと見なし、理性的な考慮は役割を果たしていない。このことは、いわゆる価値哲学やフッサールの現象学において明らかである。直観はしかし認識の一要素にすぎない。思惟の実質は感性的なものであり、学問的な認識ではない。思惟の対象は、我々の内なる生命、宇宙における生命なのである。我々の思惟が理性的になれば、その結果は必然的に非理性的なものになる。思惟は我々自身や世界の内なる生命の秘密に関わり、無限なものとの精神（霊）的な合一に関わるのである。思惟の対象は非理性的ならざるものである。このようにして、真の倫理はたしかに理性的にふるまう思惟から由来するが、その帰結は理性的ならざるものに至るのである。

第五講義（一九三五年十一月十三日）

ここでは、世界人生肯定及び否定が倫理とどう関係するか、人類全体の精神史に即して論じられる（N/WA:

148-151）。最後に同時代の哲学者（ハイデガーとヤスパース）がこの観点から名指しで批判される。

中国では、孔子の学派も老子の学派（道教）も世界人生肯定という点では一致している。ただ孔子、孟子、墨子の場合、人類愛の力強い倫理と結びついているが、道教の倫理は観想的性格を持っている。そのせいもあって、道教は中国においては世界人生否定的な仏教と結びついていったのである。強固な倫理的世界人生肯定は、ゾロアスターや偉大な預言者たちに見出される。ゾロアスターにおいては、すでに神の国の思想があり、人間が自らの倫理的行為によって地上にこれを打ち立て、神がこれを完成させるという形をもっていた。

近代ヨーロッパ思想においては、卓越した世界人生肯定が存在する。それは進歩への信頼と信仰を伴っていた。近代的な世界人生肯定においては、キリスト教の活動的な愛の倫理とストア派の普遍的な人類愛の倫理とが結びつき、一体となっている。近代のキリスト教はもはや古代のキリスト教ではない。それは十八世紀、十九世紀には、熱狂的な進歩意志をもって世界を改革しようとした。しかし十九世紀の後半には力を喪失してしまった。それは倫理が学問的に基礎づけられないことが自明となり、権威も力も失ったからである。

このときから近代思惟には、世界人生肯定が倫理から解放される傾向が生じた。その端緒はニーチェである。彼は、世界人生肯定がキリスト教に由来する倫理によって妨げられているとして、これから自由にならなければならないと主張した。彼が唱えたのは、貴族主義的な高次の世界人生肯定であるが、それはそもそも何であり、何を目指して進むべきなのか、ニーチェもその後継者たちも答えられなかった。倫理だけが世界人生肯定にその課題を与えるものである。非倫理的な世界人生肯定が力を喪失した結果は悲劇的なものであり、シュペングラーが『西洋の没落』（一九一八〜二二）の中でそれを描いている通りである。

哲学においては、ハイデガーとヤスパースが初期の近代的ヨーロッパ的な生の喜びとはかけ離れた思考様式を示している。ハイデガーの哲学は無を前にした不安、我々の生の導き手である憂慮、そして死の待望に関わっている。ヤスパースの哲学においては、我々は真の知識に到達するためには、だれもが人生で座礁しなければならないという思想に支配されている。こうした傾向は、ひとえに単なる世界人生肯定がもはや倫理的ではないということによる。世界への道を見出せず、人生肯定が世界肯定を吸収してしまっている。世界人生肯定は、倫理によってのみ真の明瞭さと確固さに到達することができる。それが倫理から切り離されると、冒険を重ねた挙句に無力化してしまうのである。

第六講義（一九三五年十一月十五日）

ここでは第五講義に引き続き、ギリシア哲学、ユダヤ・キリスト教、インド思想のそれぞれについて、世界人生肯定及び否定と倫理との関わりについて取り上げている（N/WA:151-155）。

ギリシア哲学は自然的な世界人生肯定から出発し、これを思惟の中で基礎づけようとしたが、そこには最初から弱さをはらんでいた。ギリシア哲学は進歩の理想を立てず、現実にも進歩意志を有していないからである。エピクロス主義とストア主義においては、世界人生肯定はギリシア思想には到達できないことが完全に明らかになった。その理由は、ギリシア思想においては世界人生肯定と結びついた活動的な倫理に至らなかったからである。この二つの思想は、倫理的色彩を帯びた諦念を唱え、世界人生否定に場所を与えてしまった。その結果が新プラトン主義という頽廃的な哲学である。すでにプラトンにおいても、人生及び世界肯定は世界人生否定に降伏してしまっている。

アモス、ホセア、イザヤといった偉大な預言者たちは、疑いもなく倫理的な人生及び世界肯定を代表している。彼らには、活動的な献身の倫理、神の国を実現せんとする倫理的な進歩意志と理念がある。ところがユダの国がエジプトやローマの支配を受け、それにつれて神の国の理念も揺らぎ、終末に至ってはじめて実現する超地上的な国になってしまう。この後期ユダヤ教の神の国待望の思想は、洗礼者ヨハネやイエスにも見出されるものになる。ここでは一見、人生及び世界否定が勝っているようにも見えるが、実は最高度の世界人生肯定がこの世に絶望して、自らに対応する完全な世界にその希望をかけている。つまり、世界人生否定の中に倫理的な世界人生肯定が含まれているのである。この逆説的な世界人生否定の倫理は、愛に由来する活動的な献身の倫理である。ところが、二世紀に入り、神の国の間近な待望が遠のき、ギリシア的・古代的な世界人生否定を受け入れるようになって、キリスト教は本当に世界人生否定に陥ってしまった。

インド思想の世界人生否定は、この世界に絶望することではなく、この世界からのバラモン教的な卓越（超越）の理念に由来する。この理念は古代アーリア人の瞑想者や司祭たちによく見られたような脱我の体験から来るものである。ところが、こうした世界人生否定と並んで、自然的な世界人生肯定が存在し、この二つが両立しているのである。バラモンたちは人生の最初の段階では人生肯定の内に過ごす伝統があり、家族を形成して子孫を得て後に孤独の中に入り、この世界に別れを告げる。けれども世界人生否定は優位にあり、この理想の下にジャイナ教やブッダが出家集団を形成した。これらの出家集団においては、輪廻の理念と再生からの解脱への憧れとの二つが大きな役割を果たしている。世界人生否定における人生によってのみ、再生からの救済を得ることができる。倫理的行為における人生には相対的な意義しかない。そのようにして高次の真理（再生からの救済）と低次の真理（輪廻における倫理的人生）とが相互に関わりあい、世界人生肯定と世界人生否定のこのような妥協の上に、倫理は世界人生肯定のほうに与している。しかしながら、世界人生否定はブッダにおいて倫理的な性格を受け入れようとしているのである。

第七講義（一九三五年十一月十八日）

ここでは、前講からのインド思想の推移について、現代の思想家までたどられる（N/VVA:155-157）。

人生及び世界否定は、世界人生肯定にしだいに譲歩せざるをえなくなるものだ。インドの古代においても、バラモンの思想家の人生及び世界否定と並んで、民衆の世界人生肯定が存在した。バラモンたちですら、その世界人生否定を貫徹することはできない。また紀元前二世紀の『バガヴァッド・ギーター』では、広く人生及び世界肯定が承認されている。ただ惜しむらくは、そこに活動的な倫理は何の役割も果たしていない。倫理的であることは、ジャイナ教や仏教の世界人生否定が企てている。とくに仏教においては、それは同情（共苦）Mitleid の倫理に到達した。同情とは、他者の物的境遇に関心を寄せることであり、世界人生肯定の表明である。世界人生否定が倫理的になれば、その分だけそれ自らは犠牲になる。このことはインド思想においても明らかに現れている。

仏教はインドでは消滅したが、その同情の倫理は消えることがなかった。それは時代を経るに従って発展し深化していき、世界人生否定から自らを解き放っていった。二世紀の『クラル』*Kural* は、もはや非行為の原理ではなく、愛による活動の献身の原理を打ち出している。[12] 十九世紀の初めには、ヨーロッパの世界人生肯定は、インドでもその影響を及ぼすようになった。そしてこれが進展するにつれて、インドの倫理は社会問題に関心を持つようになり、偏見や不正義を廃絶する社会的要求を感じるようになった。人生及び世界肯定的な倫理の主張者には、ラム・モハン・ライ Ram Mohan Rai (1772-1833)、デベントラナート・タゴール Debendranath Tagore（1817-1905）、ケシャブ・チャンドラ・セン Keshab Candra Sen (1838-1884)、ダヤナンド・サラスヴァティ Dayanand Sarasvati (1824-1883)、ラーマクリシュナ Ramakrishna (1834-1886) がいる。

ラビンドラナート・タゴール Rabindranath Tagore（1861-1941）は最も傑出した近代インドの思想家である。彼は、世界人生否定は倫理的な世界人生肯定の前に退位しなければならないと説き、倫理的な世界人生肯定の意味の中でバラモン教の世界精神（霊）との一体化の神秘主義を解釈した。倫理は自らの内に活動的な献身の倫理を有し、世界人生肯定に属するものである。倫理とは深められた世界人生肯定なのである。倫理は一方で世界人生否定に、他方で世界人生肯定に異なったあり方をとるさまが、人類の思惟の発展において見て取れる。しかし、倫理がその本質においては生への畏敬であるという認識に至ったときに、このことが初めて理解されるのである。

第八講義（一九三五年十一月二十日）

ここでは倫理それ自体へと議論は進み、個人倫理と社会倫理、自己完成の倫理と献身の倫理をめぐって分析と検討を行う（N/WA:157-159）。

倫理には次の四種類のものがある。すなわち、①自分自身に対する倫理的態度の倫理（自己完成の倫理）、②生きとし生けるもの全体に対する倫理的態度の倫理、③個人としての隣人に対する倫理的態度の倫理（個人的献身の倫理）、④有機的社会に対する倫理的態度の倫理（社会学的倫理）である。ただ、この分類はあくまで便宜的なもので、それぞれの境界もおおよそのものに過ぎない。倫理は一つの統一体なのである。

倫理の最悪の分類は、徳目の羅列である。これはアリストテレスに見られる。現代でもニコライ・ハルトマンの『倫理学』（一九二六）がそうである。倫理学の本当の進歩は、あらゆる徳目や義務の根底にあって、倫理のあらゆる分野に応用できるような、思惟において基礎づけられた行為の倫理的根本原理を求めるところにある。

社会学的倫理は真の倫理の周辺領域にある。倫理本来の領域は、個人が自分自身の内に見出す原理から発して、別な存在や社会への倫理的関係に至るところから始まる。社会の倫理と個人の倫理の間には常に葛藤が存する。社会の倫理が超個人的であり、一般的な目的のために人間性の原理を軽視するのに対して、個人の倫理はその人格的倫理の内に個人それ自体への気遣いである人間性の原理を高く掲げる。個人が生への畏敬の倫理に至るならば、倫理は社会への正しい関わりよりはるかに広く深いものであること、その個人的倫理の人間性の理念を、社会の相対主義的な倫理に対して擁護しなければならないことに気づくのである。

社会においては、自己完成の倫理と献身の倫理とは相互に出会う。一方の契機が強まると、他方の契機が弱まるというのは、人類の思想にも現れる。しかし倫理が完全になり深化すればするほど、両原理の相互関係は強化されるものである。活動的倫理の原理に至らない自然哲学は、多かれ少なかれ自己完成の一面的倫理にすぎない（老子、荘子、ストア派、スピノザ）。他方、活動的献身だけの倫理は孔子学派、ゾロアスター、近代ヨーロッパの功利主義である。両者の契機が相並んで見られるのが、近代ヒンズー教、ユダヤの預言者、そしてイエスやパウロである。イエスの倫理の比類なき卓越性は、それが隣人への献身的な愛の動機を自らの内に力強く含めているところの自己完成の倫理である、ということである。

第九講義（一九三五年十一月二十二日）

ここでは、前講の後半で登場させた自己完成の倫理と献身の倫理を再度取り上げ、生への畏敬の倫理における両者の有機的な関係について説き起こしている（N/VVA 159-162）。『文化と倫理』第二十章「献身の倫理と自己完成の倫理」を彷彿とさせる内容である。

通常の不完全な倫理では、両者の相互関係は捉えられない。完全な倫理である生への畏敬の倫理において初めて、両者の相互関係は明確なものになる。すなわち、倫理とは、私をして最高の精神的生へと至らしめんとする、私自身の存在への畏敬である。同時に倫理とは、私をしてその維持のために活動して献身し、可能な限り、その完成へと貢献させる他の生への畏敬である。それは私自身の生、他者の生に同時に関わる生への畏敬なのである。自己完成の倫理と献身の倫理とは、それゆえ同一の山の二つの頂なのである。前者が倫理の内側をめぐる円であれば、後者は外側をめぐる円である。

カントは、献身の倫理が何らかの目的に奉仕するものとして、この倫理を狭く捉えすぎた。近代ヨーロッパの倫理が事実そうしたものとして不十分に思われたため、彼は内面的に体験された絶対的命法の倫理を主張した。そのために自然的な倫理ではなく、人工的な倫理を置いてしまった。しかしながら実のところ、単なる有益性の倫理なるものは存在しない。有益な行為は、行為それ自体に対して何らかの意義のために行われるものである。いずれの献身の倫理も有益性の倫理である。あらゆる有益性は根本的に生の維持と促進をめざした有益性なのである。人生において真に倫理的であろうとしたならば、倫理的なものがもはや全く有益性の倫理から由来するのではなく、ただひたすらに内的義務の倫理から可能であることを体験するのである。

倫理は、成功が約束されなくても倫理であり続ける。そうしたときでも、我々自身のために、我々の内なる人間のゆえに、すなわち我々の精神（霊）的存在のために、我々は振舞わなくてはならない。我々の行為の究極的な有益性は謎のままである。我々は、苦しみあるいは同情をひくような状態にある生き物に手を貸すだろう。その生き物が運命に任されるよりは、生命を維持し促進させるよう助力したほうがよい。倫理的行為の最終的結果は誰にも見通せない。我々が倫理的であるというのは、我々がただ自他の生への畏敬に内面的に強いられることであって、成功への期待や行為の有益性に明確な見通しがあるから倫理的行為を行うというものであはない。

このようにして、有益性の倫理と内的必然性の倫理は相互に関係する。内的必然性から倫理的であるという契機は、有益性の契機が不十分で不確かなときに、これに取って代わるものである。両契機は有益性の倫理の領域において共に見出せるのであるが、有益性の契機がその輝きを失っても、内的必然性から倫理的であるという契機の光は我々の行く道を照らし出すことができるのである。

第十講義（一九三五年十一月二十五日）

シュヴァイツァーはここで、自らのランバレネでの体験を語りながら、生への畏敬の倫理に生きる者がたえず葛藤と困難の中で決断しなければならないことを論じる（N/VVA:162-166）。具体的事例も紹介され、力の入った講義になっている。

自己完成の倫理と献身の倫理は、生への畏敬という原理において相互に自然な形で関わり、要するに両者は自他の存在への畏敬であり、この原理の適用なのである。自己完成の倫理の基礎は、自己自身に対する真実さである。それは内側から真実、誠実、善良であることの思惟の倫理である。献身する援助の倫理について言えば、どの程度自分の生命や幸福を差し出すべきかという葛藤に巻き込まれる。それは我々が自ら解決していかねばならない問題である。真の倫理に属するものは、我々に示された最も小さい善に対して、また我々にもたらされた最も小さな犠牲に対しても感謝するということである。感謝のできる人間のみが善を行う力を持つ。我々が感謝を持つよう自らを教育し、無思慮を克服することによって、真の感謝の心情に達することができる。

困難は、我々の生命や幸福が他の生命の幸福や犠牲の上にあることだ。生き物に対する我々の関係において、我々は生命を破壊し毀損する必然性にたえず置かれている。殺すなかれ、傷つけるなかれという命法は、決して貫徹できるものではない。そんなことができるというインド人思想家たちは幻想に陥っている。動物が死んでいくのに任せるよりも、最も苦痛の無い方法で死なせることのほうが、はるかに倫理的である。

他の生物から身を守るため、人間は彼らを殺さなければならない。ランバレネの先住民たちはカバ、ゾウ、野牛、ゴリラから身を守るための闘いを強いられている。ヨーロッパでも、畑の収穫を守るために、ネズミを殺さなければならない。しかし我々は、殺害が恐るべきことであり、そうしなければならないときにだけ、これを実行すべきだということを、心に留めておく必要がある。今日、狩猟は高貴なスポーツとされているが、そんなことが理解できなくなる時代がいずれ来るだろう。

ランバレネで、自分は眠り病の患者を救うため、その病原体を殺した。無数のバクテリアがそのように根絶されることで、医師の行為が成立しているのである。また、肉食でなく菜食なら良いというわけでもない。植物もまた生命なのである。食事で食べるパンの穀粒も、翌春には芽を出す生命を宿している。これは全ての果実に言えるのである。肉食だろうが菜食だろうが、生命の殺害は免れ得ないのである。ブッダは、自分が食べるために動物を屠殺することを許さないが、別のところで供された食事として肉を食べる分にはかまわないとしているが、これは詭弁であろう。ランバレネでは、ヤギや雄羊を飼育して育てられないとき、食用のためにこれを殺してその肉を食べるようにしているが、テーブルの上に何の肉も載っていないからといって、近隣の森の動物を狩って殺させることは思いとどまらせる。一般論としては、人間は肉食を制限するか、それを全く止めるかであろう。いかに無思慮からの無責任、無感情から恐るべき罪を犯してきたか、我々は知るべきである。

動物実験に際しても、人間だけでなくその動物のことを充分に配慮して行うべきである。本当に必要なときだけに限定し、できるだけ苦痛を与えないような形で行い、そしてその責任は我々が引き受けるべきである。殺さざるを得ないときも、可能なかぎり苦痛を与えず殺すというのが第一原理とならなければならない。

ランバレネの病院では、先住民が残酷な仕方で食用動物を殺すのを避けるため、我々白人が居合わせないかぎり、動物を屠殺することは許されない。我々が自由であるところでは生き物を大切にし、我々の生存が他の生き物の犠牲の上に成り立っていることに対して、償いの念を持って対処しなければならない。

しかしながら、我々がある生き物をたすけるために別の生き物を殺すことになるのだから、生きんとする意志は自己自身と分裂している。ランバレネでは、傷ついたミサゴや網にかかったペリカンが私の所に連れてこられるが、これらの鳥たちを養うために、毎日たくさんの魚を食べさせなければならず、また巣から落ちたひな鳥を養うには虫を与えなければならない。我々は自分たちの生命のために、動物の生命を犠牲にするのは、我々が自分の生命をより高い生命だと見なしているからである。

また我々は、動物の生命にも高次の生命と低次の生命を区別し、前者のために後者を犠牲にする。しかし、そうした決定はあくまで主観的で任意なものである。そもそも我々は生命の高低、その価値の有無を区別する真実の尺度を有していない。すべての生命は秘密に満ちた価値を有する。我々が行う区別の主観性や相対性に対して、自覚的でなければならない。それによって、価値ある生命と価値なき生命という区別の拡大された誤りに陥らないようにする。価値なき生命は抹殺してもよいというのは、現代の精神における非人間的な志向において大きな責任がある問題だ。このような考え方は、価値なき人間という考え方にもつながってくるもので、そこから容易に戦争の理念とも結びつく恐れがあるのである。

第十一講義（一九三五年十一月二十七日）

ここでは生への畏敬の倫理が人間に対して適用された場合の問題について論じられる（N/VVA:166-169）。倫理の大きな問題として、超人格的な責任における行為の問題がある。職務上の義務や責任にあっては、個人的心情や生への畏敬だけでは済ませられない。飲酒癖や怠け者の労働者を解雇したいが、彼の家族のことを考えてやらなければならない。我々はそうしたとき、超人格的責任に従って、人間的な配慮を超えてしまいがちである。しかし倫理はこのことを許さない。職務に対する責任と人間に対する責任とを共に体験し、どの程度私が一方を他方に優先させるべきか、そのつど決定するように、我々に強いる。

ニーチェは支配への衝動を人間の本性の根本衝動として発揚したが、彼自身はそのように活動することはなく、世間から隠棲して書物を書いたのだった。支配とはある種の奴隷であるということだ。真の人間は支配を求めず、それが彼に与えられたとき、義務として引き受け、自らの超人格的責任と自らの真の人間性との間の葛藤に耐えるものである。ここに生への畏敬の倫理を現実に適用する困難な問題がある。これはあらゆる倫理的な人間が日々身をもって体験していることでもある。

しかし、どのような仕方で、我々が義務と責任を全うするかについては、普遍的に適用する基準は存在しない。だれもが自分自身で決定しなくてはならない。あらゆる行為には罪責が伴われている。この罪責から、我々は逃れることはできない。行為しないことも罪である。なぜならそれは可能な善を怠ることであるから。

生への畏敬の倫理の適用に一点確実なことがあるとすれば、それは、我々が生命の破壊や毀損という必然性から自由なところでは、生命の維持や促進を通じて自らに引き受ける全てのものを埋め合わせなければならない、ということである。人間や他の生きんとする意志の恐るべき自己分裂から脱して、無限な生きんとする意志と一体になるのは、この世を超えた体験であり、そこにあらゆる至福が存するのである。

精神《ガイスト》（霊）及び行為により、人間が無限なものと一体化することを求めるという点で、哲学も宗教も神秘主義もお互いに共通した性格を有している。宗教について言えば、その本質は敬虔さ Frömmigkeit にある。信仰箇条はこの敬虔さに由来する。思惟は倫理を通じて宗教的となる。倫理においてはじめて、無限なるものとの精神《ガイスト》（霊）及び行為による一体化という問題の解決が見出されるのである。

歴史上、キリスト教には敬虔さの二類型が存在する。一つは、神と倫理的に一体化する、神の意志を遂行することによる敬虔さであり、もう一つは救済の理念による敬虔さである。前者はイエスの山上の説教に由来する敬虔さであり、後者はキリスト教がギリシア的、東洋的、また後期ローマ的世界の世界人生否定的な救済への憧憬に関わるところを通じて成立する。宗教改革は罪の赦しの敬虔さに発しているものの、同時にキリスト教の根源たる福音に遡ることにより、イエスの神の国の思想に支配されて、倫理的な敬虔さの影響の下にもある。そこからして、歴史的キリスト教の倫理的敬虔さは、十七、十八世紀の思惟の倫理的敬虔さと結びつき、理性的宗教が成立した。しかし、両者の結びつきは長くは続かなかった。今日のキリスト教は反知性主義的な傾向があり、倫理的敬虔さから離れ、再び宗教改革的な救済の理念が中心に来ている。思惟とキリスト教との同盟が解消された不自然な状態は、我々の精神生活にとっては耐えがたいものがある。

第十二講義（一九三五年十一月二十九日）

前回後半の話題から、ギッフォード講義全体のテーマである自然的宗教 natürliche Religion の話題に立ち返り、これまでの議論を締めくくるのがこの最後の講義である（N/VVA:169-172）。

近世において、宗教的な理性主義の内に成立していた宗教思想と、伝統的キリスト教との結びつきは、主に次の二つの理由により解消された。一つは、この結びつきが前提していた以前の時代の知性主義が、いっそう大きな要求を立てる思惟や自然科学によって没落してしまったことによる。とくに後者は、現実をあるがままに見て、それにより十八世紀の思想と伝統的キリスト教が一致した倫理的・客観的な世界解釈を不可能にしてしまったのである。もう一つは、思惟がキリスト教とともに倫理を共有することを放棄しなければならないと信じたことである。倫理は、ヨーロッパ近世の初めから思惟と宗教の媒介者であった。思惟はキリスト教と同じ愛の倫理に至るという確信があった。しかし現実には、この倫理はキリスト教が離れて自らに対して批判的となり、理性的であろうとする社会学的倫理になるか、あるいは倫理的懐疑主義になってしまった。

旧来の素朴な知性主義は近代的思惟にはもはや見出されない。他方、近代の思想のほうもまた、世界の科学的認識から生じた確信のもとには単純に立つことができない。このような認識では人間は生きていけないのである。思惟は、科学的認識を超えていかなければならない。思惟にとって開かれた唯一の道は、我々の生きんとする意志の内に与えられたものを徹底的に究明することである。この究明において、思惟はそれが健康な人間悟性の生気の無い倫理や社会学のもとに立ち止まることはできず、倫理的な自己完成や生きとし生けるものへの愛の献身という、絶対的かつ普遍的な倫理を、熟考の帰結として承認しなければならないということに至るのである。このことによって、思惟とキリスト教が再び倫理を共有することができる。

思惟がいまだ生への畏敬の普遍的かつ内容的な倫理に到達していないということは、重要なことではない。倫理的思惟はこの生への畏敬の倫理へと流れ込むのである。倫理が思惟によって宗教的になるのは、カントがそうしたように倫理が倫理的確信の基礎づけに捉えられるからではない。倫理はそれが個人の無限なものとの一体感を体験させるがゆえに、すでにそれ自体として本質的な宗教でもある。

自然的宗教は、人格的な神の観念とどの程度まで関わるものであろうか。実は、どのような仕方で絶対者が同時に人格的存在であるか、我々は理解することができない。我々はそもそも、人格も非人格もどちらも理解することはできないのである。我々は、物事がそこから生じるものいっさいを、人格的存在として表象しようと求める。その一方で、我々はただ個々の人格のみを表象でき、全ての人格を表象することができない。ここに解き難い謎がある。決定的なことは、絶対者・無限者を人格として表象できるかということではなく、そうしたものに我々は人格的関係を取ることができるかどうかである。これを成しうるのが倫理である。倫理を通じて我々は無限なものに精神（霊）的に関わり、そこに平安を見出し、この世からの救済を求める。

非物質的（精神的）なものと物質的なものが有している関係もまた謎である。我々にとっては、存在の存続の問題は解き難いものとしてある。人間存在だけが、全ての存在の不滅であることを持つよう強いられている。我々の不滅の生存にとっては、この世にありつつも永遠を去来する生への意志が倫理的態度によって反響している。しかし倫理的にして宗教的な人間は、無限で永遠なものにおける存続よりも、この世における無限で永遠なもののほうにはるかに関わりをもっている。認識や表象ではなく、敬虔さこそが真の宗教の本質である。決定的なことは、我々の時代の思惟とキリスト教は、人間だけでなく、人間以外の他の生き物とも深い倫理的敬虔さを共有するにいたるということだ。この結びつきから我々の人間性の精神（霊）的刷新が生じるのである。

七――ギッフォード講義の評価

以上、ギッフォード講義の概要を述べてきた。本書のこれまでの論述を振り返ってみれば、あらためてこの講義が彼の文化哲学との関連で重要な意味を持っていることが分かる。しかも、ギッフォード講義では、ヨーロッパ哲学史だけでなく、人類全体の精神史研究も進んでおり、また生への畏敬の倫理をめぐる諸論点についても詳細な言及が見られる。一九三四年及び三五年に計二十二回行われたこの一連の講義を要約して時系列のままに紹介したのは、「文化哲学第三部」全体において、重層的・複合的に繰り返される〝思想の交響曲〟の縮約版として読むことができるからである。時にはキーワードのみ記されている、断片的な箇条書きふうのウプサラ講演の要旨とは違い、ギッフォード講義のほうは非常に充実した内容を含んでいる。

ギッフォード講義における第一次講義と第二次講義の関係は、シュヴァイツァー自身の形容で言うならば、先述のように「前奏曲」と「フーガ」の関係であった。それは、彼が自らの生への畏敬の倫理の思想について、いわばその構成要素を検討した上で（第一次）、そこから発する新たな主題的展開を目指したもの（第二次）であることを意味している。既刊著作にない新しい事が述べられているわけではなく、ただ着始点や着眼点がさまざまに変化している様についても、「文化哲学第三部」での取り組みと同様である。また、文化哲学の枠にとどまらず、より大きな世界哲学の構想の中で生への畏敬の倫理を思想として位置づけようとしている様子が、この連続講演から十分読み取ることができる。一九三三年から一九三七年にかけて「文化哲学第三部」の第二分冊に該当する部分が執筆されていることからも分かるように、とくに第一次第一～第六講義は、「文化哲学第三部」での取り組みの模様が要約的な形で繰り返されている[13]。このうち第三講義の内容は、本書第二章第四節でも触れたが、ヤスパースによる「枢軸時代」（『歴史の起源と目標』、一九四九年）の論述を先取りするかのようである。実はこのような世界哲学史的展望の下に、一九三五年に『インド思想家の世界観』も刊行されたのであるが、第一次第八講義、第二次第六・七講義にもこの著作の後半部分の内容の一端が言及されている[14]。

また、第一次第七・第八・第九講義の中では、真理の認識をめぐり、従来説かれてきたような信仰と理性による二重真理だけでなく、神秘主義と理性という二重真理もまた存するとして、シュヴァイツァーはこの観点から思惟の歴史を読み解こうとしている。このような切り口に、究極的認識にあっては思惟必然的に神秘主義なものに至るという彼独自の着眼点を垣間見ることができる。

生への畏敬の倫理に関しては、第二次講義が興味深い展開を示している。倫理学の学説における生への畏敬の倫理の位置づけ（第三・第四講義）、また自己完成と献身とを共に有機的に包含するこの倫理の特性の叙述（第八・第九講義）は、たしかに「文化哲学第二部」での生への畏敬の倫理の叙述を彷彿とさせる。そして、世界人生肯定・否定の観点からの世界の諸思想の検討（第五・第六・第七講義）は、「文化哲学第三部」の略述的内容となっている。

第二次講義にあっては、こうした論述を踏まえながらも、具体的場面で独自な展開が見られる。生への畏敬の倫理は、一切の生命がそれ自体聖なるものであり、ひたすら生命に責任を持ってかかわり、生命の維持や促進を善として命じるばかりだというのが、シュヴァイツァーの主張であった。第十講義では、彼は自らのランバレネでの体験を語りながら、生への畏敬の倫理を貫こうとすれば、たえず葛藤と困難の中にあって決断していかなければならないことをも強調する。ここには、具体的事例が多く出てきて、力のこもった内容になっている。また、将来的な菜食主義の時代の到来を予見したり、動物実験は必要不可欠なときにのみ行い、可能なかぎり苦痛の軽減につとめるべきだと述べたりしている点など、動物に対するヒューマニズム的対応を考える現代の動物倫理 animal ethics の問題を先取りするかのようだ。

第十一講義では、この倫理が無限な生への意志との一体化を希求するところに倫理的神秘主義としてのありようが示唆される。そして、そこでの生き生きとした倫理的な敬虔さを介して、倫理的キリスト教との関連へと橋渡しがなされる。最後の第十二講義では、ギッフォード講義全体のテーマでもある自然的宗教のテーマに立ち戻り、生への畏敬の倫理との関わりにおいてこれを総括する。すなわち、生への畏敬の倫理によって、我々は無限な生への意志へと精神的（霊的）に関わることができる。まさにそのゆえに、そこに見られる生き生きとした敬虔さが宗教的・キリスト教的なものとも重なるというのである。かくして、この講義の創設者の思いに応えるかのように、シュヴァイツァーは自らの〝自然神学思想〟を披歴《ひれき》するのである。

なお、第二次第四講義の中で、ヒュームを高く評価しているのは、ギッフォード講義がエディンバラで行われたこととは決して無縁ではないだろう。

註

（1）玉川大学小原國芳記念教育博物館『シュヴァイツァー関係資料―館蔵資料目録』（玉川学園教育博物館、一九九五年）より長谷川洋二編「年譜」（六八～九五頁）参照。

（2）これらの講演等のタイトルなどは次の通りである。

オックスフォード（一九二二年）

第一講義（日付不明）「ヨーロッパにおける世界・人生の道徳的概念をめぐる闘い、マンスフィールド・カレッジでの講義」

第二講義（二月七日）「古代思想における倫理と文化」

第三講義（二月十一日）「ルネサンス・後期ルネサンスにおける倫理の世界人生肯定の問題」

第四講義（日付不明）「後期功利主義、社会学的倫理」

第五講義（日付不明）「要旨の再述」

オックスフォード講義の要旨「ヨーロッパ哲学における倫理的世界人生肯定をめぐる闘い」

シュトラースブルク（一九二二年九月五・六日）「倫理の根本問題」於聖ニコライ教会

コペンハーゲン（一九二二年十月三十日～十一月二日）オックスフォードのテキスト

プラハ（一九二三年一月九日・十一日）右に同じ

ミュンヘン（一九二三年一月十九日・二十日）右に同じ

（3）*Evangelisch-protestantische Kirchenbote für Elsas-Lothringen.*『講演・講義・論文集』の中では、編者により巻数の記し方が一定していないところや誤記もあるので、適宜修正した。一九〇一年から〇四年にかけて、二十代後半のシュヴァイツァーは、すでにこの『エルザス＝ロートリンゲン福音プロテスタント教会報』に、とくに新約聖書についての啓蒙的エッセイを連載している。このエッセイは、一九八八年に『新約聖書についての談話』*Gespräche über das Neue Testament*, hrsg.v.Winfried Döbertin, München（Bechtle）, 1988［GNT］として刊行された。興味深いのは、この中で彼が、聖書とは「人間によって記された神の言葉」なるがゆえに、これを盲目的に受け取ってはならず、しかるべき学識に基づいて読み解くべきことを、一再ならず強調していることだ。宗教的信仰という畑には、迷信や思い込みや偏狭な心という雑草がはびこりがちであり、これらを絶えず抜いていくことが求められる。中世では、カトリック教会の教えるままにさまざまな雑草が生い茂ったが、宗教改革によりかなり取り払われた。しかし、雑草は一掃されたわけではなく、迷信や誤謬を摘み取る営みはあらゆる時代を通じてなされなければならないのである（GNT 9-10）。

（4）とくに第二次世界大戦後、シュヴァイツァーの名前を冠した学校が数多く建てられ、また既存の学校がそのように改名された。ここでは、(a)エラ・クリーザー夫人の追悼講話（一九五九年十月五日、『シュヴァイツァー友の会報』ドイツ誌、第二六号、一九七三年）、および(b)マール・アルベルト・シュヴァイツァー高等学校での講話（一九五九年十月七日、『シュヴァイツァー友の会報』ドイツ誌、第一六号、一九六〇年）が収録されている。

（5）この論文（元は講演録）は、シュヴァイツァーの医学博士論文『イエス―精神医学的考察』（一九一一）を受けている内容であるが、博士論文が病誌学 Pathographie の観点からイエスを妄想狂患者のように見なしている研究者への批判的考察に終始しているのに対し、こちらのほうは議論をもう少し先に進めて、心理学的に一貫したイエスの人格と自己理解を提示したところに意義がある。著作活動の一環の中で見た場合、これは既刊著作に対するシュヴァイツァーの補足的説明とも受け止めることができる。シュヴァイツァー自身、当時は「主の目配せ」によって、アフリカでの医療伝道の道に進む過程の中におり、メシア意識に基づいたイエスの思想と実践が決して病的な妄想ではなく、首尾一貫した人格的統合と思想的一貫性を具有していた（これが健全性の証しでもある）ことを、自然科学研究（精神医学）の次元においても確認したいという思いがこうした研究に彼をして向かわせたとも言えるだろう。

シュヴァイツァーは、イエスにおける人格的統合性はテキスト自身の統合性が前提になっていると考えており、その意味で最古の福音書としてのマルコとマタイの両福音書（ただしイエスの公的生涯に関する部分のみ）を真正なテキストとして採用している。これに対して、イエスを精神病者のように叙述する研究者は時代的に下るヨハネ福音書を多用しているのである。そのような意味で、基本テキストそれ自体までも解体せしめてしまいかねない様式史学派に対しては、彼は本能的ともいえる拒否反応を示しているように思われるのである。

（6）これはアフリカ伝道に関するシュヴァイツァーの所感をまとめたもので、『エルザス＝ロートリンゲン福音プロテスタント教会報』に一九一九年一月から八月にかけて計十六回不定期に連載された。その内容は換骨奪胎されて『水と原生林のあいだに』（一九二一）にも採用されているが（とくに第十章「伝道について」）、ここでは伝道者としてのシュヴァイツァーの側面がいっそう強く現れている。アフリカ人へのキリスト教伝道の課題だけではなく、仏教や儒教など高等宗教を信じるアジア地域への伝道にも言及されており、『キリスト教と世界宗教』（一九二四年刊、その元になる講演は一九二二年に行われた）での問題提起を予感させる内容である。なお、これらの所感は当時のヨーロッパ的植民地観やイスラム教に対する貶価など、今日的視点から見れば問題もなくはないが、それでも実際に第一次ランバレネ滞在（一九一三～一九一七年）で彼自身が実際に体験したことを踏まえて書かれているので、貴重なドキュメントであることに変わりはない。しかしシュヴァイツァーの著作活動を扱う本書では、残念ながら伝道や牧会をも含めた彼の実践活動にまで立ち入ることはできない。いずれ機会を改めて論じたい（牧会活動の一端については本書「付論」を参照）。

なお参考までに、この所感集の見出し（編集者による）を以下に列挙しておく（＊印は『水と原生林のあいだに』で採用された部分）。『水と原生林のあいだに』は当時ベストセラーになり、シュヴァイツァーはヨーロッパの人々に広く知られるようになったが、本書の成り立ちを知る上でも興味深いものがある。＊〔伝道に対する二つの異議〕、＊〔伝道と伝道学校〕、＊〔伝道の経済的問題〕、＊〔プロテスタントとカトリックの伝道〕、〔戦争と伝道〕、〔キリスト教とイスラム教〕、＊〔キリスト教の伝道、一夫多妻と妻買い〕、〔キリスト教と「高等宗教」〕、＊〔文明教育としての伝道〕、＊〔伝道と火酒貿易〕、＊〔熱帯病〕、〔外から持ち込まれた病気〕、〔真の文明〕、＊〔罪悪としての植民地主義〕。

（7）これはエルンスト・バルテル Ernst Barthel の名前で発表された論文である。バルテルはシュヴァイツァーと同じアルザス出身の哲学者で当時ケルン大学の私講師をしていた。この論文は、シュヴァイツァーの哲学の的確な内容理解や文体、語句の使用などから、シュヴァイツァーその人の筆になるものを物語るものである。この経緯については以前に述べた（金子、四九頁及び六〇頁註5を参照）。

この論文では、シュヴァイツァーには自分の思想を客観的なものとして理解したいという欲求があったため、『イエス伝研究史』、『パウロ研究史』、『文化と倫理』において、問題そのものの歴史的展開からその論述を行ったことが言及されている（N/WA 371）。彼の中にあっては、思想家と歴史家とが分かちがたく有機的に結びついていた。なお、こうした探究姿勢は、アリストテレスの方法論に触れたことがきっかけとなったという（G1/LD 132〔第一巻、一四七頁〕）。アリストテレスは、その『形而上学』において、前代の哲学的営為の批判から問題の論述を始めているのである。

（8）*Erinnerungen an Nathan Söderblom*, 1933, AmL:105-116.「ナータン・ゼーデルブロムの思い出」と題されたこの長文の手記は、一九三三年五月にランバレネで執筆されたもので、一九八八年に『わが人生より―自伝と思い出』(Aml)が刊行されるまで英語訳とスウェーデン語訳だけがあった。

（9）*Gifford Lectures* http://www.giffordlectures.org/ このホームページでは、ギッフォード卿のこと、またこの講座で講義を行った人々の経歴や講義名及び一部その概要等が紹介されている。シュヴァイツァーの講義もここに記されているが、英語での名称は"The Problem of Natural Theology and Natural Ethics"(1934-1935)となっている。

（10）ヒッバート講義は、遺稿『世界宗教における文化と倫理』に所収（N/KEW:221-276）。その内容については、本書第五章第二節「ヒッバート講演における宗教哲学」で要約的に紹介する。

（11）このタイトルは「インド思想における暴力不承認（アヒムサー）の原理―その起源と意義―」。ここでは、一九三五年刊行の『インド思想家の世界観』では触れられなかったガンディーの非暴力主義まで議論が及んでいる。なお、同書でのガンディーの叙述は翌年に英訳で現れた。ドイツ語版に増補挿入されたのは一九六五年になってからである（G2/ID:629-640）。この部分の邦訳は野村実「A・シュワイツァーのマハトマ・ガンディ観」がある（『シュワイツァー研究』第十七号、一九八九年、五四～六三頁）。

（12）『クラル』は紀元後二世紀頃の作品と推定されている。シュヴァイツァーはこの箴言集が自然的かつ倫理的な世界人生肯定を示していると高く評価し、『インド思想家の世界観』の中で数ページを割いて紹介し、解説を付している（G2/ID:607-612〔第九巻、二三七～二四四頁〕）。なお、邦訳書の訳者解説の中で、中村元が『クラル』にシュヴァイツァーが着目して評価した慧眼について深い敬意を表明している（第九巻、三二六頁）。

（13）「文化哲学第三部」の各分冊の概要については本書第二章第二節「四分冊の各内容の構成」を参照。

（14）とくに、第一次第八講義は『インド思想家の世界観』第十章「後期バラモン教」の叙述を、第二次第七講義は第十四章「バガヴァッド・ギーターから近世へ」、第十五章「新インドの思惟」の叙述をそれぞれ要約した内容となっている。

◉第四章
中国思想史研究の視座とその展開

一――『中国思想史』の成立に見るシュヴァイツァーの中国思想研究

『中国思想史』*Die Geschichte des chinesischen Denkens*, 2002［N/GchD］は、彼の遺稿全体の整理・編集にあたってきたヨハン・ツュルヒャー Johann Zürcher 牧師とストラスブール大学プロテスタント神学部のベルンハルト・ケムプフ Bernhard Kaempf 教授の編集により、二〇〇二年に刊行されたシュヴァイツァーの中国思想研究論集である。註や解説の部分も含めると三百六十頁にも及び、彼がこれほどまでに中国思想史について研究していたことは驚くべきことである。生前に刊行された『インド思想家の世界観』にも言えることであるが、シュヴァイツァーの研究はいわゆる専門家としてのインド思想研究、中国思想研究ではない。彼は、もっぱらドイツ語の翻訳テキストにあたりながら、独自の哲学的問題意識に基づいて、思想としての考察対象の普遍性を検討していくのである。ただ彼の場合、アフリカにあって研究環境は貧しく、しかも日中は自らの病院の診療や運営という激務をこなしつつ、夜の限られた時間を中心に営々と翻訳テキストにあたらざるをえなかった。

シュヴァイツァーが用いたテキストは、主にA・フォルケ A. Forke やR・ヴィルヘルム R. Wilhelm による独訳である。フォルケの訳書は『墨子』（一九二二）だけであるが、ヴィルヘルムによる訳書は『老子（道徳経）』（一九一一）、『論語』（一九一四）、『孟子』（一九一六）、『荘子』（一九二〇）、『列子』（一九二一）、『易経』（一九二四）、『呂氏春秋』（一九二八）、『礼記』（一九三〇）と、二十世紀初めに矢継ぎ早に刊行された。十九世紀後半にも幾つか独訳が出ており、シュヴァイツァーもそれらを読んでいる。中国思想について初めて本格的に論じた「世界宗教における文化と倫理」（一九一九～一九二一）において、彼はすでにヴィルヘルムの独訳文献を用いているし、さらに一九二一年には彼と個人的にも知りあうようになっている。これらのテキストを含め、彼が読んだ訳書や研究書類は、現在ではギュンスバッハにあるシュヴァイツァー文庫に保管されており、彼の参照テキスト類もそこから分かるのである（N/GchD:349-350）。[1] ただし、シュヴァイツァーが読んで参照した中国思想のテキストは限られている。諸子百家の中でも重要な思想家である荀子や韓非子や孫子などは未見であり、これらのテキストからの引用や言及が見られない。また後代の儒教の展開についても、テキストが不十分のために議論はつくされているわけではない。

シュヴァイツァーは、一九一九年から二一年にかけて世界の諸宗教・諸思想における文化と倫理についての展望をまとめたが、その中に中国思想史についての探求も含まれていた。しかし彼はこの原稿には満足しなかった。一九三〇年代になると、今度は世界宗教における人間と被造物の関係について論じるようになり、また一九三〇年初めから一九四〇年代前半まで断続的に書き続けられてきた「文化哲学第三部」の中においては、人類の思想史の展望について構想を修正しながら取り組みなおしている。このような中、彼は一九三〇年代後半頃から独立した中国思想史の著作に取り組み始めたようで、「中国思想」の原稿は一九三七年の二部からなるテキストが残されている。しかし、第一部は原稿として整えられているものの、第二部はまだ素描のレベルにとどまっている。しかも、両者は段階を追って展開しているというより、試行錯誤を繰り返しながら書いた形跡があって重複部分も多く、結局シュヴァイツァーはこれを仕上げることを断念し、一九三九年から翌年にかけて「インド及び中国思想の歴史」として再度あらためて書き直すことにした。これを主要テキストとして、それの素描（抜粋）及び一九三七年の「中国思想」の第一部と第二部（抜粋）もあわせて収録したのが『中国思想史』なのである。

それゆえ、シュヴァイツァーの中国思想史研究といっても、一冊の著作として完成されたものがあるわけではない。『中国思想史』は草稿段階の原稿も含まれた、文字通りの遺稿集なのである。一読してすぐに感じることは、シュヴァイツァーが当時の限られた翻訳書と数少ない研究書を頼りにしているために、テキスト批判的な部分が脆弱だということである。重要な思想家（例えば荀子や韓非子）の著作についてあたっていない。翻訳テキストにあたっている思想家（例えば墨子）でも、掘り下げが今ひとつでいささか公平に欠ける見方をしていたりする。また、単に思想の紹介ないし祖述的な部分も相当ある。それゆえ、専門家から見ればアマチュア研究者の探求とも言えるし、実際、『中国思想史』の出版に際して意見を求められたある中国学者は反対したほどであった（N/GchD:19-20）。[2]

しかし、それにもかかわらずシュヴァイツァーの中国思想史研究を取り上げる価値があるのは、彼が中国思想を独自の視点で掘り下げることを通じて、中国思想を世界哲学の文脈で普遍化しようという壮大な試みを行っているからである。また、それは同時にシュヴァイツァー自身の思想の普遍化ともなっているのである。

なお『中国思想史』を含め、彼の中国思想史研究には重複した記述が相当あることから、本章では、重複している場合は煩雑さを避けるため、最終段階の原稿である「インド及び中国思想の歴史」を主とした引用とする。

二——遺稿集全体で中国思想を扱っている箇所

ケムプフ及びツュルヒャーによれば、シュヴァイツァーの遺稿集の中には中国思想についての論述は各所に散見される（N/GchD:22）。[3] この中からとくに頁数があり内容的にも豊かで完成度の高い記述は、次の三冊の遺稿集に見られる。

①『中国思想史』*Geschichte des chinesischen Denkens*（N/GchD）から

ここで重要なのは「インド及び中国思想の歴史」（一九三九・四〇）である。これは、大きく三つの部分から成り立っている。［Ⅰ］「インド及び中国思想における神秘主義の成立」（N/GchD:23-39）では、インドと中国における神秘主義がどのように成立し展開してきたかを論じた導入部である。シュヴァイツァーがここで神秘主義に注目する理由は、神秘主義が『インド思想家の世界観』（一九三五）でも触れているように、完全な世界観の形態であるという確信があるからである（G2/ID:439〔第九巻、二七頁〕）。この導入部に続く［Ⅱ］「インド思想」（N/GchD:40-53）はインド思想の概説である。彼がこれを執筆した時点ではすでに『インド思想家の世界観』が刊行されていたこともあり、この部分はわずか十三頁と、きわめて短いものとなっている。そして最後に本論にあたる［Ⅲ］「中国思想」（N/GchD:54-176）がある。これは全部で十四章、百二十頁以上からなり、これがいわばシュヴァイツァーの中国思想史の主要テキストと言えるだろう。その内容目次は以下の通りである。

「インド及び中国思想の歴史」　一九三九・四〇年

［Ⅰ］インド及び中国思想における神秘主義の成立

［Ⅱ］インド思想

［Ⅲ］中国思想

［1最初で最古の源泉］［2孔子］［3］道教神秘主義［老子、荘子、列子］［4墨子］［5古典時代の批判的思想家　ソフィストたち　楊朱］［6孟子］［7］素描　中国［及びチベット］における仏教［8孔子の教えの刷新者］［9仏教、キリスト教、イスラム教］［10中国思想がヨーロッパに知られるようになる］［11民衆の倫理（感應篇）　近代の隠遁主義］［12中国思想とインド及びヨーロッパ思想の比較］［13十九世紀半ば以来の危機］［14古代中国思想への近代ヨーロッパの関心］

なお、この「インド及び中国思想の歴史」の草稿にあたるような形で残されているのが、一九三七年の「中国思想」である。この「中国思想」は、第一部（N/GchD:177-242）が「楊朱」まで論じたところで終わっており、第二部（N/GchD:243-313）のほうは素描のまま残されている。以下はその内容目次である。

「中国思想」　一九三七年　第一部

［中国語に関するまえがき］［古代の書物の伝承］［祖先崇拝儀礼］［焚書坑儒］［老子、列子、荘子における新しい全盛期］［道教の神秘主義］［脱我］［ブラフマンにおける脱我　道教における非活動性］［暴力を行使しないという原則］［道教の意義］［孔子］［老子と孔子の出会いはただ「伝説

的な言い伝え」とされている」［墨子］［孔子との比較］［孟子］［論争家たち（批判的思想家）、ソフィストたち］［王充］［恵施、公孫龍、荀子］［商鞅、鬼谷子、韓非子など］［楊朱］

*原題は「付録　一九三七年の素描　人類の思想　中国思想　一九三七年　第二部（抜粋）」。

「中国思想」　一九三七年　第二部（抜粋）

計画［老子、鄧析子］　道教的神秘主義と脱我［道教について］　道教と倫理　道教の最後の節の素描　間奏曲、内面化された人生肯定　孔子　墨子　孟子についての節の計画　楊朱、節の計画　中国における仏教、孔子の教えの刷新［孔子の教えの刷新のための草稿の継続からとモンゴルによる支配の時代について」［宋の時代の哲学者たち］［書物の抜粋からの覚書］［王陽明］　中国思想における人間と被造物『感應篇』の戒めから　回顧の素描［I］［回顧の素描］II　思想の端緒についての節の改稿の素描　中国思想の最古の世界観の節の素描　民衆の世界観―放棄された継続の新しい草稿（中断されたテキストの）継続［中国思想の］最終的評価　自然生起と人間の行為の関係についての節の新しい草稿　古代中国における倫理についての節の素描［のためのテキスト］［古代インドの倫理との比較］［古代ギリシアの倫理との比較］［ゾロアスターの倫理との比較］［「ゾロアスターと中国の倫理のための」素描（註）］［ユダヤ教及びキリスト教の倫理との比較］［古代中国の倫理］［「中国思想における人間と被造物」のための素描片　文書8、番号7（一九三六〜一九三七）からの覚書

「中国思想」第一部の標題を見れば、儒家や道家をはじめとする諸子百家の思想を論じた内容であることが分かる。また同第二部の標題に注目すれば、これらはその後の中国思想史の歴史的展開や比較思想的考察を含め、第一部の継続を意図したものであることが見て取れる。しかし、歴史的叙述としても内容的にも繰り返し

が見られる上に、問題設定も揺れ動いていることにも気がつく。これではとうてい第一部の継続にはならない。シュヴァイツァーもこのことに気がついて二年後に再度全部書き直すことにしたのであろう。「中国思想」が「インド及び中国思想の歴史」の草稿的なものになっているのは、そのためである。両者の原稿には実際、重複が少なからず見出される。なお、『中国思想史』には、もう一つ付録として、一九三九・四〇年の中国思想のための素描（抜粋）」が掲載されている。

②『世界宗教における文化と倫理』*Kultur und Ethik in den Weltreligionen*（N/KEW）から

この遺稿集の中で中心になるのは二つの原稿、とくに一九一九～一九二一年に執筆された「世界宗教における文化と倫理」（N/KEW:35-70）である。これは全部で十一節からなり、構成も整い、いわば完成稿ともいうべきもので、自伝の中でも「世界宗教における世界観」研究としてその梗概が記されているほどである（G1/LD:194-195〔第二巻、二二二～二二四頁〕）。この原稿の結論部分で、シュヴァイツァーは、中国の精神が人類史上はじめて人間性の思惟及び、これに根ざした文化倫理と文化国家の構想について生みだしたと評価する一方で、それがよって立つ世界観が素朴だったため、人間性の思想も目標を意識して貫かれず、中国文化は進歩と後退を繰り返すにいたったと、その限界を指摘している（N/KEW:70）。以下はその内容目次である。

「世界宗教における文化と倫理」III　中国思想における倫理と文化

文化倫理の前提としての道《タオ》の教え、一元論的倫理　孔子における倫理と文化　老子における倫理と文化、道徳経　中国の哲学的世紀における倫理的問題　孟子の文化倫理　墨子の無際限な人類愛の倫理、中国の社会主義と平和主義　倫理を自然哲学から基礎づけようとする荘子の試み、帰結としての超倫理的な神秘

主義　高次の人生肯定による列子の倫理なき神秘主義　自らを生き抜くという楊朱（楊子）の人生肯定

『報酬と罰の書』（感應篇）における中国の民衆的倫理　中国思想の到達点、楽観主義的な自然哲学との関係における文化と倫理

あと一つの重要な原稿は「世界宗教における人間と被造物」（一九三二）である。この第三章にあたる「中国思想における人間と被造物」（N/KEW:182-188）は、一九三七年の「中国思想」第二部の素描として書き直されている（N/GchD:277-280）。シュヴァイツァーが原稿になかなか満足せず、何度も書き改めていた過程が分かるのである。

それ以外に、この遺稿集の中では「中国及びインドの章［一九一九・二〇］の素描［から］」（N/KEW:334-336）、「中国の動物保護史［一九一九］」（N/KEW:375-376）、「3『人間と被造物』の素材からa」（N/KEW:377-388）が中国における人間と被造物について扱った部分である。

③『生への畏敬の世界観　文化哲学第三部』第一巻 *Die Weltanschauung der Ehrfurcht vor dem Leben. Kulturphilosophie III*, Bd. 1（N/WEL1）Bd.2（N/WEL 2）から

文化哲学第三部は、シュヴァイツァーによって何度も書き改められ、結局大部になりながら未完のまま残された遺稿であり、遺稿集では時代順に四分冊になるものとして編集・整理されている（本書第二章を参照）。これの内、第一分冊は一九三一～一九三二年の原稿であるが、その決定稿（第二系列）のV「伝承された精神的遺産」の［3］が「中国思想」と題されている（N/WEL1: 65-80）。これは一九三二年に書かれたもので、その自然哲学と倫理の関係における本質的類似性から中国思想を主にストア思想と比較して論じている。またこの原

稿の中には、「中国思想における人間と被造物」及び「世界との精神的一体化という中国的理念の先史時代における起源」と題された草稿も含まれている。

また第三分冊のほうは、一九三九～一九四〇年に書かれた一連の原稿からなるが、これは後の第四分冊と同様、内容的には思想を新しく発展させたというより、むしろ既存の原稿をなんとか確定させようとしたものとなっている。中国思想は、この中の「V」（第五章）の中にインドやゾロアスター教、ユダヤ教とともに簡潔にその倫理的世界観が紹介されている（N/WEL2:95-117）。中国思想がこのような短い扱いになったのは、別個に『中国思想史』を構想していたシュヴァイツァーが重複を避けたためでもあろう。

三――遺稿集における中国思想の全体的な評価

(1)『キリスト教と世界宗教』と『中国思想史』における評価の変化

一九二三年の『キリスト教と世界宗教』の中では、世界観の観点から見ればインドの諸宗教が一元論的悲観主義であるのに対し、中国思想は一元論的楽観主義であると分析されている。しかし倫理性の観点においては、インドよりも中国思想のほうにより行動的・献身的な要素があるとする。シュヴァイツァーはとくに孔子、墨子、孟子においてキリスト教の愛の実践に近いものを認めているのである。しかし、それが全体として立脚するのが単一で自己完結した論理的世界認識であるがゆえに、またそうした実践的愛もただ世界の意味に則るということに尽きてしまい、そこでは世界の中で積極的に活動するという情熱に欠けるがゆえに、しょせんは純粋に倫理的な宗教であるキリスト教にかなうものではないと結論づけている（G2/CW:695-700〔第八巻、四六〜五二頁〕）。

こうした一方的ともいえるシュヴァイツァーの議論には、それなりの理由がある。何よりもまず、この著作はもともと一九二二年にイギリスのセリー・オーク・カレッジにて外国伝道に携わる宣教師あるいは宣教師志望者のための講演に基づくものだからである。彼らは、キリスト教を他の世界の諸宗教（とくに仏教やヒンズー教）に対して弁護していかなければならない立場にあった。シュヴァイツァーもそうした彼らの要望に対して、自らも一キリスト教宣教者として応え、キリスト教の思想的独自性やその深さを明らかにするという、特別の意図があったのである。

その一方、文化哲学の文脈においては、彼はより公平な比較思想的観点にたって冷静に分析し、積極的に評価している。とくに『中国思想史』において注目されるのは、中国の宗教が世界を説明する論理的宗教であるという見解を修正していることである。次の引用個所では、「論理的に説明する」と言わず、「倫理的に説明する」と言っているところに、大きな含意の変更を感じさせるのであるが、ポイントは仔細に考察するならば、中国思想は必ずしも一元論的な単純さで世界を説明するものではない、ということにあると言ってよいだろう。

中国思想が世界を倫理的な人生及び世界肯定の意味で説明しようと企てなかったのは、一つの卓越した点である。それが全体として前提しているのは、人間とはその倫理的態度をつうじて世界生起と合致するものだ、ということである。しかし、それは世界生起の秘密をあえて把握しようとはしない。(N/GchD:168)

遺稿集における中国思想の全般的な評価としては、倫理的な人生及び世界肯定に一貫して貫かれている中国思想に対する高い評価が注目される。なお、「キリスト教と世界宗教」ではもっぱらそうであり、「世界宗教における文化と倫理」のように、二〇年代初期に書かれた原稿でも部分的にはまだ、世界観を形容する表現として楽観主義的・悲観主義的という表現を使用しているが、『文化と倫理』（一九二三）以降になると、人生及び世界肯定、人生及び世界否定という用語が多く見出されるようになる。前者が単に物事の考察の仕方に過ぎないのに対し、後者のほうがむしろ包括的で深い（N/WEL2:123）。なぜなら、後者は世界観の根拠であるところの意志の規定だからである。たしかにそれは楽観主義的ないし悲観主義的な物の見方とともに生じることはあるが、最も深い人生及び世界肯定は幻想を交えぬ判断や不幸の中でも勝ち取られるものであるし、同様に最も深い人生及び世界否定は快活な気分や外面的な幸福の中でも形成されるものだからである。

倫理的な人生及び世界肯定という中国思想の世界観的定位は、まず何よりも自然的かつ根本的なものであり、そして人間性に則しつつ高邁な文化の理想を有している。前者の自然的・根本的な世界観の点について、シュヴァイツァーは次のように述べる。

その倫理的な人生及び世界肯定から分かるのは、中国思想は初めから正しい道を取っているということである。中国的神秘主義もまた倫理的な人生及び世界肯定を放棄していない。インド的神秘主義が人生及び世界否定に始まり、その後の世紀の過程を経てようやく人生及び世界肯定に向かっているのに対し、中国的神秘主義で問われてくるのは、無限の存在と一体化してその中で浮き沈みすることではなく、世界精神の意味において活動することなのである。

中国的神秘主義においては、倫理的な人生及び世界肯定は、原始的な神秘主義から受け入れた無為という原則によって、それ以上の広がりが阻害されたが、むしろそれは孔子や彼の弟子たちのような古代中国の賢者の物事に即した思惟において完全な展開を見せた。

この中国思想が倫理的な人生及び世界肯定を告知するのは、人間の本質に付与されたものであり、また個々人だれもが自己自身を究明するさいに真なるものとして体験するに至るものとしてなのである。人間がその倫理的態度をつうじて世界生起との調和の中にあるという確信に貫かれることによって、即事的性格をもつ中国思想はそれ自体神秘主義的なものを有することにもなるのである。

中国思想の偉大な点は、それが自然的かつ根本的なものでありつづけるというところにある。それは決して横道にそれたりせず、本来の目標をしっかりと目指している。そこには、ヨーロッパ思想に見出されるような多様な方法やそれに対応した思想体系はなんら養われてはいない。ヨーロッパ思想の豊かさは、常に新しい立場から、そして常に新しい前提から世界観の諸問題が考察されているところにあるが、中国思想の豊かさは、人間が生きるために必要とする思想をめぐってそれが開始されたあり方のまま努力を重ねているところにある。動揺や分裂がヨーロッパ思想の本質に属するとすれば、恒常性と一貫性が中国思想の本質に属するのである。(N/GchD:167-168)

また後者の点、すなわち人間性に則した文化理想の点については、一九二〇年の「世界宗教における文化と倫理」では、次のように述べている。

中国の精神は、――「光は東方から」という言葉が真実示すように――、人類史上はじめて人間性の思惟というたいまつに火を点したのである。この最初の、そして驚くべき完全なあり方を有する文化倫理と文化国家の構想について、我々は――孔子や孟子という人間に見出される――中国の精神に負っている。それは率直な思いやりの思性を自然の中に引き入れて、きわめて楽観主義的・倫理的な世界観に到達した。この世界観こそが文化の理想を生み出すことができるものである。(N/KEW:70)

シュヴァイツァーがヨーロッパ中心主義に陥らないのは、ヨーロッパ思想にないものをも見ている点にある。その最たるものの一つは、中国的倫理が社会的関係の倫理にとどまるのではなく、より高次の仕方で世界と調和しようとするという性格を有していることである。これは後述するように神秘主義的なものである。この点からしても、中国思想の優位性が次のように示されるのである。

古代中国の倫理（及び中国的倫理一般）は、それがさかのぼって検証される限り、合目的であることや有益性の理念は、より完全なものになるという理念ほどには支配されていない。それが人間に要求するのは、なによりもまず、彼が自分の使命に従ってあるべき存在になることであり、そしてその次に来るのは、彼が自らの道徳的態度によって実践するもののためにあるということである。(N/GchD:74)

⑵中国思想における倫理的世界観

シュヴァイツァーは、古代中国の自然哲学が倫理と自然生起との密接な関係を有していることに注目していた。この点において、彼は古代中国の自然哲学はギリシアのそれよりも深いと指摘する(N/GchD:68)。後者の自然へのまなざしはもっぱら知識衝動に基づくが、前者は人間を自然へと沈潜させることによって、自然との神秘的な結びつきを体験させるのである。

これは倫理的なあり方を通じてはじめて、人間は世界と完全に合致するという発想である。ただ、中国思想は世界生起と人間の行為との間の深い間隙をも自覚している（N/GchD:70-71）。つまり行為における倫理的規範は世界生起には適用できないと見ているのである。世界生起はなにか把握しがたい神秘的で運命的な事態であり、そこに倫理的性格を付与することはないのである。こうした見方においても、中国思想が世界を説明する論理的宗教だと見ていた『キリスト教と世界宗教』のレベルから、より深化したシュヴァイツァーの考察がうかがわれる。

シュヴァイツァーは、「インド及び中国思想の歴史」の［1］で、次のようにインド思想と中国思想を対比する（N/GchD:23-39）。すなわち、古代においては、インド思想にも中国思想にも、それぞれ人生及び世界肯定の傾向を持つものと、人生及び世界否定の傾向を持つものとがある。インド思想において、人生及び世界肯定的であるのは民衆の思想であり、それはヴェーダ賛歌に顕著にあらわれている。これに対して、人生及び世界否定的であるのはバラモン階級の思想であって、それはウパニシャッドの中で表明されているものである。これは、ブラフマンとの一体化を目指す神秘主義でもある。

他方、中国思想においては、人生及び世界肯定を表明しているのは易経、書経、詩経、礼記であり、これらは徹底的に倫理的であり、この点がヴェーダ賛歌と異なるものである。一方、人生及び世界否定であるのは、道《タオ》との一体化をめざす道教の神秘主義である。ただ道教はブラフマンの神秘主義のような徹底した人生及び世界否定ではなく、世界においてなんら活動しない「無為の思想」であるかぎりでの、人生及び世界否定というだけにすぎないのである。

こうして見れば、より人生及び世界肯定的であり、なおかつ倫理的な世界観を有しているがゆえに、シュヴァイツァーが中国思想史を積極的に取り上げようとしたこともよく理解できるであろう。

⑶中国思想への評価と批判的論点

ヨーロッパに中国思想が紹介されたのは、イエズス会の神父達によるところが大きい。一六八七年には『論語』のラテン語訳が公刊され、パリを中心に中国学研究が行われるようになった。特筆すべきは、ライプニッツやCh・ヴォルフ、またヴォルテールといった十八世紀の啓蒙主義思想家達が中国思想に注目したことである。彼らは、孔子を中心とした中国思想にドグマから解放された、理性的で倫理的な教説を見出したのである。実は、シュヴァイツァーもまた十八世紀の啓蒙思想を高く評価する立場でもあり、彼らが中国思想に見出そうとしたものを、自らの中国思想の検証において共感的に受け取っているという印象を受ける。「それが人生及び世界肯定であり、また理性的で合目的的であることを強調することで、古代中国思想は十八世紀のヨーロッパ思想と合致する」(N/GchD:74)。

シュヴァイツァーが中国思想に共感を示している理由の一つは、中国思想が人間の善なる本性を信頼し、平和を強調していることである。「人間が本性上、善なる存在であるという能力を有していることは、古代中国思想が自明のこととして前提していることなのである。古代中国の倫理にとって特徴的なのは、暴力の使用を拒否していることである」(N/GchD:74)。

シュヴァイツァーは、無為の思想に彩られているとはいえ、老子が明確な倫理的姿勢でもって戦争を批判していることを高く評価する(N/GchD:108)。「武器は不幸をもたらす道具であり、高貴な者のための道具ではない。ただ、やむをえない場合にのみ、高貴な者は武器を用いる。安らぎと平和こそ、彼にとって最高のものである。彼は戦いに勝っても、そのことを喜ばない。それを喜ぶ者は殺人を喜ぶようなものだ」(*Tao Te king* 31〔『老子』三十一章〕)[4]。

ただ、中国思想がこれだけ卓越したものでありながら、実際の中国の歴史的展開は必ずしもそうした人間性を尊重する方向に向かって発展していったわけではなかった。シュヴァイツァーは、当初はもっぱら中国思想の世界観のあり方に問題があると強調していた。

> もちろん、中国思想の文化的エネルギーと倫理的エネルギーの源は、素朴な世界観から来ているがゆえに、限界があるのである。人間性の思想は、目標を意識して貫かれてはいなかった。そのようなわけで、中国文化は進歩と後退、素朴な人間性と素朴な非人間性との謎に満ちた混合として、歴史上立ち現れているのである。今日、この素朴な文化世界観の力は、批判的な西洋思想との邂逅によって危機にさらされているが、それは我々の粗野な政治によっても、この文化の道筋がここ何世代にもわたって妨げられているのと同様である。(N/KEW:70)

しかしながら、中国の歴史が孔子や孟子の理想通りには展開しなかったからといって、その「理想」そのものは決して打ち捨てられるべきものではない。むしろ、孔子に源を発する思想を時代に合わせて刷新するならば、物質本位の文化に対して精神的・倫理的文化の勝利をもたらすだろう、と彼は主張している（N/GchD:175）。しかもその勝利は中国だけでなく、全世界的なものになるはずだという。ここに、シュヴァイツァーによる中国思想の世界史的評価を見ることができよう。中国思想は倫理的世界観の意義を想起させてくれる役割がある。「インド及び中国思想の歴史」は、次のように締めくくられている。

十八世紀とは異なって、今日そのような公然たる承認はとくに共有されてはいないが、結局のところ、我々の中国思想との関係もまた、当時の卓越した哲学の代表者たちにとってそれが意味したものの表明につきるのである。ともかく、孔子や老子が静かにひそやかに一つの意義深い影響を及ぼしているのは、彼らの著作からの翻訳を通じて、数多くの教養人が彼らのことを知り、それを通じて根本的な仕方で、世界における彼らの存在の［究極的な］問い［に］関わり、真の人間性を求めて尽力していくための刺激を受け取っているということによってなのである。中国思想が世界［にとって］有する意義に［注目が］始まったのは、我々の時代においてなのである。（N/GchD:176）

なお、以下に幾つか事例を紹介するが、シュヴァイツァーが中国思想の個々の思想家をヨーロッパの思想家と比較している点も、彼独自の哲学的炯眼が現れていて興味深いところである。こうした比較考察においても、彼がいかに世界哲学という観点で見ようとしていたかが分かるのである。

四――孔子と孟子
シュヴァイツァーの儒教観

(1)孔子による良識的な隣人愛の倫理

シュヴァイツァーの儒教観において特徴的なのは、彼は実は「儒教」Konfuzianismusという言葉をほとんど使っていないことである。彼が論じるのは孔子や孟子という個々の思想家とその思想である。これは彼が道教思想を論じるさいに道教Taoismusや道《タオ》神秘主義Tao-Mystikという言葉をしきりに用いるのとは対照的である。これは道教の場合、その共通する世界観や神秘主義的要素が強調されるのに対して、儒教の場合はあくまで個々の思想家の思想を問うことにアクセントが置かれていることを示している。

孔子は、高邁であるが抽象的な人類愛というものは述べなかった。彼が語ったのは、身近であるが具体的な隣人愛であった。「我々の師の教えは、自分に対して真実であること〔忠〕と他の人々に対して慈悲深くあること〔恕〕である」（*Lun Yü* Ⅳ15〔『論語』第四里仁篇十五〕を引用しながら、シュヴァイツァーは孔子を高く評価している（N/GchD:92)。しかもこれは、孔子の倫理が、自らがより完全なものになることと隣人への顧慮という二つの思想に由来することを示すものでもある（N/GchD:87）。それはいまだ素朴な表現形態ではあるが、シュヴァイツァー自身が『文化と倫理』の中でつとに強調していた「自己完成」の倫理と「献身」の倫理という、完全な倫理のための両契機（G2/KE:362-374〔第七巻、二九五～三〇八頁〕）を具備していることにもなろう[5]。この両契機の内で基底となるのは、より内面的で深い契機である自己完成のほうである。自らが真の人間性にいたるために倫理的でなければならないという思想が、孔子の倫理を深いものにしているのである（N/GchD:87）。内面的な人間の自己完成とその外側に現れた形式の完成の理想像は、君子の理想像に現れるとして、シュヴァイツァーは、「内容と形式とが同じほどの重きをなす者こそ君子なのである」（*Lun Yü* VI,16〔『論語』第六雍也篇十八〕）をはじめ、論語から数多くの君子像を紹介・引用している（N/GchD:88-89）。

両親を大切にし、主君を敬愛し、長幼の序列を重視するというように、孔子の倫理それ自体はいたって伝統的にして良識的な内容である。彼はなにか独自のものを独創したというよりは、むしろ古代の良き伝統を正しい仕方で再現しようとした。その場合も、「鬼神を敬して遠ざけるのは智慧と言ってもよいだろう」（*Lun Yü* VI,20〔『論語』第六雍也篇二十二〕）などと迷信的な要素を斥け、それに代わって天の命法に従う倫理的生き方を推奨した。ただし、弟子の子貢の言葉に「師が文化や学芸について語るのは聞くことはできたけれども、師が本性や世界秩序について話すのは聞くことはできなかった」（*Lun Yü* V,12〔『論語』第五公冶長篇十三〕）とあるように、孔子は究極的な問題には深入りすることはなかった。

孔子の倫理は、道徳の究極問題を論じておらず、最高の要請を打ち立ててはいないが、基本的に正しい方向をとっており、着実なものがある。とはいえ、まさにその点に限界があることもシュヴァイツァーは見逃さない。つまり、それは究極的な義務や責任を人間に課さないがゆえに、全体的な視野での社会改善への取り組みへのエネルギーを供給することができないのである。具体的にシュヴァイツァーが挙げているのは、農民に対する地主の搾取の問題であり、孔子の倫理ではついにこの問題に決着をつけることができなかったのである（N/GchD:93）。[6]

⑵孟子における人間性の倫理思想

さて、孔子にも増して、シュヴァイツァーが評価するのは孟子である。孔子においてただ隣人への慈悲深い顧慮だったものが、孟子においては現実の愛となる（N/GchD:132）。それによって、孔子もそこに停まらざるをえなかった古代中国の倫理的限界が乗り越えられる。また孔子の倫理において頂点に達した君子の理想も、孟子にあっては完成された人類に至る人間の理想となるのである。ヨーロッパではその二世紀後にようやくストア派のパナイティオス Panaitios（c.185-c.110BC）が人間性の思想を確立するのであるが、孟子においては彼よりもより生き生きと、そしてより深くこの理想が表明されているのである。H・レンクは、孟子の思想の中に、具体的に展開された人間性の思想が見出され、それはシュヴァイツァー自身の倫理思想とも本質的なつながりがあるとして、両者の比較考察をしている。[7]

孟子は運命の問題にも取り組み、「すべては天の意志である」（*Mong Dsi* ⅦA, 2〔『孟子』十三巻尽心章句上二〕）と見る一方で、「君子は道徳的理法に従って行為し、あとは天命に自らをまかせるものだ」（*Mong Dsi* ⅦB, 33〔『孟子』十四巻尽心章句下三十三〕）とあるように、運命には決して受身になるのではなく、むしろ天命のままに活動する素質や自由があるのだということを慰めとすべきである（N/GchD:130）。苦難の中にあっても、自らの生命を肯定しつつそれ以上のもの(義)を大切にする。彼は次のような孟子の言葉を引用する。「私は生命も愛し、義務〔義〕も愛する。両者を統一させることが出来ない場合、私は生命を捨てても義務〔義〕のほうを取る。生命を愛するのはいうまでもないが、私には生命以上に愛するものがある。それゆえ、私は生命をあらゆる手段を使って守ろうとはしないだけだ」（*Mong Dsi* ⅥA,10〔『孟子』十一巻告子章句上十〕。孟子においては、こうして倫理的な世界人生肯定が現実と対決を始めているのである。こうしたトーンは、孔子にはまだ見られなかったものなのである（N/GchD:130）。

孟子は自分の思想的な敵対者を楊子（楊朱）と墨子に見ていた。彼の時代には、この両者の言説が満ち溢れており、世間では楊朱説でなければ墨子説というありさまだったという（*Mong Dsi* ⅢB,9〔『孟子』六巻滕文公章句下九〕）。楊朱はエゴイズム（為我）を説いて、国家の解体にまで至らせ、墨子は無際限な愛（兼愛）を説いて家を解体させてしまうと、孟子は憤慨する。彼によれば、国家や家庭がなければ人間は禽獣以下の存在になってしまう。ただ、倫理を軽視した楊朱のエゴイズムは反駁もしやすいが、墨子の博愛主義は手ごわいものがある。

シュヴァイツァーのほうはと言えば、彼は、孟子も墨子もともに普遍的な人間愛を告知してはいるが、孟子のほうが墨子よりも深いものがあると評価する（N/GchD:132）。両者の相違は、墨子がただ功利主義的な考慮で発言しているのに対して、孟子は有益性などではなく倫理的なものそれ自体を強くすすめているところにある、という。「諸君は聖人である舜と泥棒の盗跖《とうせき》との違いを知っているだろうか。それは他でもない、善であることと利益を求めることとの違いなのである」（*Mong Dsi* ⅦA,25〔『孟子』十三巻尽心章句二十五〕）。

ここに、倫理の基礎づけに対するシュヴァイツァーの価値評価の独自性が見られよう。そしてまさにこの点が、孟子の倫理が孔子よりも勝っているという点でもある。それは、孟子が孔子よりも、人類についてより多く、より暖かく語るだけではなく、倫理をより深く基礎づけているという点にある。

孔子の倫理の根は二重になっている。つまり、それは互恵性という功利主義的な原理から導かれていると同時に、人間の本質において直接与えられたものとしても見られているということである。一方、孟子においては（墨子に顕著に見られるような）功利主義的な基礎づけはもはや見られない。人類愛は、孟子の場合、共感に由来する強制力から純粋に現れる。それは、真に人間であることから来るのである。（N/GchD:127）

シュヴァイツァーは、このように孟子が人生世界肯定の倫理において功利主義的顧慮をしりぞけ、ただ内的な必然性に由来する行為の究極的で最深の動機だけを妥当させたということで、カントを先取りする者だと見ている（N/GchD:128）。

(3)墨子批判の視点

墨子は、その人間愛の生き生きとした姿を表現するために、孔子のように「仁」Jên という言葉は使わず、より強い「愛」Ai という言葉を用いている。シュヴァイツァーは、次のような墨子の言葉を引用している（N/GchD:113）。

「天が疑いもなく欲するのは、人間が互いに愛し合い、互いにたすけ合うことであり、天が欲しないのは、人間が互いに憎み、傷つけ合うことである。でも我々はどういうところから、人間が互いに愛し合い利を与え合うことを天が欲し、人間が互いに憎み、傷つけ合うことを望まないことが分かるのだろうか。それは、天がすべての人間を愛し、たすけることから分かるのである。そして我々はどういうところから、天がすべての人間を愛し、たすけることが分かるのだろうか。それは、天がすべての人間を自らの力の下で保護しすべての人間を養っているからである」（*Me-tse* I, 4〔『墨子』第四法儀篇〕）。

しかし、シュヴァイツァーは墨子の徹底した無際限・無差別的愛（兼愛）を評価しながらも、その根拠を浅薄なものであると見なしている。「他国を自国のように見なし、隣家を自家のように見て、他者を自分自身と同じように考えること」（*Me-tse* IV,2〔『墨子』第十五兼愛篇中〕）であるのは、「愛は愛によって報われるがゆえに、愛は有益であるが、憎しみは憎しみをもたらすがゆえに、憎しみは有害なのである」（同）からである。こうした点にシュヴァイツァーは功利主義的な倫理の基礎づけを見出す。倫理において博愛主義的でありながら、倫理の基礎づけにおいて墨子は功利主義的な顧慮にとらわれているからである。彼は、墨子の倫理をイエスの倫理と比較しながら次のように述べている。

墨子は、イエスを思い起こさせるような言葉において、人間への愛を天の意志の内に基礎づけるけれども、それは彼がイエスの隣に座を占めるということではない。彼の倫理は、そのあり方によれば、イエスよりはるかに後退している。それは主として功利性や合目的性を顧慮するばかりである。これに対し、イエスにおいて焦点になるのは、より完全になるという内的強制からくる愛なのである。イエスが人間との関係において自己自身、そして隣人へと立てる偉大な要請は、墨子には見られない。彼はイエスがそうしたようには、倫理的人格の理想とは関わらないのである。(N/GchD:115)

なお墨子は、民間信仰(神々や悪魔や精霊の存在)を擁護していることでも、シュヴァイツァーの批判の対象となっている。孔子のように理性的でないし、倫理的世界観に立っていないからである(N/GchD:115)。

⑷文化国家の理想

なお、倫理的文化を実現する文化国家の理想に関して、シュヴァイツァーは、孟子を高く評価する。プラトンやアリストテレスと同時代に、すでに孟子は文化国家の目標に取り組んでいた(N/GchD:133)。この二人のギリシア人も文化国家の理想について考えてはいたが、それは小さな都市国家のレベルで、しかもその中で自由人である市民だけに妥当するものでしかなかった。これに対し、孟子のそれははるかに普遍的なものであった。シュヴァイツァーは、その理由として次のように述べる。

彼〔孟子〕が文化国家の下で理解していたのは、あらゆる点で十分な秩序を有し、倫理的な諸原則に支配された共同体のことで、これはその生存や活動のための豊かな物質的・精神的諸前提を人間に最大限に提供し、人間が精神的・倫理的な点で成長し真の人間性に到達することを可能にするものである。孟子の文化国家の目標は倫理的な人類なのである。(N/GchD:134)

ただ、この文化国家の理想は、孟子が創りだしたというよりは、もともとは中国思想が倫理的な世界人生肯定に規定されているところに由来する。孟子はいわばその建設を完成させたのである。孟子をもって偉大な中国思想家の時代は終わりをつげる(N/GchD:135)。その後、ようやく宋代(九六〇～一二七六)になって、朱子を代表とする一連の刷新者が孔子や孟子の教えを新たな相貌で展開するまで、亜流者たちの時代が何世紀も続くことになるのである。

ところで、孟子と並んで重要なのは荀子である。しかしながら『中国思想史』には、荀子の引用箇所が見られず(シュヴァイツァーはこのテキストは未見であった)、その思想の記述についても通り一遍のものでしかない。彼はただ荀子の性悪説に基づく道徳的なものの学習の必要性について触れているだけである(N/GchD:118-119)。しかし、荀子にはそれ以上に彼の注目をひく思想的豊かさがある。その最たるものが、自然界のことと人間世界のこととをはっきり分けるべきだとする「天人分離」の思想(第十七天論篇)であろう[8]。この考え方は、もはや中国思想が単純な人生及び世界肯定の図式であるという見方では割り切れない内容を持つ。天とは独自に人は人としての倫理を打ち立てていくべきだという考え方の内には、倫理は自然哲学から基礎づけられないというシュヴァイツァーの倫理思想とも通底するものを見出しうるはずである。

五――老子と荘子
シュヴァイツァーの道教観

(1)道教の世界観と倫理、そして仏教との関係

現実の道教（タオイズム）と呼ばれるものには、魔術的表象に支配された原初的なタイプとより精神化された高次の段階のタイプとが混在している。どちらも道《タオ》の神秘主義であるが、前者が魔術的な神秘主義、すなわち超自然的なものを魔術で意のままにしようとする原始的な民間信仰であるのに対し、後者は老子の道《タオ》神秘主義である。しかし、老子の精神化された高次の道《タオ》神秘主義も元はといえば原初的な道教から生じているのである（N/GchD:31）。

中国思想においては、人間の活動はなんらかの形で自然の活動と合致するべきものとされている。その意味で、人生は世界の肯定とともにある。この点では道教の思想家たちは孔子とも共通するが、そこから彼らは孔子とは異なる道を歩むものである。

孔子にとって人間が自然と一致するのは、人間が最も良く活動的となり、有徳な態度や自らに与えられた義務を最も良く遂行することによって、人類が秩序を保ち発展することに貢献することを通じてである。これに対して道教の思想家たちは、人間が活動的な仕方で世界生起に参与すべきだということを拒否する。このことは、人間の活動を判断する彼らの独特なやり方と関係がある。彼らによれば、人間の活動の完全なあり方にとって考慮されるのは、それがどのような目標を目指しているかではなく、それがどのようなあり方で見出されるかということなのである。最高の活動とは、彼らにとっては自然のそれに最も似たものなのである。(N/GchD:100)

これがまさに活動しないこと、すなわち無為の思想なのである。無為の思想こそは、いわばブラフマン主義の徹底した世界否定と、倫理的活動を通じて世界と関わっていく儒教的な世界肯定との間を行く道教の中道路線なのである。道教の思想家は世界肯定と世界否定の間を揺れ動いているが、人生については一貫して肯定的である。もっとも、この無為の思想それ自体は人生および世界否定と親近性があるため、その点において中国に仏教が広まる契機を形づくった。

中国で仏教が道を広める役割を果たしたのは、老子やその弟子たちであった。人生及び世界肯定と固く結びついているにもかかわらず、道教は無為の原則を主張した。この無為の思想は本来、人生及び世界否定に属し、また仏教にも見出される。そのため、中国思想の人生及び世界肯定と仏教の人生及び世界否定との間にある深い相違は覆い隠されてしまった。(N/GchD:136)

こうして道教と仏教との混淆が生じ、中国の仏教徒にとっては老子とブッダ（仏陀）が同一人物とさえ見なされる事態すら生じてしまった。ただし、仏教における同情の理念やその理念に由来する仏教的倫理は情熱的なものであり、それは墨子と同様に中国人を惹きつけたのである（N/GchD:136）。

けれどもシュヴァイツァーは、中国仏教の評価については総じて消極的である。彼は、中国仏教が仏教の思想世界を真に我が物とし、これと創造的に関わることができなかったとすら述べている（N/GchD:137）。中国仏教はもっぱらインドからの刺激で生き続けてきたのだという。この点、シュヴァイツァーは禅の教えとその展開のように中国仏教における独自なものに気づいていないようであり、そこに彼の視野の限界が見出される。

⑵老子、荘子、列子の特徴

シュヴァイツァーは、すでに『文化と倫理』の中で、道教の思想家たちのことを人生肯定の系列に属する者であると見なしている（G2/KE:306〔第七巻、二三六頁〕）。その人生肯定は、老子にあっては素朴に倫理的であるが、荘子の場合は快活な諦念に至り、列子は物事を統括する秘密に満ちた力への意志となり、楊子（楊朱）にいたっては全面的に自らを生き抜くこととして現れている。彼は、ヨーロッパ的精神において列子と楊子を総合した者こそニーチェであったと評価した。

シュヴァイツァーによれば、老子は道《タオ》神秘主義の創始者ではなく、これの最初の偉大な告知者なのである

(N/GchD:94)。すでに道《タオ》神秘主義は紀元前七世紀頃の管子によるとされた書物の一端にも見出されるという。そこでは、あらゆる存在の内なる認識不可能な根源的存在としての道《タオ》や、その道《タオ》との一体化の秘儀や、『道徳経』(『老子』)におけるのと同様な非活動(無為)のことが語られている。

老子をはじめとして道教の思想家は道《タオ》神秘主義という大きな共通項を持つ。ただ老子と較べるならば、列子や荘子の場合は、世界の本質考察がより深化し詳細なものになっている。老子においては、陰(暗)と陽(明)、そしてこれらと共にあらゆる存在が道《タオ》から生じたという単純な確信だけが見出される。列子や荘子においては、さらに進んで時空の本質、現実と仮象、絶対と相対、主観と客観についての論及が見出されるのである(N/GchD:97)。とくに列子においては、存在がどのように非存在から生じたか、また存在が再び非存在へと帰っていくかどうかという問いへと、より詳しく関わっている。それは例えば次のような文章が示しているだろう。

「生きとし生けるものは必然的な法則によりその生を終えなければならない。……精神をなしているものは天の一部であり、肉体をなしているものは地の一部である。……精神が肉体を離れると、両者はその真の本体〈天と地〉に帰っていく。……精神はもとの入り口に戻っていき、肉体はその根源に帰っていく。この自己はそもそもどのように存在しようか」(*Liä Dsi* I,4〔『列子』第一天瑞篇五〕)。

また、荘子では次のように死もまた生の半面であり、両者は連続したものであるという死生観が語られている(N/GchD:98)。そのような死生観は、孔子にも見られるのだが、あらゆる生命は、天と地あるいは陰と陽という一種の根源的な力の下に永続的に回帰するものとなるのである。

「我々が終わりと名づけるものは、薪に過ぎない。火は更に燃えていく……」(*Liä Dsi* III,4〔『列子』第三養生主篇六〕）。

「天地はあらゆる被造物の父母である。両者が統合されると、肉体をもった姿が出現する。両者が分離すれば、また新しいものを生み出すはじめの状態になる」（*Liä Dsi* XIX,1〔『列子』第十九達生篇一〕）。

「自然〈天地〉は大きな溶鉱炉であり、創造主〈造化〉は偉大な鋳物師である。彼がどこに私を送り込んでも、それは私にとって正当なことである。生を全うしたら、私は眠りにつき、そして〈生を与えられたら〉心安らかに再び目覚めるだけである」（*Liä Dsi* VI,3〔『列子』第六大宗師篇十二〕）。

これらのうち、とくに三番目の引用文には、天地万物の創造者になされるがままに従う諦念の境地もうかがわれる。なお、列子の場合には、老子ほど精神化されていない、より古代的な道《タオ》との一体化の神秘主義が見出される（N/GchD:32）。それは、先述したように超自然的な能力（超能力）を求める最も原初的な魔術的神秘主義なのである。

(3)楊子（楊朱）の思想―ニーチェとの比較

興味深いのは、シュヴァイツァーが道教の思想家の中で楊子（楊朱）に着目したことであり、ここに彼独自の比較思想的視点が現れている。とくにニーチェとの親近性については、列子と楊子の綜合という、先述した『文化と倫理』での表現よりも、『中国思想史』においては実はもう一歩分析が進んでいる。他の中国思想家たちと異なり、何も書き残したものがない楊子を、シュヴァイツァーがことさら取り上げたのは、彼の徹底した自己優先、人生肯定の思想がまさにニーチェを連想させたからであろう。楊子に関する記事は、主に列子（楊朱篇）をはじめ荘子や孟子に散見される。そのテキストを仔細に読むと、例えば次の列子からの引用のように同情についての記述も見出される（N/GchD:123）。

「古人はこのような言葉を語った。生きているときは互いに同情を持つべきだが、死んでしまえばそのまま放っておくべきである、と。この言葉は言いえて妙である。同情の根本は単なる感情の事柄ではない。働き疲れている時には楽を与え、空腹な者には満腹にまで食べさせ、凍えている者には暖を取らせ、失敗した者には成功を与えるといった具合にしてやるのである」（*Liä Dsi* Ⅶ,6〔『列子』第七楊朱篇六〕）。

けれども、当初ニーチェと楊子の間に見られた、人間は何物にも妨げられず自らを生き抜くべきだというエゴイズム的な共通項には、疑問が提出される（N/GchD:121）。それは単に自然的な人生観において人間が存在の本質と一致するという、一般的な原則においてだけあるにすぎない。

ニーチェにおいて特徴的であるような、力への意志、高貴であること、悲劇的な生感情は楊朱に欠けているものである。彼にあるのはただ一つ、人生を享受しつくすことだけである。こうした人生肯定のあり方は、ニーチェよりも快楽主義者のほうに近いのである。（N/GchD:121）

エゴイズムへのこうした告白にもかかわらず、楊朱はニーチェのいう善悪の彼岸を知らない。彼のエゴイズムは、ただ自分のために生きるということだけに過ぎず、他者の幸福を自分の幸福のために毀損するというところにあるのではないからである。他者に対しては何も企てないからである。（N/GchD:123）

最初は、両者の類似性に着目したシュヴァイツァーであったが、思想的深化という点からいえば、次第にニーチェのほうに軍配を上げざるを得なくなったのであろう。ニーチェはもとより、そもそもヨーロッパの思想家は倫理的世界観をめぐる格闘を主題にしてきたのであり、こうした格闘は中国思想のあずかりしらぬものなのであった。

六――中国思想における人間と他の生き物との関係

倫理が人間だけではなく、動物など他の生き物（被造物 Kreatur, Geschöpf）にもどこまで及んでいるかによって、その普遍性を測ろうとする観点は、シュヴァイツァーならではの世界思想へのまなざしである。ヨーロッパの倫理の対象はもっぱら人間や人間社会だけに限定されてきたが、その点で東洋の倫理は早い時期から生きとし生けるもの一切に及ぼされるものであった。

この着眼点での記述は、「中国の動物保護史」と題された一九一九年の原稿を含む「世界宗教における人間と被造物」の草稿群（N/KEW:179-220, 356-399）に見いだされるし、その要約は一九五〇年の小論文「哲学と動物保護運動」（G5/PT:135-142）として発表されてもいる。

中国思想は、人間と他の生き物との自然な本質的結びつきを自明なものとしていた。その背景には陰と陽の二つの根源的な力が万物にあまねく及び、そこに人間を含めた生きとし生けるものも含まれると見なす自然哲学があり、そこに天地の万物を慈しむようにという倫理も成立する根拠が見出されるのである（N/KEW:182）。被造物への思いやりは孔子にもあった（N/GchD:92）。「師は釣り針を使って魚を取ることはあっても、決して網を使ったりはしなかった。また鳥を射ることはあっても、巣の中の鳥は狙わなかった」（*Lung Yü* Ⅶ26〔『論語』第七述而篇二十六〕）。その他にも、シュヴァイツァーは孟子（*Mong Dsi* ⅣB,19〔『孟子』八巻離婁章句下〕）や列子（*Liä Dsi* Ⅱ,18〔『列子』黄帝篇第二―十八〕）や楊朱（*Liä Dsi* Ⅷ28〔『列子』説符篇第八―二十八〕）などの思想に人間と動物の親近性についての記述を見出している。動物への愛護という思想はこうして中国思想においては普遍的なのであるが、道教の思想家は概して活動的な倫理を否定している。重要なのは活動的な愛の倫理を唱える儒教の思想家、とりわけ孟子である。その孟子の言葉として次の文章を引用する（N/GchD:133, N/KEW:185）。「君子は動物に対して、その生きている姿を見れば、その殺される姿を見るにしのびず、また動物たちが悲鳴をあげるのを聞けば、とてもその肉を食べたいという気にはなれない」（*Mong Dsi* Ⅰ A,7〔『孟子』一巻梁恵王章句上六（七）〕）[9]。

しかし中国思想において、シュヴァイツァーが最も注目しているのは『感應篇（太上感應篇）』というテキストである。『感應篇』は善悪についての二百十二句の戒めの言葉からなるテキストであり、これを読めば中国思想がいかに民衆の共有財産となっているかが分かるという（N/GchD:162）。内容は老子が語ったものとされているが、実際には唐朝（六一八～九〇七）末あるいは宋朝（九六〇～一二七六）初めに編纂された文献だと推定され、また内容的にも老子的というより、むしろ孔子的な精神が顕著である。ここには素朴な表現の中に内面性や深さがあるとシュヴァイツァーは高く評価している[10]。

中国的な普遍的同情には、倫理的な人生世界肯定が反映している（N/GchD:280）。つまり、それは生き物への深い自然的な共感から由来し、人間はここに自らの責任や義務の及ぶ全領域を自覚して、自由に活動を展開するというものである。これが世界人生否定的なインド的理念には見られない中国的倫理の独自性であるが、後代に仏教という形でインド思想が入ってきたことにより、中国思想はこの普遍的な同情の理念をより強く意識することになった。シュヴァイツァーは、その典型的な事例の一つとして『感應篇』を挙げているのである。

彼がこの書物の中で紹介している生き物への倫理的態度についての章句は、「すべての生き物に慈悲深い心を持ちなさい」「虫たちや草花、木々にも苦痛を与えてはならない」「悪人とは……、鳥を射る者、動物を狩る者、虫の幼虫を掘り起こす者、巣作りする鳥を驚かす者、巣をあばいて卵やひなを取る者、孕んだ動物を傷つける者である」といったものである（N/GchD:280）。

ただ、このように生き物への共感と愛護の倫理があったにもかかわらず、中国思想はより包括的な形で議論を展開できなかった憾《うら》みがある。また『感應篇』が民衆倫理のテキストとなっていたとはいえ、現実には他の生き物に対する慈悲深い態度について十分に教えることはできなかった。それは中国思想自体があまりにも早く停滞して、スコラ学化してしまい、新たな創造を怠ってきたことにあるからだと、シュヴァイツァーは「哲学と動物保護運動」の中で結論づけている（G5/PT:139）。

アフリカの原生林の中で、シュヴァイツァーはひとり果敢に中国思想の歴史に取り組んだ。彼が取り上げた翻訳テキストも決して十分なものではなかったが、孔子や孟子における人生及び世界肯定の倫理的世界観と文化国家の理想、道教における深化した道《タオ》の神秘主義の展開、そしてヨーロッパの思想には稀薄であった他の被造物への共感と愛護の倫理思想を明らかにしようとしたのである。

註

＊本章における中国語原典の引用については、ときに相当に意訳的なところも見られるが、シュヴァイツァーのド

イツ語引用文のままを邦訳した。出典箇所の番号は、彼自身が附したものに加え、我が国の古典学で慣行的に採用されているものを併記した。両者の番号がずれていることもある。主に参考にしたのは『世界の名著』（中央公論社）の第三巻「孔子・孟子」、第四巻「老子・荘子」、第十巻「諸子百家」、また『東洋文庫』（平凡社）の第五三三・五三四巻「列子１・２」、第五九九巻「墨子」である。

（１）シュヴァイツァーが引用した中国語原典の翻訳テキストは次の通りである。
A. Forke (Übers.) *Mê Ti, des Sozialethikers und seiner Schüler philosophisher Werek*, Berlin 1922.(『墨子』)
R. Wilhelm (Übers.), *Dschuang Dsi. Das wahre Buch vom Südlichen Blütenland*, Jena 1920.(『荘子』)
R. Wilhelm (Übers.), *I Ging. Das Buch der Wandlungen*, Ⅰ-Ⅲ, Jena 1924.(『易経』)
R. Wilhelm (Übers.), *Kungfutse. Gespräche (Lun Yü)*, Jena 1914.(『論語』)
R. Wilhelm (Übers.), *Laotse. Tao te king. Das Buch des Alten vom Sinn und Leben*, Jena 1911.(『老子（道徳経）』)
R. Wilhelm (Übers.), *Liä Dsi. Das Buch vom quellenden Urgrund*, Jena 1921.(『列子』)
R. Wilhelm (Übers.), *Lü Schi Tschun Tsiu. Frühling und Herbst des Lü Bu We*, Jena 1928.(『呂氏春秋』)
R. Wilhelm (Übers.), *Mong Dsi (Mong Ko)*, Jena 1916.(『孟子』)

（２）この中国学者とはハイデルベルク大学のジークフリート・エングレルト Siegfried Englert である。彼はすでに一九七三年から翌年にかけてこのテキストを検証した結果、出版を見合わせたほうがよいと結論づけた。ただ別の研究者、チューリヒ大学のロベルト・クラメルス Robert Kramers はそれより早い時期（一九六九年）に抜粋という形での出版をすすめている。エングレルトの場合は、さしたる理由を述べているわけでもない。『中国思想史』の巻末に解説を書いているハイナー・レッツ Heiner Roetz は、エングレルトが当時中国で盛んだった反孔子キャンペーンの影響下にあったのではないかとすら推測している(N/GchD:335)。レッツ自身は中国学の専門家として、アマチュア研究者であるシュヴァイツァーの中国研究から専門研究者も教えられるところが多いと評価している。

（3）ここで挙げられているのは、「世界宗教における文化と倫理」における一九二〇年の主要原稿、文化哲学第三部における（インド思想との関連における）一九三二年の短い草稿、『中国思想史』における一九三七年の草稿及び一九三九・四〇年の草稿、文化哲学第三部における後年の素描や草案、残余の（初期の）中国についての断章や素描を含んだ文化哲学第三部中の「人類の精神史」、人間と被造物一九三三年［文化哲学第三部］、世界宗教の一九一九・二一年の章の七箇所である。

（4）この引用は『キリスト教と世界宗教』中にも見られる（G2/CW:696-697［第八巻、四七～四八頁）。さらに、一九四六年のランバレネ通信の中では、第二次世界大戦のヨーロッパ戦線が終結した一九四四年五月七日を回想し、老子の戦争批判の諸章を感慨深く読み返したとして、その主要箇所を引用している（G5/BaL:72)。

（5）シュヴァイツァーは、献身の倫理を宇宙的なものにまで普遍化させること、すなわち人間を含めた生きとし生けるものに拡大させる一方で、自己完成の倫理をこの普遍化に合致するように正しく宇宙的なものにすることにより、両者の調停をはかる。自己完成の倫理は、人間が存在に対して正しい関係に入るものであるがゆえに、本来宇宙的である。そして両者が真に合致した完全な倫理こそ、自らの生への畏敬の倫理であると彼は考えているのである（金子、二七三頁)。

（6）クラメルスの注釈によれば、これはシュヴァイツァーの一方的な判断であるという（N/GchD:93Anm.186)。孟子の場合は社会への批判精神が旺盛で、経済的・社会的な問題の解決に努めようとしており、利己的な権力者に断固として反対しているのである。たしかに後の正統的な儒教は常に反商業主義的な態度を取り続けてきたが、これが旧態依然とした印象を与えてしまうものである。クラメルスは、シュヴァイツァーには十九世紀の西欧の批判者たちの影響が強いのではないかと見ている。

（7）Cf., Hans Lenk: "Mencius pro Humanitate Concreta: Mengzi and Schweitzer on Practical Ethics of Humanity," *Taiwan Journal of East Asian Studies*, vol.2, no.2, Dec.2005, 77-98.

（8）金谷治は、「天人分離」の思想が形而上学の完全な否定であると述べている（金谷治「中国古代の思想家たち」『世界の名著』第十巻「諸子百家」四二頁）。天は単なる自然現象であるがゆえに、人間はむしろ自らの能力を働かせて自然の利用を考えたほうがよい。ここに荀子の進歩性がある。またレッツもシュヴァイツァーが荀子を見逃していることを指摘するが、それは当時の学界が中国思想における天人相関的な陰陽五行説を過度に強調していたためもあろうと推測している（N/GchD:341-342）。

（9）この文言の後に、「それゆえに、君子は料理場から離れたところにいるのである」と続く。シュヴァイツァー自身もそれを引用文の中に含めている。しかし、これではせっかくの動物への共感も生かされてこないことになってしまう。動物への活動的な愛の倫理という点からすれば、蛇足の文である。

（10）民衆倫理の書なるがゆえに、中国思想史研究で取り上げられることの少ない『感應篇』を、シュヴァイツァーが着目していることは、とても興味深い。彼はS・ジュリアンによる注釈つきの仏訳（一八三五）を読んでおり、『中国思想史』では自ら独訳をして引用している（N/GchD:162 Anm.407）。

◉第五章
宗教哲学——哲学と神学を橋渡しするもの——

一――『世界宗教における文化と倫理』の概要と構成

神学と哲学は、互いに独立した学問的領域である。前者は一定の宗教的信仰に立脚したものであるが、後者はそこから自立した理性的思惟の営みである。シュヴァイツァーも、哲学的著作と神学的著作とを別個に著した。両者を媒介する数少ない宗教哲学的著作及び論文としては、『キリスト教と世界宗教』（一九二三）や「現代文明における宗教」（一九三四）がある。

宗教哲学は、同一の方法論や視座をどの宗教にも適用する。自分の信じる宗教だからといって、それを特権的地位に置いてはならない。シュヴァイツァーの既刊著作では、そうした宗教哲学的探求は一見したところ希薄なように見える。そのため、彼は別個に神学と哲学とを探究していたように見られていた。しかし、『世界宗教における文化と倫理』*Kultur und Ethik in den Weltreligionen*, hrsg. von Ulrich Körtner und Johann Zürcher, 2001［N/KEW］が刊行されるに及び、彼の宗教哲学の構想が明確な形をとって現れたのである。そこでは、彼の宗教哲学は、倫理と世界観という独自な思想的観点から見た比較宗教論という体裁を取っていることが分かる。そしてこの比較宗教論では諸宗教思想の意表をつく組み合わせがなされ、彼の宗教哲学の醍醐味となっているのである。しかも、この遺稿集からあらためて既刊著作全体を見直すと、特別に宗教哲学と銘打ってなくても、比較宗教論的宗教哲学の考察が随所に散りばめられていることに気がつくのである。

この『世界宗教における文化と倫理』は、ウイーン大学神学部教授のウルリッヒ・ケルトナー Ulrich Körtner とツュルヒャー牧師が編集を担当し、本編として「世界宗教における文化と倫理」"Kultur und Ethik in den Weltreligionen"（N/KEW:13-175）、「世界宗教における人間と生き物」"Mensch und Kreatur in den Weltreligionen"（N/KEW:177-220）、そして「ヒッバート講演・今日の精神生活における宗教」"Hibbert-Vorlesungen: Die Religion im heutigen Geistesleben"（N/KEW:221-276）の三編が収録され、付録としてこれらの素描や草稿、異本や補遺が含まれている。このうち、標題からも分かるように、前二編は内容的にも連動しているが、最後の「ヒッバート講演」はそれらとは独立した原稿である。

「世界宗教における文化と倫理」は、当初「人類の倫理的探求」という表題の下で構想されていた原稿（N/KEW:290-333）[1]で、その決定稿は一九二〇年から二一年にかけてシュトラースブルクにて完成した（各章の標題には完成の年月日が付されている）。原稿の中には「文化哲学第一部」の一部に該当する諸章もあるが、シュヴァイツァーはこの中から世界宗教に関する部分を独立させて刊行を準備していた。このテキストもこれを定本としている。その決定稿の構成は次の通りである（各章には見出しのついた節がある）。これを通覧するだけでも、シュヴァイツァーのスケールの大きな宗教哲学的展望が見て取れるであろう。

Ⅰ　世界宗教の世界観の諸問題

　　宗教及び哲学的世界観　世界観の基準、倫理的問題　悲観論及び楽観論的世界観

Ⅱ　原始宗教における倫理、及びアッシリア、エジプト、ギリシアの多神論における倫理

　　原始における倫理　ハムラビ法典　古代エジプトの世界観における倫理—プタホテップの箴言集から

（パピルス・プリッセ）、アニの箴言から（パピルス・ブーラク）、死者の書の告白から（いわゆる罪の否定的告白）　倫理とギリシアの多神論との対立、オルフィック教

III　中国思想における倫理と文化

文化倫理の前提としての道《タオ》の教え、一元論的倫理　孔子における倫理と文化―論語における孔子の言葉から　老子における倫理と文化、道徳経　中国の哲学的世紀における倫理的問題　孟子の文化倫理―君主の任務と文化国家についての孟子の箴言、孟子の倫理的箴言　墨子の限界なき人類愛の倫理、中国的な社会主義と平和主義　倫理を自然哲学から基礎づけようとする荘子の試み　結果としての超倫理的神秘主義　列子による高次の人生肯定の倫理なき神秘主義　十分に生き抜くという楊朱（楊子）の人生肯定　『報酬と罰の書』（感應篇）による中国の民衆的倫理―『報酬と罰の書』から　中国思想の到達点、楽観主義的自然哲学との関係における文化と倫理

IV　インド思想における倫理と文化

ブラフマンの世界観、ヴェーダ、ウパニシャッド及びヴェーダンダ　ブラフマンの世界観―魂の輪廻と救済　サンキーヤ哲学とジャイナ教団の教え　ブッダの教え　ヒンズー教の世界観、バガヴァッド・ギーター　インド的世界観と文化倫理の間の不一致、バガヴァッド・ギーター　普遍的な同情の倫理としてのインド的倫理、理論的及び実際上の同情　世界からの離脱の倫理としてのインド的倫理、僧侶の倫理、禁欲　知性主義的な神秘主義と倫理との間の相克　インド的世界観において倫理はその存在をめぐって闘う　文化と倫理に対する中国的な楽観主義的自然哲学とインド的な悲観主義的自然哲学の姿勢についての総括

Ⅴ　ゾロアスター教における倫理と文化

二元論的及び一元論的世界観　ゾロアスター教の成立、アヴェスタ　ゾロアスター教の文化倫理　二元論的及び一元論的倫理、倫理的なものと宇宙論的なもの　ゾロアスター教とその文化倫理の没落

Ⅵ　ユダヤ教思想における倫理と文化

イスラエルの倫理における創造主としての預言者　預言者の倫理・アモス—アモスの言説から　預言者の倫理・イザヤ—イザヤの言説から　預言者の倫理・倫理的な歴史構造　預言者の倫理の律法への影響　紀元前九世紀の旧約聖書の律法における倫理的戒律　紀元前七世紀の旧約聖書の律法における倫理的戒律　アモスに由来する倫理的運動の行き詰まり、文化との関係　バビロン捕囚以降の時代における世界観と倫理　後期ユダヤ教の倫理における死者の復活の際の報酬と罰　黙示文学における倫理的なものと宇宙的なもの

Ⅶ　イエスの思想における倫理と文化

世界終末の待望との関連におけるイエスの倫理　世界終末の待望がイエスに与える影響の問題点　人格の倫理的完成の倫理の創造者としてのイエス　インド的世界否定との関係におけるイエスの世界否定の倫理　イエスにおける道徳的なものの根本的原理—活動の倫理、受苦の倫理　イエスの死の決意における倫理的なもの　イエスの倫理の絶対性、その真理内容　イエスの倫理における文化否定と文化肯定

Ⅷ　キリスト教における倫理と文化

キリスト教倫理の諸問題、イエスの倫理の根本原理の基礎づけ　イエスの倫理と現実との対決・アウ

グスティヌスと古代教会　イエスの倫理と現実との対決・宗教改革、合理主義及び近代プロテスタンティズム　付論・汎神論と倫理的宗教としてのキリスト教と一致しないものとしての神秘主義

Ⅸ　回顧

倫理的世界観の根本的難点としての神秘主義と倫理の不一致　一元論的及び二元論的世界観の強さと弱さ　倫理との関係における人生否定と人生肯定　倫理的なもののより深い基礎づけによる倫理的世界観　生への畏敬の世界観への展望

「世界宗教における文化と倫理」はシュヴァイツァーの遺稿集の中でも早期の段階のものに属しており、ここから幾つかの著作や別な遺稿が発展していった。Ⅲの中国思想は独立した大部の遺稿『中国思想史』（二〇〇二）に展開し、Ⅳのインド思想は『インド思想家の世界観』（一九三五）に結実していった。ただし、多少の論述の相違が出てくる。例えば、「世界宗教における文化と倫理」では老子、荘子、列子は別個に論じられているが、『中国思想史』においてはその神秘主義的な世界観としての共通性のほうに焦点が合わされ、道教神秘主義という枠にひとくくりされて論じられるようになる（N/GchD:94-112）、という具合である。しかし、その内容に関する基本線にはとくに変更は見られない。またⅥからⅧにかけてのユダヤ・キリスト教に関する部分は、その考察の視点を神の国思想の展開史に移せば、『神の国とキリスト教』（遺稿完全版一九九五年）という歴史神学にそのままつながる内容を有するものである。さらに世界宗教における「文化と倫理」を問うという問題設定自体、場面をヨーロッパ精神史において展開すれば、「文化哲学第二部」である『文化と倫理』（一九二三）の内容に重なってくる。既刊著作では見えてこなかったが、シュヴァイツァーの念頭にあったのは人

類の精神史全体であり、「世界宗教における文化と倫理」で論じた内容は、後に「文化哲学第三部」で再度取り上げられることになってくるものである。

「世界宗教における人間と生き物」は、同じ視座と切り口から、人間と自然や他の生き物との関わりにおいて論じたものである。この原稿は一九三三年にランバレネにて完成した。現地では使用文献が限られていたため、その若干の引用は自らの「世界宗教における文化と倫理」から行っているところもある（N/KEW:177）。この原稿は、「世界宗教における文化と倫理」と、次のように章立てがほぼ対応している。ただし、［Ⅵ］古代ヨーロッパ思想、［Ⅶ］ヨーロッパ中世［から近代］の思想を扱った部分は、この論文独自のものである。その決定稿の構成は次の通りである（各章にはもともと章番号はなく、また節にも分けられていない）。

［Ⅰ］総論
［Ⅱ］中国思想における人間と生き物
［Ⅲ］インド思想における人間と生き物
［Ⅳ］ゾロアスター教の教説における人間と生き物
［Ⅴ］ユダヤ教［及びキリスト教］の思想における人間と生き物
［Ⅵ］古代ヨーロッパ思想における人間と生き物
［Ⅶ］ヨーロッパ中世［から近代にかけての］の思想における人間と生き物

「世界宗教における人間と生き物」もまた、文化哲学第三部に重なる内容を持っている。というのも、各章の標題にはいずれも傍注として「生への畏敬の神秘主義」と付されているからである。とくに「中国思想における人間と生き物」は、後に書き改められて、『中国思想史』の一部に組み入れられている。二十世紀後半以降、ただ単に動物愛護だけでなく、自然環境保護や生態系保全などを扱う環境倫理の分野において、生への畏敬の倫理思想が注目されている。こうしたとき、古今東西の世界の諸思想における人間と生き物との関係史をたどる遺稿原稿が刊行されたことで、いっそうこの分野におけるシュヴァイツァーの思想的意義に光が当てられてくるものと期待される。

「ヒッバート講演」は、一九三四年十月に四回にわたりオックスフォード大学で行われた連続講演の記録である。[2] この講演は一日おきに開かれ、それぞれの講演の翌日にはロンドン大学でも繰り返された。英語でのタイトルは"The religious factor in modern civilization"である。ヒッバート講演とは、自由なキリスト教の立場から人々を知的に啓蒙するためにR・ヒッバート（Robert Hibbert 1769-1849）が一八四七年に設立したヒッバート基金によるものである。シュヴァイツァーの四回にわたるヒッバート講演の原稿は、最初の二編は清書が完了した状態であるが、三回目の原稿は草稿のまま、四回目の原稿は断片的なメモ書きである。これらの連続講演の内容をほぼ順を追ってたどったダイジェスト版が「現代文化における宗教」（N/KEW:412-421）である。[3]

第一講　一九三四年十月十六日（オックスフォード）　十七日（ロンドン）
第二講　　　　　十月十八日（　〃　）　十九日（　〃　）
第三講　　　　　十月二十三（　〃　）二十四日（　〃　）
第四講　　　　　十月二十五日（　〃　）二十六日（　〃　）

「現代文化における宗教」『クリスチャン・センチュリー』、同年十一月二十一日号、二十八日号。

なお、本書の巻末にはそれぞれの草稿等が掲載されているが、内容には重複箇所も多く、本稿においてもっぱら引用は編集整理された原稿のほうから行うことにする。

二――ヒッバート講演における宗教哲学

一連のヒッバート講演においては、とくにヨーロッパにおけるキリスト教と思惟との関わりが論じられる。シュヴァイツァーがそこで力点を置いているのは、教義的宗教 dogmatische Religion と倫理的宗教 ethische Religion との相違である。この相違は、キリスト教が思惟の営み Denken を評価するか否かに由来するものである。教義的宗教の特徴は、「思惟との和解を求めず、思惟から完全に独立していることを主張する」（N/KEW:247）ところにある。教義が確立され、それが動かせないものだとすれば、そこではもはや人間の本性的な思惟の立ち入りをはばんでしまうからである。

倫理的宗教はそうではない。彼は教義から自由な宗教 dogmenfreie Religion という大胆な言い方もするが（N/KEW:414）、それはある程度まで合理主義的な宗教の相続者であり、自らを倫理的な根本的真理に限定し、その限りにおいてこの真理の中で、思惟と足並みをそろえていこうと努める宗教なのである。中世のスコラ哲学においては思惟は宗教の婢であり、ルネサンスにおいて思惟は宗教を超え、十八世紀には思惟がそれ自体宗教的となったというのが、シュヴァイツァーの見る思惟と宗教との関係性の歴史であるが、十八世紀において再発見されたのが後期ストア派（セネカ、エピクテトス、マルクス・アウレリウス）と福音、すなわちイエスの説教の二つである（N/KEW:236-237）。なぜ後期ストア派かといえば、それが神や魂の不死への信仰が理性に則したものであることを確信し、最も重要なものとして愛の倫理を考えたからであった。一方、イエスの説教にも倫理的にして非教義的宗教が見出される。

後期ストア派の倫理的宗教とイエスの倫理的宗教に影響されて、思惟は宗教的になり、それは自ら発して倫理的宗教に到達するという確信を持つに至っている。この倫理的な思惟＝宗教 ethische Denk-Religion は、後期ストア派の宗教とイエスの宗教とを等置する（両者を同一なものとみなす）のである。（N/KEW: 237）

とくに注目すべきは、イエスの説教に由来する宗教である。これが倫理的宗教であるのは、神の国のいくぶんかなりとも、この世界に実現しようと願うからである（N/KEW:414）。教義に依拠しない倫理的宗教が拠り所とするのは、まさにこの神の国の理念である。しかし、神の国の理念がこの世に関わらないなにか超自然的なものだとしたら、それは倫理的なものではない。なぜなら倫理的であるとは、この世界に働きかけていくという要素が不可欠だからであり、そのような意味でシュヴァイツァーは、個人の救済に関わり、人類の未来に関心を持たない古代・中世のキリスト教に対しては批判的である（N/KEW:248-249）。『神の国』*De Civitate Dei* (413-426)という主著を有するアウグスティヌスでさえ、その神の国の理念たるや世界において実現されるべきものではない。神の国という言葉はあっても、その実体は存在していないのである。

イエスの宗教はたしかに倫理的な神の国の宗教であるが、しかし彼の宗教をそのままの形で現代に生かすことはできない。後期ユダヤ教の世界観の中で生きたイエスは、この世界観そのままに、この世の終末に神の国が到来することを期待したのだった。これに対して、我々は「彼の倫理的宗教の精神の流れを受け継ぎつつ、神の国を愛の働きによってこの世界の現実となるよう、努力しなければならない」（N/KEW:415）のである。

このような見方こそ、倫理的思惟の深まりでもある。シュヴァイツァーは、宗教の問題が同時に倫理の問題であることに注意を促している。彼はカントも自覚していたこととして、「深められた倫理ならば、それ自体が宗教的な性格を帯びるし、倫理的宗教ならば真の深さを有するものである」（N/KEW:260）と述べる。

では、現代においてイエスの倫理的宗教を生かすとはどういうことだろうか。彼は、第四講の中で、自らの生への畏敬 Ehrfurcht vor dem Leben の倫理を提起する。

> そして倫理の発展は同時に深化［である］。旧来の説明はもはや支持［されること］ができない。普遍的な倫理は［一つの］より深い説明を求めているのである！　唯一の説明［は次の通りである］。倫理は生への畏敬である。善とは生を維持し、生を促進させることである。悪とは生を傷つけ、生を破壊することである。（N/KEW:272）

講演の素描に「宗教は愛の神秘主義である。……愛＝生への畏敬」（N/KEW:403）とある通り、宗教は倫理的神秘主義として受け止められ、彼にあってそれは生への畏敬なのである。そして彼は言う。「生への畏敬は我々の思惟の中に住まっている。我々は思惟喪失からしっかりと抜け出て、すでに宗教であるところのこの深い倫理に到達しなくてはならない」（N/KEW:421）と。

『キリスト教と世界宗教』は、キリスト教擁護論という形態を取った比較宗教論であったが、「現代文明における宗教」は、より宗教哲学的内容をもったヒッバート講演の要約でもあり、キリスト教内部の歴史や教理自体にも批判的な視点が導入され、前者より内容は深められたものになっている。

なお、ヒッバート講演においては、キリスト教により則した形で現代文明批判を論じていくものであるが、その焦点は神の国の理念となっている点で『神の国とキリスト教』にやや近い姿勢が感じられる。これに対して、「世界宗教における文化と倫理」の焦点は文化と倫理の関連性となっている。しかしこれは単に焦点の置きどころの相違であって、境界線はそれほど明確なものではない。

三――「世界宗教における文化と倫理」の宗教哲学

(1)その構想と概要

シュヴァイツァーは「世界宗教における文化と倫理」の原稿について、『わが生活と思想より』の中で次のように書いている。

アフリカで書いた文化哲学の原稿の到着を待ちつつ、私は世界の諸宗教とそこに見出される世界観に取り組んだ。従来の哲学が、文化を駆り立てる契機として、どの程度まで倫理的な世界及び人生肯定を有しているか、私はこれまで探究してきたのであるが、それと同様にして、今度はユダヤ教、キリスト教、イスラム教、ゾロアスター教、バラモン教、仏教、ヒンズー教、また中国の宗教思想が世界及び人生肯定、世界及び人生否定、そして倫理について何を有しているかを、解明することにしたのである。この取り組みにおいて、私は、文化は倫理的な世界及び人生肯定に由来するという自らの見解を、完全に確信したので

ある。(G1/LD:193-194〔第二巻、二二一～二二二頁〕)

この記述の後に、その研究の梗概が付せられている。とくに標題はないが、実はこれが「世界宗教における文化と倫理」の梗概なのである。この内容は『キリスト教と世界宗教』にも、あるいは後年の「文化哲学第三部」にも通じるものである。このとき彼は一九一七年に第一次世界大戦の勃発とともに帰郷しており、アフリカ滞在(一九一三～一九一七年)時に書いた文化哲学の原稿が届くまでの間、シュトラースブルクで医師(非常勤の助医)と牧師(これも正確には副牧師)の職を得ていたときであった。彼は一九二一年四月には故郷のギュンスバッハに戻っている。翌年にはイギリスに渡り、オルガン演奏会を開くとともに、「文化哲学」や「キリスト教と世界宗教」の講演を行っている。一九二三年には前者を含む文化哲学(第一部・第二部)、および後者の英語版が刊行されている。

「世界宗教における文化と倫理」は、その標題が端的に示しているように、宗教が文化と倫理をどこまで重視しているか、という事態についての根本的探求である。「世界宗教は――哲学も同様であるが――道徳的なものの基礎づけられた根本原理への問いによって動かされている」(N/KEW:22)。シュヴァイツァーは、あらゆる宗教をこの視座から判定していく。

彼自身の宗教でもあるキリスト教とて例外ではない。この視座は比較宗教学的方法ともいえるものであるが、しかし自らの信仰する宗教をも特別視しないその姿勢は公平なものがある。何らかの宗教を信じる信仰者によるこの種の探究はどうして護教的になりがちで、その分客観性を割り引いて受け取らなければならないが、シュヴァイツァーにはそのようなことはないのである。たとえ一神教を優先する姿勢があっても、それは自らの信仰するキリスト教が一神教だからではなく、倫理性とその発展を重視するからである。

> 何千年もの間、倫理と文化の運命は宗教と結びついていた。道徳的なものや進歩を求める探究は、敬虔の中で与えられる諸観念がそうしたものを引き出し、駆り立てるところまで進展するものだった。そこから生じる倫理の運命は、三種類のものがあった。呪物崇拝やほとんど発展する能力のないアニミズム的及び多神論的宗教において、宗教や倫理は多少とも深い段階において相互に持続しあってきた。中国、インド、中部ペルシア民族及びイスラエル人たちにあっては、進歩した倫理が宗教の内部に、あるいは宗教との調和のうちに出現した。ギリシア人たちにおいては、倫理はもはや引き続き教育する宗教から解放され、独自な道を前進しようとした。(N/KEW:26)

東洋の宗教に較べて、キリスト教において宗教と哲学は峻別される。シュヴァイツァーによれば、しかし宗教と哲学の区別はきわめて相対的である。

> これら「世界宗教の諸世界観」を深く探求すればするほど、宗教的世界観と哲学的世界観との間の境界がいかに流動的なものであるか、ということに気づかざるを得ない。両者とも同じものを目指している。すなわち、人間にとって生の意味を明らかにし、そのようにしてこれを生の真の体験へともたらすことである。その際、一方は伝承されてきたものに依拠し、具象的なイメージを扱うのに対して、他方は無前提であろうと努め、諸概念に取り組むのであるが、こうした相違は意義深いけれども、絶対的な相違ではない。

宗教的世界観は完全な姿に自らを形成していけば、何らかの仕方で純粋思惟の領域に到達するし、また哲学の営みが深まっていけば、それは何らかの仕方で宗教的になる。(N/KEW:19-20)

宗教と哲学はそれゆえ世界観に関わる思惟の異なる二つの形態にすぎない。深い宗教的世界観は哲学的表現にもたらされるし、深い哲学的世界観は宗教的性格を帯びる。両者は異なる道を通って、人間が宇宙における自己を観照し、自らの意志を存在の根源的意志に捧げる高みへと至らせるものである。(N/KEW:20)

ユダヤ教およびキリスト教の場合、その世界観の特徴は世界終末と神の国の待望にある。この世界観は、現存の世界(この世)やそこでの生を超克すべきものとしてみなす。それは、来るべき新たな世界(神の国)やそこでの生への強い待望のゆえになのである。このことは、とりわけ後期ユダヤ教の切迫した終末待望の下に生きたイエスをして、倫理を究極まで思考させた。そこに生じたのが、三つの内的に関連しあうイエスによる偉大な洞察である(N/KEW:144)。

その洞察の第一は、倫理的人格に至る自己完成の倫理はそれ自体で自立したものであって、人間の内的な「そうあるべき」によってのみ一義的に規定されていることである。第二は、道徳的な根本原則は、「この世とは異なるものになる」ということ、つまり自然のままの自己主張の代わりに自己献身を行使するということである。第三は、道徳的な根本原則には自己を限定するような衝動は何もない、すなわちそれは絶対的だということである。この三点の洞察のゆえに、イエスは倫理において画期的な存在となったのである。

この人格的、内的、絶対的倫理にとっては、倫理はもはや、あらゆる方向に向かうのが確実であるような湖ではなく、そのどこかで大海へと開かれ、河から無限に打ち寄せる波へと流れ出すような入り江なのである。この大海をイエスは発見者として突き進んだ。世界終末の待望は、彼に航海への勇気と進路を与えてくれたのである。（N/KEW:144）

イエスの世界観においては、この世を否定するのは絶対的な理想世界を肯定するためであるというかたちで、悲観主義的要素と楽観主義的要素との緊張関係が見出される。そこでのイエスの倫理も、単に受苦の倫理であるだけではなく、人間対人間の生き生きした行為でもある（N/KEW:145）。それゆえイエスは、個々の人間および人類の最高度の完成という思想を考える限りにおいて、文化を信じたのである。また、人間への活動的な関わりという側面において、イエスはインドや中国の思想家とは異なる人格類型でもある（N/KEW:140-141）。人間と人間との関係では、イエスにはどんな些細なことであっても意義がある。彼がそうした意味で不屈な人間であるのに対して、ブッダはどこまでも晴朗な性格の僧侶なのであった。一方、老子は道徳的な本質のみに則った精神的な活動を強調し、その内面的傾向においてはたしかにイエスと共通する。ただイエスにおいては、人間対人間の行為に大きな価値を置いているがゆえに、老子にもましてその道徳的なものは根本的なものである。老子はそうした行為は部分的には誤れる関わりだと見なしていたのだった。

⑵倫理的世界観という問題提起

人類史を内面から把握するための鍵概念は、シュヴァイツァーにとっては世界観である。「人類の歴史においては、人類において現存する理念を通じて与えられないようなものは何も生じない。あらゆる理念の総体が世界観である。それゆえ、世界観の歴史は、内面から観ぜられた人類の歴史である」(N/KEW:24)。人類の精神史においては、世界観は果たしてどこまで倫理的な世界観になったかが、彼の問題提起なのである。

彼は第九章(最終章)「Ⅸ回顧」の最初において、「世界宗教は、倫理に基礎を置いた文化の進歩という一見自明に見える理念を、人類の思惟において強力な力へともたらすことができなかった」(N/KEW:161)と述べている。それは思惟が不完全な基礎づけの倫理的世界観にしか達することができなかったからであり、結局のところ宇宙と倫理を自然的な仕方で共に考えることに成功しなかったからである。これが比較宗教論として論述してきた彼の宗教哲学の総括である。

それ〔世界宗教〕の世界観が論理的であるかぎり、それは倫理的ではなく、倫理的であるかぎりそれは論理的ではない。それが「世界についての見方」であるかぎり倫理的ではなく、また倫理的であるかぎりそれは「世界についての見方」ではない。世界宗教において人類が思惟する世界観を求めて努力してきて以来、何らかの形式や何らかの度合いにおいて、倫理的なものを宇宙的なもののために犠牲にするか、宇宙

的なものを倫理的なもののために犠牲にせざるをえなかった。(N/KEW:161)

ここで述べられた、「世界についての見方」というのは世界を説明する論理を有するということ、つまり論理的であるということであるが、そうした論理的か倫理的かという択一という方法論が『キリスト教と世界宗教』におけるのと同様であるのは、同時期に執筆されたからでもあろう。その端的な事例が中国とインドにおいて見られるものであった。両者の宗教思想において、倫理的であることは存在との深い一致の内に生きること、すなわち神秘主義的なものなのであるが、実際には神秘主義と倫理との関係はそのようにすんなりと等置されるものではないのである。

> 中国的精神は、世界人生肯定的な神秘主義において思惟した。それは世界の本質を活動ととらえた。そこで倫理として妥当するのは、世界精神の意味で活動することである。
> インド的精神は、世界人生否定的な神秘主義において思惟した。それは世界の本質を純粋な存在ととらえた。そこで倫理とは、あらゆる点で感覚世界から自由になろうと努めることである。
> 中国的精神およびインド精神において生起していることは、こうした神秘主義と倫理との等置 Gleichsetzung が最後まで貫くことはできないということである。倫理的なものは神秘主義の内にあるのではなく、神秘主義の中へと投げ入れられるのである。(N/KEW:162)

両者は、性格は正反対であるとはいえ、いずれも一元論的世界観であり、それぞれが一種の宗教的自然哲学である。これはそれなりの強さを持っているが、人間と自然世界との間の矛盾をきたし、やがては諦念に至らざるをえないものである。

世界観としては一元論であるが、人生（生命）の否定よりも肯定のほうに倫理と深い結びつきがある。中国思想はその点でインド思想よりも意義があり、インド思想も実はいくらかでも生きるに値する世界観に到達するのは知らず知らずのうちに世界人生肯定に譲歩して、倫理的に現実に対応するようになったときである（N/KEW:169）。倫理とは世界へと働きかけるがゆえに、世界を対象とし、世界肯定を前提とするものなのである。

これに対して、二元論的世界観は直接、倫理から出発するところに本質的な強さがある（N/KEW:165）。道徳的なものは自然的な世界生起とは関わらないという真理が、ここで洞察されているのである。そこから熱情的な活動も生じ、それが人類そのものの変革をもたらすのである。ただし、二元論的世界観では、倫理的活動に従事する者としては自然的な仕方では自己自身や世界とは関わらないため、今度は世界観を形成しがたくなってしまう。これが二元論的世界観の弱さともいえるが、シュヴァイツァーが推奨するのはむしろこちらの方向である。そこでは「人類の倫理的完成が、我々が世界の目標と見なそうとする人類の目標である」（N/KEW:167）からである。

二元論的世界観はゾロアスター教、イスラム教、ユダヤ教、キリスト教において見出されるものであるが、彼は歴史神学的な研究の背景もあってか、とりわけキリスト教の歴史にその錯綜した過程を見ている。

キリスト教は、その展開過程の中で、他の世界観の思想を自らの内に体現している。キリスト教の歴史は、イエスの宗教性と神秘主義とが相互に浸透することができず、ますます闘い争うことから成り立っている。

それゆえ、それはきわめて豊かで生き生きとしているが、内面的には引き裂かれているのである。キリスト教においては、自然的な宗教性はその倫理的な思想を犠牲にするという形以外には決して形成されることはなかったのである。（N/KEW:167-168）

キリスト教が異なる世界観をはらみながら倫理と神秘主義との対立の中で展開してきたことに関連して、シュヴァイツァーは、宗教学者フリードリヒ・ハイラー Friedrich Heiler（1892-1967）もまた『祈り―宗教史的・宗教心理学的探求』（一九一九）において、キリスト教の祈りの中に神秘主義的な宗教性と倫理を志向した預言者的宗教性という、相異なる宗教性が見られると指摘していると述べている（N/KEW:168）。二元論的世界観は、現実の世界を悲観論的に見る。それは今、ここにある世界の代わりに、希求された「新しい世界」を登場させるからである（N/KEW:170）。ゾロアスター、ユダヤの預言者、またイエスにおいては、精神主義的ではない、唯物論的―理想主義的な未来の希望が倫理と結びついているのである。彼らは形而上学者ではなく、倫理家なのである。倫理は、世界肯定を基調音として、これに人生否定と人生肯定が加わることによって鳴り響く神秘的な和音である（N/KEW:170）。人生否定はそれ自体では意味がないが、他者への献身によって人生肯定へと奉仕することに伴う要素である。この神秘的な三重和音としての倫理の比喩は他の箇所（N/KEW:102-103）にも出てくるが、これは『文化と倫理』で「人生肯定を基音とし、世界肯定を第五度とし、人生否定を第三度として共鳴する和音」という同様の論述とも重なりあうものであり（G2/KE:289［第二巻、二八九頁］）、シュヴァイツァーがこの比喩に少なからず自信を持っていたことが分かる。というのも、『文化と倫理』と同じように、彼の考察はこの比喩においても生への畏敬へと収斂していく方向性が示されているからである。彼が目指そうとするのは、倫理的なものより深い基礎づけによる倫理的世界観であって、それが生への畏敬の世界観へと展望を切り開いていくのである。倫理的世界観とシュヴァイツァーが言うとき、彼は世界観 Weltanschauung という言葉をここでより狭く、人生観（生命観）Lebensanschauung という意味で使っている。

(3) 倫理的世界観の深化としての生への畏敬の倫理

倫理的世界観は、世界観ならざる世界観である。「倫理的世界観が世界観であるかぎり、それは倫理的ではない。そして倫理的であるかぎり、世界観ではないのである」（N/KEW:338）。ここでシュヴァイツァーが世界観を二重の意味で理解していることが分かる。また、ここには倫理的なものと宇宙論的なものとの相克がある。倫理的な理由から、二元論的世界観は汎神論に対して抵抗しなければならない。

倫理と対立してくるのは自然哲学である（N/KEW:172）。自然哲学から倫理を獲得しようとするのも、倫理を自然哲学の中に読みこんで、これを倫理的にしていこうという試みは、これまでの論述からいずれも見込みがないことが証明された。ただし、両者において共通して見出されるのが「生きんとする意志 Wille zum Leben」である。ここに彼がその思想の枠組として生の哲学のそれを援用しているのは明らかである。[4] 自然哲学において生きんとする意志である私の自己を世界のほうから経験するが、倫理においてはこれを私自身から経験する。前者は外面的な経験であり、後者は内面的な経験である。「倫理において、生きんとする意志は、自己自身に対する直接的な明晰さに到達する。それは自然それ自体を外部に見て、自らの内に体験するというふうに、活動する力として自然とは異なるものになるという、神秘的な衝動を体験する。生きんとする意志がこれ［この衝動］の下にあるかぎり、倫理的な人格となるのである」(N/KEW:172)。

このように我々人間における生きんとする意志が世界に現れるのとは別様に現れるがゆえに、世界の自然哲学的な見方と倫理的な人生観は単純に倫理的世界観へと統合されないのである。探究されるべきは、内なる生きんとする意志に根ざした倫理的人生観（生命観）としての世界観なのである。それゆえシュヴァイツァーの倫理の概念は根本的に宇宙論的な広がりをもった性格のものである。彼においては、個人に対する個人、社会に対する個人、個人に対する社会の関係の倫理は、倫理そのものというよりは、倫理の応用にすぎないのである(N/KEW:173)。

> 歴史が教えるところによれば、世界観や世界におけるあらゆる継続的な進歩は、倫理的なものの拡大され深められた把握が見出されたことを通じて出現してきたのである。過去について言えることは、未来についても言えるのである。(N/KEW: 172-173)

こうして、シュヴァイツァーの議論は「生への畏敬」へと収斂していく。

生への畏敬は彼の総括の最終局面である。それはちょうど『文化と倫理』において、ヨーロッパ精神史の営みが同じく生への畏敬の倫理へと収斂していくのと軌を一にしている。この最後の節は「生への畏敬の世界観への展望」と題されているが、一九二一年にギュンスバッハにて書かれた。彼によれば、人間においてのみ、他の生き物には見られないような他の生命への理解や畏敬の念が見られる。そこからあらゆる愛や援助が生じるが、これこそが倫理と名付けられるべきものである。「世界への私の関わりは、私が世界とは別なものになることによって、私の内にある生への畏敬に規定されているのである。（中略）人類の探究と関わる、より満足を与える世界観は、それゆえ何らかの形で生への畏敬の世界観となる。これを考えることを企てれば、一つの進歩が実現される。我々は倫理的なものへとより確固たる志向に到り、世界と倫理をよりよく相互に関係づけることができるのである」（N/KEW:174）。

世界宗教において伝承された世界観は、大地をうるおす河の流れのようであると、彼は形容する。

それ〔伝承された世界観〕が一度取ってしまった水路は変えられない。しかし、思惟は、世界観が水を導くかどうかに対する影響力を持っている。倫理的思惟が人類の内に与えられているかぎりにおいて、水は世界宗教において生き生きと流れる。この水かさが小さいならば、大河の流れも乾いてしまう。それが水かさを増してくれれば、河の流れも満ちて大地を豊穣なものにしてくれるのである。（中略）現在のところ、世界宗教は浅瀬の内をただよっている。それは、その各々の川筋をより広々とした海洋へと到達させるために、倫理的な思惟の精神が吹きわたることを待望しなければならない。（N/KEW:175）

(4) 汎神論、神秘主義と倫理との相克

神秘主義は汎神論と親近的な関係がある。シュヴァイツァーによれば、神秘主義とは汎神論的世界観の最深

の表現であるという（N/KEW:158）。無限なものに対する人間の自然的な関係が高じて、個体が世界の存在根拠へと没入していき、必然性ですら自由なのだと体験されるものが完全な神秘主義となるのである。これは汎神論そのものであって、有神論ではそうはいかない。愛の神に愛をもって没入しても、自由に由来する神への関係が内的に表明されるだけで、必然性は決して自由とはならず、そこでの神秘主義も不完全な性格を有する。

有神論は、その意味で一種の二元論的な世界観を有する。シュヴァイツァーは、二元論的なものにこそ倫理的な力を見出すのである（N/KEW:156）。そこでは、世界の存在根拠に対して倫理的人格としての神はたえざる緊張関係を有している。キリスト教の歴史においてはそれを統合しようとする動きが何度も現れたが、そうして統合された最高存在としての神は創造的な力であってもはや倫理的人格ではなく、倫理的なものは宇宙的なものに解消されてしまうのである。このような形で出現する汎神論を、彼はキリスト教思想における「亡霊」として厳しく批判する。

汎神論は、それによってキリスト教思想がいっそう矛盾へと駆り立てられていく亡霊である。汎神論がキリスト教思想に割って入ろうとするや、キリスト教思想は憎悪をもってそれを斥ける。たしかにキリスト教思想は、汎神論がどれほど深く根本的な宗教性を含み、またキリスト教思想がそこからどれほどの生命を賦与されているか、じゅうぶんに感じてはいる。しかし、キリスト教思想は自ら汎神論と関わりあいになることを本能的に許さない。なぜなら、そうなってしまえば、倫理的人格や宗教の倫理的エネルギーへの信仰信念もそこで終わってしまうからである。（N/KEW:156-157）

その生涯において汎神論からの劇的な転換を果たしたキリスト教思想家として、彼はシュライエルマッハーFriedlich Schleiermacher (1768-1834)を挙げている。当初、シュライエルマッハーは神を無限者として理解し、この存在への人間の内的な関係から宗教を導きだそうとした（『宗教についての講話』一七九九年、『独語』一八〇〇年)。当時の彼の思想における歓喜の念は、その時代の自然な敬虔的雰囲気を現すものであった。しかし彼は後年、自らの汎神論的思想に不安を抱くようになり、キリスト教を思索でもって基礎づける試みを始めた（『キリスト教信仰』二巻一八二一・二二年、「キリスト教道徳」[遺稿] 一八四三年)。キリスト教はシュライエルマッハーによって、思想に対する禁令から解き放たれ、彼以降、現代にいたるまで、キリスト教は自らを歴史的に把握することにのみ携わることになったと、シュヴァイツァーは評価している（N/KEW:157)。

(5) 多神教における倫理的脆弱性

多神教は一般的に原始的形態の宗教に多くみられる。インドのヒンズー教において最も栄えたが、高度な古代文明を発達させたエジプトやギリシアもまた多神教世界であった。ここでは後者、すなわち古代エジプトと古代ギリシアの宗教世界のほうを見ておくことにしよう。シュヴァイツァーは、多神教が魔術的な観念と結びついて、宗教を倫理的に深化させなかったことに批判を向けている。

古代エジプトの『死者の書』の中に、現世で行わなかった悪事を冥府の裁判官に報告する「否定告白」という文書がある。ここでは「私は盗みを働かなかった、暴力をふるわなかった、嘘をつかなかった、計量をごまかさなかった……」と四十近くの告白が行われている。しかし、これらを読んでみても、実際にどの程度、古代エジプトで倫理的思想が生きていたかを知ることは困難である。むしろ、そうした文書に強く反映されている思想は倫理というよりは、魔術的な神秘思想のほうである。シュヴァイツァーは次のように断ずる。

重要なのは、古代エジプトの宗教が本質的には世界観や人生観における倫理の支配的意義を認めていなかったということである。この宗教が相当にこだわっていた人間の死後の運命は、結局はその人間の行いによってではなく、魔術的儀礼によって規定されているのである。こうした儀礼は『死者の書』の主たる内容をなしている。儀礼を正しく遂行することが、彼らの主たる関心事である。冥府の裁判官の前での告白は、他の儀礼と並ぶ一つの儀礼にすぎないのである。(N/KEW: 31)

このようにして魔術的観念は古代エジプトの宗教においてずっと優位を保ってきたのだった。そこに人格的、内面的な敬虔さを示しているのは、新王朝にはじまる太陽神ラーの崇拝において、わずかに見られるにすぎない。古代エジプト文化は、その外面的な達成には驚くべきものがあるが、内面的には概して貧困であり、結局のところ、他の民族にはなんらの影響も与えることなく終わってしまったのである。

ギリシア宗教も、倫理の深い形成には至らなかった。さまざまな神々の姿が創造されたが、その神々はたがいに欺きあったり悲喜劇を繰り広げたりする存在として、詩人たちに描かれた。それによって、神々は誠実や正義の守護者であるという、より進化した思想も帳消しにされてしまったのである。非道徳的な神々だけでなく、ゼウスのような至高の特質を持つ神もいることはいたが、現実にはギリシア宗教の倫理的な深化にはつながらなかった（N/KEW:33）。オルフィック教も、ホメロス的な神々の世界によって確認された民衆宗教を新しい道へと連れ出すことはなかった。

アリストファネスが喜劇『雲』において、またその敵対者たちがソクラテスに対して、彼が神を喪失したと非難したのは、不当でもあり正当でもあった（N/KEW:34）。不当だというのは、ソクラテスはなにも神々に対して反対することは語らなかったからである。正当だというのは、彼の倫理思想が従来の宗教と内的に調和しなかったからである。じつはアリストファネスも喜劇作品の中で神々を笑い物にしたが、それは神々にとっては自分たちも一緒になって笑えるような無害なものだった。ところが、真の道徳性への問いを投げかけるソクラテスのような者は、神々の住まうオリンポスの山を動揺させる態のものである。「プラトンが『国家』の中で、子どもたちに対して神々の非道徳的な物語を説くことを禁止したとき[5]、彼はただ自分の師の帰結にあるものを表明しただけであった」（N/KEW:34）。

ここでシュヴァイツァーが見ているものは明らかに多神教にひそむ非道徳性であり、真の倫理の道に進む者はこの宗教世界から離れていかなくてはならない、ということであった。しかもその進行はその後の展開にとって不可欠な要素だったというのである。

ギリシア精神が道徳的思惟に目覚めた瞬間から、それは神々を放棄して神喪失とならざるをえなくなったのである。この悲劇的な運命は、西洋における人間性の発展にとって不可欠なものだった。古代ギリシア人がより高い道徳的な思想をその宗教に導き入れていたとしたら、道徳的な概念や本質への問いをそれ自体として立てるには至らなかったであろう。（N/KEW:34）

⑹ゾロアスター教とイスラム教

①ゾロアスター教への意外な評価

シュヴァイツァーは、ゾロアスター教に対して、意外なほど高い評価を下しており、その一方で、イスラム教には実に冷淡ともいえる態度をしている。

『キリスト教と世界宗教』では、ゾロアスター教は現在ではほとんど世界宗教としての力を失って過去の宗教となっており、もはやキリスト教と精神的に対決する必要はないとしている（G2/CW:681-682〔第八巻、三〇頁〕）。しかし、『世界宗教における文化と倫理』においては、のちのユダヤ教やキリスト教にも通底する二元論的世界観 dualistische Weltanschauung を最初に提供したという点で高く評価している。紀元前七世紀の人物とされるゾロアスターを嚆矢《こうし》として、ユダヤの預言者たち、そしてイエス及びキリスト教は道徳的なものを、自然的世界に抗して闘い、これを克服しようとする世界原理と結びつけたのである（N/KEW:23）。

文化と倫理の理念は人間の根本体験である。中国及びインド的精神は、この理念を世界の中に投影して考えようとし、自然的存在の本質において与えられたものとして理解しようとした。ゾロアスター、ユダヤの預言者たち、そしてイエスはそれとは別様にふるまった。彼らはそれらを世界へとひきよせて思考し、自然的世界の本質と対立するものとみなした。世界と人類は、彼らにとって生来、非道徳的なものであった。世界外部の力の働きによって、初めから規定されていた世界目標を充たすことによって、それらは高次の世界、高次の人類へと形成されるというのである。二元論的世界観が企てられたのである。(N/KEW:106)

ゾロアスター教への言及は、シュヴァイツァーの神学的遺稿『神の国とキリスト教』にも見られるが(N/RG:63-70)、そこではとくにユダヤ教に対する影響やその世界観的な親近性について触れられている。

ゾロアスターによって、東イランの宗教は、原始的な多神教から倫理的な一神教へと一時に高められた。彼の思想の出発点は善と悪の戦いであって、それはちょうど彼の眼前では、遊牧生活にとどまっている部族と農耕や牧畜の生活に移行していった部族との間の戦いであるかのように展開したのである。(N/RG:63)

耕作と収穫における人間の喜びが歌われた、次のような詩句が、ゾロアスター教の聖典『アヴェスター』の中の除魔法書「ウィーデーウダート」にある。

「というのも、大地には喜びがなかった。長い間耕されないままであったからである。作物を植える者は清らかさをも作り出す。彼はアフラ・マズダーの掟を奨励し、アフラ・マズダーの掟を広める。作物が植えられると、悪魔たちは叱声を起こす。若芽が出ると、悪魔たちは咳こみだす。茎が育ってくると、悪魔たちは泣きだしてしまう。豊かな穂が実ると、悪魔たちは逃げ出していく」（[「ウィーデーウダート」]第三章〔一～四〕）。シュヴァイツァーは、こうした詩句の内に、真率な人生（生命）肯定の倫理と文化の宗教が企てられていると見なす（N/KEW:112）。ここで文化が唐突に出てくることが奇妙に思われるが、文化Kultur, cultureの原義は「耕すことcolere」にあることなので、もしかしたらそこからの連想があるのかもしれない。いずれにせよ、足をしっかりと踏みしめ、この世界に情熱的に関わるというところにゾロアスターが卓越している点がある。この情熱的な人生肯定・倫理的姿の評価は、比較宗教思想な観点からしても非常に高い。また、そうした観点が我々の関心をひくところでもある。

ニーチェは、人生肯定の教説を説こうとしたときに、それをゾロアスター〔ドイツ語読みではツァラトゥストラとなる〕の預言として語った。ただ、彼はメディア人預言者の大らかな人生肯定を引き継がず、その代わりに病的な人生肯定を置いたのである。

孔子の宗教的倫理もまた、文化の理想に支配されている。しかしゾロアスターは、その理想の中でいっそう情熱的なのである。中国の倫理は、古き良き状態へと回帰しようとする。しかしゾロアスターは、全世界を変革する新たな進歩の情熱によって動かされている。彼に見出されるのは、人間の活動の業とその成果であって、そうしたものはキリスト教以外の他宗教の倫理にはいくら探しても得られない。アジアの辺境において、キリスト誕生以前のはるか昔に近代的な倫理的感情の根本思想が、驚くべき明晰さで語られたのである。その思想の全体的な方向に関していうと、倫理家ゾロアスターは、我々の精神にとって、アリストテレスよりも近く、スピノザよりも近く、カントよりも近いのである。（N/KEW:112-

113）

②イスラム教への厳しい評価

『キリスト教と世界宗教』では、イスラム教については手厳しいコメントがわずかになされているだけである。「イスラム教は紀元七世紀に、部分的にはユダヤ教とキリスト教の理念の影響を受けて成立した。それはまったく精神的独創性を有せず、また神や世界に関する深い思想を表明した宗教でもない」（G2/CW:682〔第八巻、三一頁〕）。唯一神的で、ある程度まで倫理的宗教にはちがいないが、あらゆる原始的宗教本能を残しているために、アジアやアフリカの未開ないし半未開の諸民族に最も身近な一神教の形式として提供されている。深い神秘主義的なスーフィズムの動きもあるにはあるが、それはゾロアスター教やインドの影響を受けた流派である。また自伝における「世界宗教の世界観」研究（一九一七～一九一九年頃）に関する要約的記述の最後にも、イスラム教は世界および人間について深い思想を発展させるには至らなかったがゆえに、精神的には世界宗教とは言えないと指弾する（G1/LD:195〔第二巻、二二四頁〕）。そうした深い思想が起こっても、伝統的思想の権威を保つために、それは抑圧されてしまうからというのである。ただ、現在のイスラム教はその外観よりは、神秘主義と倫理的深化への傾向を有しているという。

「世界宗教における文化と倫理」では、イスラム教については、わずかに「Vゾロアスター教における文化と倫理」の脚註の中で次のように触れられているほかは、全くといってよいほど言及がない。

イスラム教もまた、二元論的な世界宗教に属する。イスラム教は大きな歴史的役割を果たし、今なお果たしているとはいえ、こうした哲学的な判定を下すにあたっては、考慮するにあたらないものである。イスラム教の世界観は非本来的にして非独創的である。その中には、原始的な、ユダヤ・キリスト教的な思想が取り込まれている。倫理は相当に非発展的である。

イスラム教は、自然哲学的思惟との対決を終始拒絶している。それゆえ、イスラム教は八世紀に出現してきたスーフィズムを迫害した。スーフィズムにあっては、預言者の教えと汎神論的な神秘主義とが結びついているからである。イスラム教の最も重要な神秘主義者は、ビスタムのバイエズィド Bayezid von Bistam［ベーヤズィード・アル＝ビスターミー Bāyazīd al-Bistāmī］（八七五年没）、ガザーリー Ghazāli（一一一一年没）、ヂャラール・ディーン・ルーミー Dschalāl din Rūmi（一二七三年没）である。ガザーリーが試みたのは、神秘主義を正統的な教えと和解させることであった。

スーフィズムの影響の下に、ペルシャの偉大なイスラム詩人フィルドゥシ Firdusi［フィルダワシー Firdawsī］（九三九〜一〇二〇）やサディ Sadi［サアディ Saʿadi］（一二九一年没）がいる。(N/KEW:107Anm.1)

この部分以外では、歴史的記述として、西暦一〇〇〇年以降に武力をもって西北からインドに侵入したイスラム教というような表現があるばかりで（N/KEW:83）、このような表現からしても、シュヴァイツァーは、はじめからイスラム教についてはまともに取り上げる気持ちは持っていなかったようである。批判するならば、コーランのどの部分が問題なのかについて、その引用もしていないのである（上記引用箇所の脚註末尾に独仏英訳があることを示しているにすぎない）。この点で、彼の視点はいささか公平さを欠くような印象を与えてしまうことは否めない。しかし彼にあっては、ゾロアスター教は二元論的世界観を最初に提起したその独創性が高く評価されるのに対し、イスラム教にはその亜流的表現しか見られないというところが大きいと思われる。また、「ヒッパート講演」の中では、先述したように、キリスト教の文脈で教義的宗教について厳しく批判しているが、そこでの論調から推測するならば、イスラム教がそのあまりの「教義的宗教」的な性格のゆえに、理性や思惟というものを軽視、いや抑圧するものとなってしまっていることを暗に示しているようにも思われるのである。

四――「世界宗教における人間と生き物」の宗教哲学

⑴その構想と概要

「世界宗教における人間と生き物」を書いた一九三〇年代初めの時期には、シュヴァイツァーは、もうすでに明確に生への畏敬の倫理を前提として考察を進めていた。人間や社会に対する義務ばかりではなく、生きとし生けるものと正しい関わりを持つことによって、倫理も普遍的なものになるのであるが、そのためには人間それ自体がそうした生き物と何らかの形で絆を有していることが条件になっている。そこで彼が強調するのは、世界観に対する人生観（生命観）の優位であり、後者の立場に立つことによって、人間もまた他の生き物と同じ生命ある存在としての共通した土台に立つことができるのである。

真の倫理が求めるのは、身近な生命だけではなく、我々の領域に現れてくる一切の生命を維持し促進することにつとめる、ということである。すべての生命は神聖であり、すべての生命は価値がある。

人生観がいったんこの認識にまで高まり、この認識において世界と関わるならば、世界に対する見方とは対決し、この認識の中で自らを理解しようと求めることになる。生きとし生けるものとの絆を認め、これを体現していくならば、そのときはじめて人間は真に人間であることwahres Menschentumを得るのである。(N/KEW:180-181)

彼はこの引用のすぐ後で、人間が自分自身の内に、また生き物のうちに設けた一切の限界を超えて、生きとし生けるものとの絆を獲得することになるのは、あたかも水が止むことなく勾配に沿って流れ、やがて海に注ぐようなものであると述べている(N/KEW:181)。この形容は、『文化と倫理』において彼が生への畏敬にいたる倫理思想の深化を思惟必然的なものと見なしていることを示すものとなる(G2/KE:374〔第七巻、三〇八頁〕)。

以下、各宗教思想における人間と生き物の関係について概観する。まず、中国思想であるが、私はすでに本書第四章で論述した。ここでも、生き物との暖かい共感に立脚し、これを積極的に保護しようと勧める民衆的倫理の書『(太上)感應篇』を高く評価し、『中国思想史』(N/GchD:162-166)にはもとより、『インド思想の世界観』(G2/ID:504-505〔第九巻、一〇四~一〇七頁〕)においても詳論している。ここでも引用される章句はほぼ同じである。とくに後者では、世界人生否定的な世界観のインド思想における不殺生(アヒムサー)戒と対比の中で述べられている。

この戒律については、『インド思想の世界観』の中でも当然ながら詳論されている(G2/ID:499-506〔第九巻、九八~一〇七頁〕)。ここでも引用には重複が見られ、彼は十二世紀の詩人ヘーマチャンドラの教訓的詩を紹介している。

サムサーラ〈輪廻〉の荒野において、アヒムサーは甘露の流れのようだ。
苦しみの山火事にとっては、アヒムサーは雨雲の訪れである。
生存がたえず繰り返されるという病に苦しむ存在のための最上の薬草、
それはまさにアヒムサーなのである。(N/KEW:193, G2/ID:501〔第九巻、一〇一頁〕)

アヒムサーは、ウパニシャッドにおいて初めて出現したが、ただそれは他の生き物への関わりに非行為の原則を援用するにすぎないものであり、倫理的な性格づけをするようになるのは後代になってからである(N/KEW:191)。紀元前六世紀から五世紀にかけて、ジャイナ教と仏教において取り入れられた。ただ仏教は、この不殺生の原理を、生きとし生けるものが全て苦悩に満ちているがゆえに、全存在に同情をもたらされなければならないという理論と関連づけたという点において、ジャイナ教を超えている(N/KEW:193)。

また大乗仏教における生き物への同情は、原始仏教におけるそれとは異なっている(N/KEW:198)。たしかに輪廻からの解放の思想や、非行為という原則の影響下にあるものの、大乗仏教において同情はより自然な共感をもって主張され、その実践が推奨されているのである。インド思想にも、時代が下るにつれて世界人生肯定的な倫理が少しずつ現れてくる。こうした倫理感覚も、古典古代において存在することはしていたが、世界観としてはあくまで世界人生否定の路線を貫こうとしており、ただこれと世界人生肯定的な倫理をなんとか結び付けようとするようになってきたのである(N/KEW:199)。

ゾロアスター教では、他の生き物との共感は説かれていないが、善悪二元論の発想の下で、動物も二種類に区別されており、その扱いも異なっているのである（N/KEW:203）。悪の国に属する動物（肉食獣や人間生活に危害を与える動物など）を大量に殺すことが、過失への償いとして課されている。ただ善き神の生き物、とりわけ人間生活に役立つ仲間としての動物に対しては、積極的に手助けし大切にしてやれ、と命じている。これは二元論的世界観に対応した形で一定の動物だけに価値を置くという点で、まだ純粋な形とはなってはいないけれども、中国やインドの思想には感知されなかった新たな動機が見出されると、シュヴァイツァーは言う（N/KEW:204）。つまり、そこには生命のあらゆる現象形態には、人間が畏敬の念をもって関わる計り知れない価値を有している、という偉大な神秘的認識の萌芽があるというのである。ここにおいてもゾロアスター教への評価は高い。

ユダヤ教やキリスト教においては、仔細にテキストを読めば生き物への同情が描かれている。すでにモーゼが説いた教説において、家畜に対して慈悲深くあれという倫理的戒めが含まれている（N/KEW:205）。それは、自分と敵対する者の牛やろばが迷っているのを見かければ、彼のもとに戻すべきであり、また敵のろばが荷物の下で倒れているのを見れば、それを助け起こすべきだとする個所に明らかである（出エジプト二三・四、五）。ただ、とくに着目すべきはイエスとパウロである（N/KEW:206-208）。イエスは、神は人間に対してと同様、他の生き物だけではなく、植物においても全き愛を注いでいると確信していた。「山上の説教」の中にも、空の鳥や野の花でさえ神は養ってくれると述べているのである（マタイ六・二六～二九）。またパウロにおいても、後期ユダヤ教的、原始キリスト教的な世界終末への待望の下、人間だけでなく他の生き物も苦難に満ちたこの世から救済されるべきことを述べているのである（ローマ八・一九～二二）。

⑵ヨーロッパ思想における人間と生き物

①古代及び中世ヨーロッパ思想において

［Ⅵ］の古代ヨーロッパ思想、［Ⅶ］のヨーロッパ中世［から近代にかけての］の思想に関する部分は、「世界宗教における文化と倫理」で触れられていない時代とその思想を扱っている。(6)

中国やインドの思想において、早期の段階から人間と生き物との親近関係が見られたのとはうらはらに、古代ギリシアでは概して深いレベルで両者の関わりの問題は見られなかった。初期の段階では、人間性の理念でさえよそよそしいものであり、まして他の生き物は人間的な思念の対象ではなかった。プラトンやアリストテレスにいたっては、人間と他の生物との絶対的な区別を設けた。生物は文字通り単に生きた物にすぎず、人間との関係においては、生き物は役立つ存在としての関係しかなかった（N/KEW:210）。

非終末論化の流れの下、キリスト教は世界終末が来ないことで、この世界との関わりを強くした。このことによって、間近な終末待望の内に与えられた愛の限定がとり払われたはずなのに、中世のキリスト教においては愛の活動はおきなかった。「その倫理は、イエスの愛の戒めよりも、むしろモーゼの十誡を堅く守るという思想、また世界人生否定の中でより完全なものになるという理想によって規定されていた」（N/KEW:213）。それゆえ、中世においては、異端者への拷問や魔女狩りのような、非人間的な営為に反対することはなかった。人間に対してすらそうなのだから、まして動物たちに同情の倫理は働くことはなく、それを人間と他の生き物の絶対的差異という原始キリスト教の信念が補強した。

アッシジのフランチェスコ Francesco d'Assisi（1182-1226）は、中世で例外的に生き物との結びつきを深い素朴さで体現した人物であった。しかし、シュヴァイツァーは彼に対しては手厳しい批判を向けている。そもそもフランチェスコは、彼の同時代の人々には影響を与えることはなかった。それは、人々の側に理解が欠けていたというよりも、フランチェスコが人間と生き物という問題を彼らに真に考えさせることを怠ったからであり、彼自らもまたこの問題を深く取り組むことはなかったのである（N/KEW:213）。生き物との関わりも、彼の場合は倫理的献身ではなく、むしろ敬虔な感情的絆においてあったにすぎない。

彼ら〔生き物〕は彼〔フランチェスコ〕にとっては、神によって贈られた光と太陽における存在を共に喜ぶ信頼できる仲間である。

人間と生き物との関係に関する問いを、彼はその全体的な広がりの中で望見することはなかった。この問いがいかに困難なものか、彼は自覚していない。彼の生の喜び Lebensfreude は生き物との共苦を通じて曇らされることはない。生き物に対する責任を彼は負うこともない。また生き物に対する慈愛や優しい態度を呼びかけることもしない。彼の修道会に対して、彼は生き物への愛を義務づけたことは一度もなかったのである。（N/KEW:213）

なお、最晩年の「生への畏敬の教えと我々の文化に対するその意義」（一九六三）という論文の中で、彼は再びフランチェスコを引き合いに出して批判をしている（G5/Entstehung:187）。というのも、生への畏敬の倫理について彼が語る際、この倫理がアッシジのフランチェスコのメッセージの繰り返しではないかという指摘を、人々からよく受けたことがあるという。学生時代からフランチェスコのことを崇敬していたとはいえ、その思想に対する批判は、彼は終始一貫して持っていた。

彼〔フランチェスコ〕は、人間が他の生き物と兄弟のように交わることを、天上のメッセージとして告げ知らせた。彼に聞き従う人々にとって、このメッセージは敬虔な詩であった。しかし彼らが、これを地上においても実現させようと奮起することはなかった。フランチェスコの設立になる修道会の敬虔な雰囲気の中で、そのメッセージは静かに隠れた形で続くばかりであった。生への畏敬の倫理において、それは人間の思惟が求める要請のままに、本質的かつ否応なく実現されるものとして現れるのである。（G5/Entstehung:187）

シュヴァイツァーのこのような厳しいフランチェスコ批判は、我々にとっては意外な感を抱かせるものであるが、このことは彼が生き物との関係における、より能動的な倫理的契機を重視していたことの現れでもあろう。生への畏敬は、単に感傷的な詩ではなく、人々に働きかけていく実践的な倫理なのである。

②ヨーロッパの近現代思想において

近世 Neuzeit に入ると、勃興する世界人生肯定にキリスト教の愛の倫理が結びつき、人間性の志向 Humanitätsgesinnung もその中で育まれるようになった。そして、理性の名の下でしだいに人間に対する残虐な扱いに対する批判が強まった。しかし、人間と生き物という問題については、近世の倫理はまだ知ってはいなかったのである。ルネサンスの時期になると、たしかに生きた現実である自然をあるがままに観察するようになった。いわゆる自然科学の進展であるが、しかしながら、デカルト René Descartes (1596-1650)は、そうした見方からは背を向けてしまっている。彼によれば、人間以外の生物にたとえ感情や心的作用が見られたとしても、それらは身体上の出来事の随伴現象にすぎない一種の見せかけであって、生き物は神が製造した自動機械のようなものだという。

それゆえ、動物への同情といっても、それには対象が存在しない。なぜなら、動物は魂のない存在であって、苦痛を一見感じているようで実はそうではないからである。だから人は、動物を好きなように扱うことができるのである。

その名の権威に担われた、この愚かな主張を通じて、また存在の神秘や倫理の問題への無理解そのものによって、デカルトは十七世紀に人間と生き物の問題が取り上げられなかったことへの責任を負っているのである。(N/KEW:215)

ヨーロッパ近代思想では、この問題の意味を世界観との関わりで探求することはなかったものの、生き物への共感に触れたのは、イギリスの思想家たちであった。サミュエル・クラーク Samuel Clarke (1675-1729)、ウィリアム・ウォラストン William Wollaston (1659-1724)は生きとし生けるものに共感を示すことは、理性に則した倫理的態度と考えた。またヒューム David Hume (1711-1776)も倫理的なものを自然的共感から基礎づけた。

それ自体のために生き物を大切にすることを主張したのは、ベンサムJeremy Bentham（1748-1832）であった。動物を「人間的に」扱うことは、ただ人間に対する態度にとって有益な限りにおいて、その繊細さを養うためだとした、ドイツのカントよりもベンサムははるか先を進んでいたのである。カントが本来の倫理と考えるものは人間に対する人間の義務なのだった。その後のドイツ観念論哲学のそれぞれの体系においては、人間と生き物の問題には余地が与えられなかった。むしろ同時代のゲーテJ. W. v. Goethe（1749-1832）のほうが、彼らのように自然を超え出てしまうことなく、自然そのものへと沈潜することで、この問題に対する感受性を示したのである。「彼［ゲーテ］は生への畏敬に動かされて、生命を無思慮に傷つけたり破壊したりすることに異議を唱えるのである」（N/KEW:216-217）。ここで、シュヴァイツァーが生への畏敬の思想をゲーテにも帰しているのは、異例なことである。

世界観という問題提起において人間と生き物の絆の理念を取り上げたのは、ショーペンハウアーArthur Schopenhauer（1788-1860）であった（N/KEW:217）。彼の立脚するのは近代の世界人生肯定ではなく、インド的な世界人生否定であり、そこからこの理念を基礎づけたのである。彼はブッダと同様、すべての個体はことごとく苦悩の中に巻き込まれており、人間もまたそうした存在として他の生きとし生けるものへの同情に関わるのである。ただ同情（Mit-Leiden 共に苦しむこと）それ自体は暖かく生き生きとしたものであっても、世界人生否定の世界観の下で展開されると、その意義を失ってしまう。結局は、苦しみからの解放が生きんとする意志の滅却によって果たされなければならなくなるからである。これはインド思想においても同様であった。

ダーウィンCharles Darwin（1809-1882）は、人間が動物の福利をも顧慮するのは、その社会的本能の副産物であるとしたが、それは世代を重ねるうちに動物も人間に属するように見なされ、配慮すべきというようになったからである。ヴント Wilhelm Wundt（1832-1920）は、「共感の唯一の対象は人間である」として、倫理はただ人間だけに関わるという確信を持っていた。動物に対しては、共感に類した単なる心の動きが生じるにすぎない。近代ヨーロッパの倫理は概して自然的共感を倫理的なものと見なすにもかかわらず、それをあまりに狭くとらえ過ぎた。動物に対しても倫理を拡張する動きは、わずかであるが存在した。ベルリンの医師ヴィルヘルム・シュテルン Wilhelm Stern が『実証科学としての倫理の基礎づけ』（一八九七）で行ったのがそれである（N/KEW: 218)。彼は、必然性に迫られたとき以外は、動物に危害を加えたり殺したりするのは控えるだけではなく、可能な限り手助けをしたり、その生命を保護したりすべきであるとした。こうした思念がなぜ生じたかといえば、さまざまな種類の生物が無限の世代を通じて自然の脅威に対して共同して闘ってきた。この体験が無限に積み重なった結果、そうした心魂が最高度に発達してきた人類において最も強く生じているからである。ダーウィンが共通して体験された生存の脅威からただ単に同種の生物をまとめる畜群本能を導きだしたのに対し、シュテルンにおいては全ての生物との連帯性が生じたのである。こうした論述は、『文化と倫理』におけるシュテルンへの高い評価をそのままなぞったものであるが（G2/KE:319-321〔第七巻、二五一～二五二頁〕）、そこには見られない批判もシュヴァイツァーは次のように付け加えている。

シュテルンが少なからず問題のある発展史的理論によって、普遍主義的な倫理を説明しようとして、それを人間が自らと世界への直接的な反省から導かなかったことは、誤りであった。また彼はただその根本原則を述べたにとどまり、それを個々の点において詳論したり、そのさいに生じた問題に立ち入ったりすることはなかった。こうして明らかになったのは、ショーペンハウアーの倫理に対峙するにもかかわらず、

シュテルンには帰すべき尊敬を見出せないことなのであった。（N/KEW:219）

十九世紀も終わりになると、すべての存在者に関わる倫理に理解を示していくという状況ではなくなってきた。というのも、それはひとえに人間性の思念から離れてきたからである。シュヴァイツァーが挙げているのはスペンサー Herbert Spencer（1820-1903）、フォン・ハルトマン Eduard von Hartmann（1842-1906）、ニーチェ Friedlich Nietzsche（1844-1900）であるが、彼らはいずれも倫理が共感から導けず、幸福の促進を目標とするものではないとし、人間の幸福や福祉よりも人間の高次の展開をめざした。人間との共感を人間性の思念の価値として妥当させない思想は、当然、生き物との共感を完全に不適切なものと見なさざるを得ない。人間性の思念を高く評価する思想もなくはないが、そうした思想であっても人間と生き物という問題に立ち入る能力を失っている。彼は最後に総括する。

> このようにして、近代のヨーロッパ思想は、人間と生き物という問題に対する関心や理解において持っていたわずかのものを、ついに喪失してしまった。生き物に対する人間の倫理的態度の促進は、動物愛護団体のメンバーに任せられている。しかもこれとて、動物への同情だけを説いているのであって、同情の実現という困難な問題、すべての生き物への同情の問題には踏み込まなかったのである。『感應篇』の普遍的性格には到達できなかったのである。（N/KEW:220）

シュヴァイツァーは、その宗教哲学的考察において、自らの生への畏敬の倫理に引き付けて世界の諸宗教の思想を読み解いていこうとする。「ヒッバート講演」の中では、ヨーロッパのキリスト教の思想伝統とその帰結としての現代文明に対して、彼はその読解を当代の神学批判をも含めた形で行っている。「世界宗教における文化と倫理」と「世界宗教における人間と生き物」においては、その分析はより比較宗教学的である。前者では、人類の精神史が生への畏敬の倫理に収斂していこうとする過程として捉えているのに対し、後者では、生への畏敬の倫理という立脚点の下、古今東西の宗教や哲学思想における人間の動物との関わりを論述するという傾向がある。たしかにユダヤ教やキリスト教のように、彼自身の信仰信念の淵源にもなっているテキストについては、その論述はより詳しく、またより専門的になる傾向はあるものの、他の宗教思想にも可能な限り目配りのきいた考察と分析を行っていることは、人類の精神史に対する彼の常に開かれた探求の現れに他ならない。そして、その中に見出される意表をついた比較思想的考察こそ、シュヴァイツァーの思想史研究を読む醍醐味なのである。

註

＊各聖典の引用については、シュヴァイツァーのドイツ語引用文のままを邦訳した。

（1）当初、ここには「文化の再生」という副題がついており、新規の表題として「道徳的認識への人類の道―人間の道徳的発展」も考えられていた（N/KEW:290Anm.1）。このような表題から容易に読み取れるのは文化哲学との関連性であり、シュヴァイツァーは人類全体の思想史の中で文化と倫理のテーマを読み解こうとしたのである。本書の付録（N/KEW:279-355）として収録されている「世界宗教における文化と倫理」の草稿や素描のうち、「人類の倫理的探求」の草稿は半分以上の頁数を占めている（N/KEW:290-333）。

（2）この講演録はノイエンシュヴァンダーが当初編集したが、これをツュルヒャー、ケルトナーが引き継いでいる。ここでのヒッバート講演についての説明も、彼らの序論による（N/KEW:221）。最初の講演者は一八七八年のマックス・ミュラーであり、W・ジェームズ、S・ラダークリシュナンなども講演している。一九三四年には、十一月に予定されていたギッフォード講義の準備も行われていた（この講義は翌年十一月に再度行われている）。一連のギッフォード講義については第三章第四節「ギッフォード講義」を参照。また『インド思想家の世界観』の刊行準備も進められており、その「まえがき」はヒッバート講演の直前の十月十一日付でシュトラースブルクにおいて書かれている（N/KEW:223）。

（3）この講演要録は同年、英訳されて『クリスチャンセンチュリー』誌に二度にわたって掲載されたものである。"The Religion in the modern Civilization", *Christian Century*, Nov.21, 28, 1934 New York. これはG・シーバーによる伝記にも転載され、またそれが再び独訳もされた（Seaver 1949:381-390〔シーバー、五三一～五四三頁＊英訳版より会津伸訳〕）。また大島康正訳（第八巻、七三～九二頁）もある。邦訳名はどちらも「現代文明における宗教」である。

（4）金子、三一三～三五〇頁（第八章「生の哲学の系譜からみた生への畏敬の倫理」）を参照。シュヴァイツァーが生Lebenと見なすものは、動物や植物などのいわゆる生命体だけではない。存在自体が生成躍動する有機的な性格を帯びたものとしての生なのである。生への意志はショーペンハウアーに由来する概念である。

（5）プラトン『国家』第二巻17～第三巻12を参照。ここは、青少年の教育について論じられた箇所である。詩人や劇作家が神々や英雄の争いや裁きなど、罪深い姿を虚構して描いているがゆえに、彼らのそうした物語（神話）は斥けられなければならないと、プラトンはソクラテスに語らせている。

（6）これらの内容は、要約的な論文として、彼には「哲学と動物保護運動」"Philosophie und Tierschützbewegung"がある（G5/PT:135-142）。また『文化と倫理』第二十一章にも「人間と生き物」と題した一節があり（G2/KE:388-390〔第七巻、三二二～三二五頁〕）、そこで強調されるのは、真に不可避な場合を除いて不当に生き物を傷つけたり、生命を奪ったりしてはならないということである。これによって彼が主張しているのは、医学用実験動物の人間的な取り扱いについてなのである。

◉第六章

シュトラースブルク時代の神学研究

――パウロ研究を中心に――

一――神学研究の出発点としてのシュトラースブルク講義

シュヴァイツァーは、一九〇二年から一九一二年までシュトラースブルク大学（現ストラスブール大学）神学部に私講師（新約聖書学担当）として勤めた。この時期の彼自身の筆になる講義ノート及び論文草稿等が、遺稿集の一環として一九九八年に『シュトラースブルク大学講義』*Straßburger Vorlesungen*, hrsg. von Erich Gräßer und Johann Zürcher, München（C.H.Beck）1998［N/SV］（以下『講義』と略称）という名の下に刊行された。責任編集者はボン大学の新約聖書学の名誉教授であり、シュヴァイツァー研究の著作もあるエーリヒ・グレーサー Erich Gräßer とツュルヒャー牧師である。本章では、主に彼のパウロの思想研究に焦点を当てながら、既刊著作との関わりにおいてこのテキストを取り上げ、その内容を検討する。というのも、この時期においてシュヴァイツァーの神学研究の総決算ともいうべき著作『使徒パウロの神秘主義』（一九三〇）の萌芽が懐胎されているからである。実際、『講義』にはその草稿とも言うべき「使徒パウロの神秘主義―教義史研究」も含まれている。この時期は、一九〇一年の『聖餐論』や『イエス小伝』の刊行の翌年一九〇二年から十年間続くアカデミズムでの活動期間に当たる重要な時期である。この期間に、『イエス伝研究史』（初版一九〇六）や『パウロ研究史』（一九一一）など、彼の神学上の重要な研究が刊行されている。そうした彼の神学研究の背景を探る上で、このシュトラースブルク講義は貴重な参考資料を提供してくれる。

ただし、『講義』は文字通り彼の大学での講義のためのノートや著作のための草稿的性格のゆえに、そこには新約聖書や古代キリスト教文献における詳細な論述は見られるものの、とりたてて「新しいシュヴァイツァー」は見られない。このことは、その編集者の一人、エーリッヒ・グレーサーが遺稿集を整理した結果として、序文の中で指摘している (N/SV:19)。たしかに、シュヴァイツァーの新約聖書研究の問題提起、方法、目標設定などに関して、既刊著作よりも詳細に知ることができる。しかし、とくに新しい思想が見出せないということもあってか、『講義』刊行後によってシュヴァイツァー研究が促進されたというわけではない。また日本では、シュトラースブルク大学での彼の研究はほとんど紹介されていない状況である。そのため、本章においては、まず『講義』の概要を述べる必要がある。その上で、『使徒パウロの神秘主義』におけるパウロの思想研究が、この講義原稿の中でどのような着視点を得て進められているか考察を行うことにする。

論述の順序としては、まず最初にシュヴァイツァーのシュトラースブルク大学時代の講義及び著作活動の状況について概観し、講義原稿におけるパウロへの論及について確認する。そしてこのことを踏まえつつ、次にパウロにおける終末論的な倫理的神秘主義の二つの重要な構造的側面（終末論的性格、倫理的性格）について、『使徒パウロの神秘主義』の該当箇所を参照しながら、その着始点としての講義原稿の記述をたどり、彼のパウロ研究の出発点を探ることにする。この部分が本論となるが、これに引き続いて、『使徒パウロの神秘主義』の序章とも言える『パウロ研究史』の内容についても、『講義』との関連において取り上げることにした。というのも、『パウロ研究史』はまさに彼のシュトラースブルク大学の最後期の時代に刊行され、『講義』と『使徒パウロの神秘主義』との媒介的著作として位置づけられるからである。

二――シュトラースブルク大学講義原稿について

(1) シュヴァイツァーのシュトラースブルク時代

シュヴァイツァーがシュトラースブルク大学神学部で教鞭を取った期間は、先述したように一九〇二年から一九一二年までの十年間である。このときの彼の神学研究のあらましは、彼の自伝『わが生活と思想より』(G1/LD:51-52〔第一巻四六〜四七頁〕)から、次のように概括できる。

彼は神学得業士 Lizentiat der Theologie の研究テーマとして聖餐論 Abendmahlsproblem を選び、ここから神学研究を開始したが、この聖餐論研究は『イエス伝及び原始キリスト教との関連における聖餐』の主標題の下、次のような三分冊で刊行される予定であった。

①従来の聖餐研究に対する自分の態度を規定して問題の概観を明らかにする。
②イエスの聖餐の前提としてのイエスの思想と活動を記述する。
③原始キリスト教及び最初の二世紀のキリスト教の聖餐の研究を行う。

ただし、このうち出版されたのは、①と②であった。すなわち、第一分冊「十九世紀の学問的研究及び歴史的記録における聖餐問題」（一九〇一）と第二分冊「メシア性の秘密と受難の秘義―イエス小伝」（一九〇一）である。前者はシュヴァイツァーが神学得業士の資格を得た論文であり、同時に博士学位論文でもある。後者は彼の教授資格論文である。後者の論文により、彼は一九〇二年にシュトラースブルク大学神学部の私講師になった。この三分冊計画からすれば、独立した著作として扱われることの多い「イエス小伝」も当初は聖餐論研究という大きな括《くく》りで構想されていたことが分かる。実際、聖餐論のモノグラフィーとして著された第一分冊の序論末尾にも、ほぼ同内容の表現で、上記の三分冊の刊行計画が記されている（AP:XII）。さらにまた、彼は聖餐問題との関連で、もう一つの大きな聖礼典である洗礼問題にも大きな関心を寄せ、新約聖書及び原始キリスト教における洗礼史についても研究を手掛けていたのだった。こうした彼の研究動向が、『講義』の刊行によって明白になったわけである。

シュヴァイツァーが当初目論んでいた③原始キリスト教時代の聖餐及び洗礼史の研究は、ついに完成させることができなかった。しかし、その根本思想は後年、『使徒パウロの神秘主義』の中に述べたと自伝では記している（GI/LD:53〔第二巻、四八頁〕）。そして『講義』刊行により、この元になったのが一九〇一年に著された原稿「洗礼〔及び聖餐〕の研究」（N/SV:42-242）であることが判明したわけである。また、彼は単なる聖礼典の個別研究にとどまらず、そのあくなき探究心の赴くままに、イエス伝やパウロの思想の研究、さらにはその後のキリスト教思想（終末論）の変遷へと研究を幅広く展開していった。そうした問題関心の広さや知見の深さ及び力量は、『講義』の中にあますところなく見出される。

こうして大学で講義を進めるかたわら、彼は一九〇四年から翌〇五年にかけて、アフリカの原生林の医師になるべく決心を固め、一九一二年まで医学部で勉強していた。一九〇六年には、四百十八頁にも及ぶ大著『イエス伝研究史』(初版の題名は『ライマールスからヴレーデまで』)を出版した。またこの間、バッハ研究のために多大な時間が割かれた。一九〇五年には四百五十五頁ものフランス語版『バッハ』を刊行した。さらに、これをフランス語からの単なる翻訳でなしに、一九〇八年に再度ドイツ語で書き下ろし、実にその倍の八百四十四頁もの大冊として出版したのである。さらにその上、毎週のようになされた教会での説教、さらにはオルガン演奏会、またそのための練習も入っていた。いかに彼が超人的な研鑽を積んでいたかが、この時期の姿から浮かび上がってくるのである。

このような多忙さから判断してみても、もし『パウロの神秘主義』が早い時期に書かれてしまっていれば、『イエス伝研究史』四百十八頁に対する『イエス小伝』百九頁のようにコンパクトなものになったかもしれない。しかし、実際にはそうならなかった。彼の『パウロ研究史』が百九十七頁であるのに対して、一九三〇年にようやく刊行された『使徒パウロの神秘主義』は四百五頁の大冊である。これが単にパウロだけを扱うのではなく、パウロ前後の原始キリスト教の聖餐や洗礼などの変遷についての論述も含み、シュトラースブルク大学時代の研究の総決算的なものとなっており、また宗教哲学的視点も行きとどいた堅牢な著作になっているのは、彼が度々中断をはさみながらも、これまでの研究の成果を時間をかけて熟成させたからではないかと考えられるのである。

⑵シュトラースブルク大学における講義

講義及びその原稿等の概要

シュヴァイツァーは、一九〇二年三月一日にシュトラースブルク大学神学部で就任講義「第四福音書におけるイエス伝の歴史的叙述にとってのロゴス思想の意味―とくに『人の子』の表現を顧慮して」を行って以来、一九一一・一二年の冬学期までの十年間、私講師として勤務したが、その講義題目は次頁の通りである（N/SV:17）。最後の講義（一九一一・一二冬学期）のものを除き、講義内容はいずれも新約聖書学の研究である。ただ、遺稿として残されたものの中には箇条書きふうに記された講義用準備ノートの類もあるものの、実際に『講義』に収録されているのは、完全に文章化されている次のような講義ノートや論文草稿類である。

1第四福音書におけるイエス伝の歴史的叙述にとってのロゴス思想の意味―とくに「人の子」の表現を顧慮して（一九〇二年三月一日、シュトラースブルク大学神学部就任講義）

2「洗礼［及び聖餐］の研究」から

3公同書簡についての講義（一九〇二・〇三冬学期）

4終末論の歴史（一九〇三夏学期）、黙示録の講義序説

5歴史的な祝祭から共同体の祝祭へ　第一節 再説（日付なし）

6聖餐　第三分冊

シュトラースブルク大学講義テーマ（1902～1912年）

年・学期	講義テーマ	時間数
1902/03 冬学期	公同書簡の解釈	4 時間
1903 夏学期	ヨハネの黙示録の解釈	2 時間
1903/04 冬学期	新約聖書及び最初の四世紀における洗礼と聖餐	1 時間
1904 夏学期	牧会書簡の解釈	2 時間
1904/05 冬学期	公同書簡の解釈（ヘブル人への手紙を含む）	4 時間
1905 夏学期	シュトラウス以後のイエス伝の学問的研究	2 時間
1905/06 冬学期	ヨハネの黙示録の解釈	2 時間
1906 夏学期	ガラテヤ人への手紙	1 時間
1906/07 冬学期	新約聖書及び最初の二世紀における洗礼と聖餐	1 時間
1907 夏学期	公同書簡（ペテロの第一の手紙、ヤコブの手紙）	2 時間
1907/08 冬学期	公同書簡、第二部（ペテロの第二の手紙、ユダの手紙、ヨハネの第一、第二、第三の手紙）	2 時間
1908 夏学期	ライマールスから現代にいたるイエス伝研究の歴史	2 時間
1908/09 冬学期	ヨハネの黙示録の解釈	1 時間
1909 夏学期	ガラテヤ人への手紙	2 時間
1909/10 冬学期	新約聖書及び最初の二世紀における洗礼と聖餐	1 時間
1910 夏学期	テモテ及びテトスへの手紙の文献的・神学的諸問題	2 時間
1910/11 冬学期	ゼムラーから現代にいたるパウロ思想の学問的探求	1 時間
1911 夏学期	使徒パウロの神秘主義	2 時間
1911/12 冬学期	歴史的・批判的神学及び宗教評価に対する自然科学の帰結	1 時間

7釈義への序説。パウロ思想とガラテヤ人への手紙〔及びテサロニケ人への第一の手紙〕についての方向定位（一九〇六夏学期）
8講義の最終原稿「ライマールスから現代にいたるイエス伝研究史」（一九〇九年七月二十九日）
9「パウロ思想の研究」の断片（一九〇九）
10使徒パウロの神秘主義。教義史研究（一九〇九年、講義は一九一一年夏学期）
11歴史的・批判的な神学及び、宗教評価に対する自然科学の帰結（四つの最終講義、一九一一・一二冬学期）

これらの講義ノート及び論文草稿を読めば、それらはシュヴァイツァーが新約聖書のギリシア語テキストを注意深く読解しつつ、先行研究をそのつど批判しながら自分の考察を述べる内容になっていることが分かる。ここから推測するに、実際の講義のほうも決して単純な概論的なものではなく、どのテーマの講義にも彼独自の視点や解釈が目立っていたことだろう。彼は若き研究者として、たえず学問的研究の水準を満たす独創的な研究を心掛けていたのである。

『講義』中に見出される諸々の考察は、後に刊行された著作の草稿的な印象を与えるものばかりであるが、そのような中でも幾つかの思いがけない発見がある。その最たるものは、最後の「11歴史的・批判的な神学及び、宗教評価に対する自然科学の帰結」で、後年のアフリカでの体験で得られた（G1/LD:168-169〔第二巻、一九一～一九二頁〕）と彼自身述懐している「生への畏敬」の概念が、この講義ノートの時点で実はすでに登場しており、その倫理思想がある程度素描されている（N/SV:693）ことであろう（本書第一章第二節⑵を参照）。

『講義』所載の原稿中、最初の就任講義と最後の宗教哲学的講義を除いては、いずれも何らかの形でパウロ研究に関連している。それらは、直接的にはパウロを取り上げていなくても、その内容の一部が後年の『使徒パウロの神秘主義』の中に取り入れられていることが分かるのである。そこで次に、『講義』においてパウロに論及した箇所を見ておきたい。

『講義』におけるパウロへの論及

総頁数七百五十九頁にものぼる『講義』中、パウロに論及し、頁数が多い原稿等の概要は次の通りである。

「洗礼［及び聖餐］の研究」

これは『講義』では全二百頁分にもなる大部の原稿で、大きく(a)新約聖書における洗礼（一九〇一年の教授資格論文）と(b)洗礼と聖餐についての講義（一九〇二夏学期）の二つの部分に分けられ、いずれもギリシア語原典の該当箇所を引きつつ、聖書釈義的な内容のものとなっている。

(a)では、原始キリスト教、古代キリスト教、またグノーシス主義などにおけるイエスの洗礼の評価及びこれとキリスト教の洗礼との関連、さらにキリスト教共同体におけるヨハネの洗礼の意義、パウロ及び使徒の歴史における洗礼のキリスト教化、新約聖書及び古代キリスト教文献におけるパウロ以後の洗礼の概念、ユスティノス Justinus (c.100-c.162)による洗礼のロゴス的思弁、またエイレナイオス Irenaeus (c.130-202)やアレクサンドリアのクレメンス Clemens von Alexandria (c.150-c.215)など使徒教父たちのテキストにおけるキリスト教の洗礼とイエスの洗礼の直接的な結合について論じられている（全十五章）[1]。(b)では、教義史全体における洗礼と聖餐、原始キリスト教及び古代キリスト教における聖礼典の意義などの研究史的概観を経た上で、喩えにおけるイエスの受難の秘密や終末論的な結びの言葉や原始キリスト教におけるその痕跡など聖餐をめぐる諸問題、及び使徒行伝、パウロの書簡、ヨハネ福音書などの新約聖書テキスト、さらには上述の使徒教父のテキストにおける聖餐理解について論じている（全二十四章）。こうした聖礼典研究から窺えるのは、シュヴァイツァーが聖書や教父文献のテキストを踏まえて、いかにパウロの終末論的神秘主義を読み解いていたかということである。

なお、これに関連して注目されるのは、「聖餐　第三分冊」である。これには、第一章「バウアからハルナックにいたる教義史研究における聖餐。教義史と連続した専門的研究（一九〇三年五月四～十二日に書かれたもの）」しか残されていないが（頁数にして三十四頁）、シュヴァイツァーが当初刊行を計画していた上記『イエス伝及び原始キリスト教との関連における聖餐』との関わりで注目される原稿である。この原稿は、内容的に「洗礼［及び聖餐］の研究」の(b)洗礼と聖餐についての講義（一九〇二夏学期）とも部分的に重複するものの、これが当初の著作計画の「原始キリスト教及び最初の二世紀のキリスト教の聖餐の研究」の一部にそのまま該当するかは研究者の間では異論はあるが[2]、ここではとくにこれ以上触れないことにする。

「公同書簡についての講義（一九〇二・〇三冬学期）」

公同書簡 die katholischen Briefe とは、特定の教会にではなくキリスト教信者一般に向けて著された書簡のことで、新約聖書の中からパウロの書簡とされるものを除いた七つの手紙（ヤコブの手紙、ペテロの第一・第二の手紙、ヨハネの第一～第三の手紙、ユダの手紙）を指すものであるが、その名の通り普遍的《カトーリシュ》なものとしてカトリック教会で重視されているテキストである。これらの公同書簡は、いずれもペテロの第二の手紙（三・一五以下）でもパウロの書簡について引き合いに出されているように、パウロ文書との一般的な関係を指し示しているとされる。ただ、そうした関係は、言葉の表面的な類似ではなく、あくまで思想の流れの分析によってのみ決定されるというのが、シュヴァイツァーの基本姿勢である。

この講義では、これら全ての書簡及びパウロになると伝承されるヘブル人への手紙を取り上げて、パウロ文書との関連のみならず、使徒的教父及びすぐれてカトリック的とされる文献との関わりにおいて論じている（『講義』では百二十五頁分を占める）。ここでは、公同書簡と称されるようになる経緯や新約聖書におけるこれらの文献学的位置づけ、またこれらとクレメンスの手紙、バルナバの手紙、パピアスの断片、イグナティオスの手紙、ヘルマスの牧者、ディダケー（十二使徒の教訓）など新約聖書外典や使徒教父の手紙（そうした文書の一部概要も紹介されている）などとの関連、さらには正典の歴史における公同書簡への疑問、教父たちによる評価、プロテスタントの立場からの批判的評価、とくに原始キリスト教の歴史研究を軌道に乗せたバウア Fr. C. Baur (1792-1860) の研究及びその前後の研究の概観、また使徒的原始キリスト教思想としてのパウロ思想について論じている。[3]

「終末論の歴史（一九〇三夏学期）、黙示録の講義序説」

これは、バビロンの捕囚（紀元前六世紀）以前の預言者の終末論、捕囚期の終末論、ダニエル以前及びダニエルの終末論、ポンペイウスのエルサレム占領以前及びその占領期の終末論、ソロモンの詩篇の終末論、洗礼者ヨハネの終末論、ナザレのイエスの終末論、使徒行伝及びパウロの終末論、紀元七〇年前後のキリスト教及びユダヤ教の終末論、正典及び聖書釈義における黙示文学の運命について、全十一章で構成されている（全九十一頁）。パウロの終末論的神秘主義 eschatologische Mystik もその一過程に入るキリスト教の終末論全体の変遷については、本書第七章で取り上げることになる『神の国とキリスト教』（一九九五年に遺稿集として刊行）[4]があるが、その萌芽となる草稿（第一部）であると位置付けることもできる。第一部における章立ての流れそれ自体、細目は異同があるものの、一九〇三年の「終末論の歴史」にほぼ対応しているからである。

「使徒パウロの神秘主義―教義史的な一研究」

『講義』におけるパウロ研究の内、最も詳述されているのは最後の「使徒パウロの神秘主義―教義史的な一研究」である。これは一九〇九年に書かれ、講義は一九一一年夏学期に行われたものであるが、『講義』では百四十八頁を占める。その内容目次を省略しないで記せば、次の通りになる（各タイトルの後のローマ数字は、当初シュヴァイツァーが目論んでいた章立てである）。

aテサロニケ人への第一の手紙によるパウロの教説　Ⅰ＋Ⅳ（Ⅵ）
bユダヤ的かギリシア的か　Ⅱ
cパウロ思想とイエスの教え　Ⅱ・Ⅲ
d終末論的な神秘主義的思弁　Ⅴ
e律法と信仰義認　Ⅵ
f主要書簡の終末論と、ユダヤ的終末論に対するこれの関わり〔標題の修正〕、及びイエスとユダヤ教の終末論に対するこれの関係　Ⅶ・Ⅰ
gイエスの死と復活。受難の共同体と死の共同体。聖霊。Ⅷ

これらの章立ては、刊行された著作としての『使徒パウロの神秘主義』と対照させると多くの異同があり、内容的にも大きく膨らんでいるが、たしかに当初の草稿的なものには間違いない。『使徒パウロの神秘主義』では、次のような章立てになっている。

1パウロの神秘主義の独自性
2ヘレニズム的かユダヤ的か

3パウロの書簡
4救済についての終末論的な教え
5パウロの終末論の諸問題
6キリストと共に死んで甦るという神秘主義
7キリストと共に死ぬという現れ方としての苦難
8キリストと共に甦ったという現れ方としての聖霊の所有
9神秘主義と律法
10神秘主義と信仰に由来する義
11神秘主義と聖礼典
12神秘主義と倫理
13イグナティオスによるパウロの神秘主義のヘレニズム化とヨハネ神学
14パウロの神秘主義の不滅性

『使徒パウロの神秘主義』（一九三〇）は、そのパウロ研究のみならず、シュヴァイツァーの神学研究・宗教哲学的研究全体の集大成である。一九一一年の「草稿」はもっぱら聖書釈義上の論点整理をふまえた神学的議論がなされており、それはそのまま一九三〇年の著作に反映されている。神学的な議論に関しては、『講義』でほぼ重要な論議に入り込んでおり、神学研究の総決算的なものである。パウロ以降のキリスト教の動向についても、キリスト教のヘレニズム化の状況がヨハネ神学やユスティノスに即して扱われているが、それにはまるまる一章分が当てられている（13「イグナティオスによるパウロの神秘主義のヘレニズム化とヨハネ神学」（G4/

MP:432-483〔第十一巻、二五〇～三二五頁〕）。そうした内容の元になるものが、『講義』の中でもすでに論及されているのである。

したがって、シュトラースブルク時代以降も彼がパウロ研究を継続していき、それを『使徒パウロの神秘主義』でまとめたというよりも、すでにその時代に研究して完了させたものを、ランバレネでの活動や文化哲学の執筆という二十年近くの中断の時期を経て、あらためて包括的に整理して一九三〇年にこの著作を世に送り出したことが分かる。それゆえ、この『講義』は、後年のパウロ書の形成過程を伝える原資料として読むべきなのである。

彼自身もまた自伝の中で、パウロの思想世界が終末論に依拠しているという結論には早くに到達して、すでにそれを一九〇六年の講義の中で述べたと書いている（G1/LD:132〔第二巻、一四七頁〕）。またそれは、『使徒パウロの神秘主義』の最初の草稿でもあったという。その根本思想は、キリストに内在すること、キリストと共に死して復活するという、パウロの終末論的な神秘主義である。この一九〇六年の講義とは、上記の講義題目を見れば「一九〇六夏学期　ガラテヤ人への手紙」のことを指すが、この講義原稿は『講義』に収録された「釈義序論―パウロ思想とガラテヤ人への手紙〔及びテサロニケ人への第一の手紙〕についての方向定位（一九〇六夏学期）」（N/SV:504-531）であることが分かる。

しかしながら実際のところ、パウロの思想世界については、すでにそれより五年早く一九〇一年の『イエス小伝』において早々とその全体像を獲得していたのであった。シュヴァイツァーは、この著作において、イエスのメシア意識の分析から、歴史的イエスは自らのメシア性は未来にあると自覚していたと考える。間近に待望された神の国の到来によって、人間の存在のあり方が全面的に変わる。この変化は、地上に生きていようが、死の眠りについていようが、突如としてより高い力によって行われる一種の「甦り（復活）」Auferstehung である（G5/ML:297〔第八巻、二三七頁〕）。未来における死者の甦りの瞬間をもって、歴史上のイエスは初めてメシアであることを要求していたのである（G5/ML:300〔第八巻、二四〇頁〕）。そしてパウロにおいても、同じように受け取られていた。「キリストは死者の中から甦り、眠りについた人たちの初穂となった」（第一コリント一五・二〇）というのは、イエス・キリストが死者の甦りによってメシアと証《あか》されることを意味するものとされる。シュヴァイツァーはここで次のように明言している。

> パウロの神学と倫理の全体は、まさにこの思想の上に基づいている。こうした時代にいるからこそ、信者たちは洗礼を通じて、キリストとともに葬られ、キリストとともに甦ったのである。彼らは「新しく」創造された存在であり、その「市民権」を天に有する「義人」である。この根本思想から出発することで、これまで我々にとってさまざまにからみあっているように思われたパウロの思想世界が、首尾一貫性を獲得するのである。(5)（G5/ML:301-302〔第八巻、二四二頁〕）

これ以外にもパウロの思想について述べた箇所は、講義原稿のさまざまな箇所に見られる。『パウロ思想の探究』の断章（一九〇九年）は、『パウロ研究史』とも関連する研究ノート的なものであるが、これは講義でいうと翌年の一九一〇・一一冬学期「ゼムラーから現代のパウロ思想の学問的探求」の一部となるものと考えられる（N/SV:532Anm.1）。

また、『使徒パウロの神秘主義』のほうでは、行き届いた宗教哲学的検討（神秘主義の概念整理など）の上で、パウロの思想全体が包括的に議論されている。この著作では、一九一一年の「草稿」を含めた『講義』におけるパウロ研究において明瞭ではなかった叙述も含んでおり、目配りの行き届いた重厚な著作となっている。この長い中断の期間に、「生への畏敬」の倫理思想に結晶する幅広い西洋及び東洋の哲学・宗教思想の研究が行われたためでもあろう。(6)

三――パウロにおける終末論的な倫理的神秘主義

(1)『使徒パウロの神秘主義』の中心思想

繰り返して言うが、『使徒パウロの神秘主義』は、シュヴァイツァーのシュトラースブルク時代の神学研究の総決算である。ここでは、パウロのキリスト神秘主義 Christusmystik において、世界観、倫理、神秘主義、救済が結合されていることが示されている。(7) とりわけ明確に示されるのは、キリスト神秘主義における終末論的な性格、すなわち終末論的神秘主義であり、またそのきわだって倫理的な性格、すなわち倫理的神秘主義という、二つの特性である。

キリストは死んで甦った。パウロは、この出来事と共に、超自然的な世界がすでに出現したと見なす。そして、イエス・キリストを信じる者は、「キリストにある」ことによってすでに超自然的世界に属し、精神的には自然的世界から脱却している心のありよう Gesinnung を実現することができる。これがキリスト神秘主義であり、パウロの思想の根幹をなすとともに、それは同時にキリスト教の根幹をなす。パウロにとって、倫理とは、「キリストにある」ことによってすでに地上の世界から超自然的な世界へと置き移されていることが必然的に示されたものに他ならない。したがって、倫理は、人間が完全にキリストの霊（精神）Geist の支配に服し、それによっていっそう高い意味において人間となることである（G4/MP:429-430〔第十一巻、二四〇頁〕）。

なお、ここでいう Geist という言葉には注意を要する。Geist とは日本語では霊、精神、聖霊と訳される言葉である（英語では spirit に対応する）。神学的意味としては、ギリシア語の πνεῦμα の意味をふまえて「霊、聖霊」と訳すべきところであるが、シュヴァイツァーの文脈においては哲学的意味として「精神」としたほうが通りがよい部分もあり（それでも霊、聖霊という意味合いは常に帯びている）、本書のこれまでの部分においても適宜こうしたニュアンスに留意しながら訳し分けてきた。しかし、とりわけパウロのキリスト神秘主義においては、両者が融合一体化している。それゆえ上述の箇所は、キリスト教の信仰者が、イエス・キリストの霊の中に生き、その精神によって捉えられることを通じて、人間としての自己完成に至るという事態を意味するものとなる。つまり、霊と精神とがここでは Geist の内に共に含意されているのである。

パウロにおいて倫理の前提となるのは、自然のままの人間ではなく、キリストと共に死んで甦ることにおいて成立し、聖霊の恵みを通じて新しく創造された者である（第二コリント五・一七）。ここで、倫理は救済論と結びつく。パウロの倫理は、イエスと同じく終末論的待望から生まれており、その愛の力強い倫理の内容においては同一のものである。しかし、パウロはイエスの倫理をそのまま受け継いだのではなく、キリストの死と復活において実現された救済のうちに新しく根拠づけるのである（G4/MP:402〔第十一巻、二〇二頁〕）。同じく愛の倫理であるとはいえ、イエスにあっては、悔い改めによってこの世と異なるものとなり、神の国への準備をする単純な倫理であるが、パウロにあっては、キリストと共に死んで甦ることにより、また聖霊《ガイスト》を所有することによって、この世と異なってあるという神秘主義的倫理として存在する。イエスの場合は、神の国をめざす待望の倫理であるが、パウロにおいてはキリストにある神秘主義によってキリスト教の倫理となる（G4/MP:383〔第十一巻、一七三頁〕）。

パウロにとって本質的なことは、この世のことから霊（精神）的に解放されてある、つまり内的に自由になるということである。未だ終末は来たらず、世界は存続することから、この世で働くことに意義を見出し、またこの世の権力に従順であれとみる見方も、この世の支配からすでに解放されておりながら、しかもなおそれがしばらく存続する間は、それを権威として立てていこうとするところからくるものである（G4/MP:411-412〔第十一巻、二一七頁〕）。

シュヴァイツァーは、パウロが伝承をただ受容するだけの信仰を乗り越えて、イエス・キリストの霊《ガイスト》（精神）に由来する認識を主張していることを強調する。そこにあるのは、思想家パウロの徹底した思索であり、それが常にこの霊《ガイスト》にあって導かれている姿である。キリスト教が後に続く世代の人々にとって生きた真理となりうるのは、イエスの霊《ガイスト》にあって、イエスの信仰を彼らの時代の世界観に対応した思想として認識へと高めるような思想家が出現する場合に限られる（G4/MP:485〔第十一巻、三二七頁〕）。パウロには、キリスト教において思想を持つことの権利、また揺るぎない真理への畏敬が存在する。

パウロがそうありえたのは、彼が自らの関心を、地上におけるイエスの姿ではなく、高く上げられたキリスト（救世主）としてのイエスの姿に集中させているからである。そのようなキリスト＝イエスに自らが捉えられているという徹底した自覚こそが、パウロをして徹底的に自由にイエスの信仰を思想にもたらすことができる。肉にあるイエス自身もまた律法の下に生きていた。しかし、イエスは死んで甦り、キリストとしての姿を見せた。そしてイエスをキリストとして信じる者たちが霊《ガイスト》（精神）によって捉えられた時、イエスは自ら律法の支配と束縛から彼らを解放することができる。この思想を確立したのがまさにパウロであった。彼は、救済と倫理の関係の問題をこのように解決した。終末論的神秘主義によって、パウロはキリストの人格への連関性を倫理に与え、霊《ガイスト》の観念を倫理的観念たらしめている。パウロは、彼の終末論的思惟の立場から、倫理をキリストの霊《ガイスト》によって生きることと解し、そうすることによって、来たるべきすべての時代に妥当するキリスト教の倫理を創造したのだった。時代的制約の中で徹底的に考え抜くことで、彼は超時代的に妥当する理念に到達したのである（G4/MP:430〔第十一巻、二四八頁〕）。

(2)『講義』における神秘主義の終末論的構造

シュトラースブルク大学就任講演においては、パウロの終末論的神秘主義とヘレニズム的神秘主義との比較対象という形ではまだ出てこない。ヨハネ福音書を主テキストとしているせいもあって、ひたすらロゴス―キリストとの交わりにおいて体験する聖霊の働きのことが論じられている。ただ、同じ年（一九〇一年）に書かれた教授資格論文「新約聖書における洗礼」においては、すでに『使徒パウロの神秘主義』を先取りする考察が取り上げられている。終末論的神秘主義 eschatologische Mystik という言葉も、ここで紹介されているのである（N/SV:94-96）。

この遺稿集の九十頁分を占め、章立ても完備された「洗礼〔及び聖餐〕の研究」の「b洗礼と聖餐についての講義原稿」（一九〇二夏学期）の中で、シュヴァイツァーはパウロにおける再臨のキリストとの交わりという思想について、「死にわたされ栄光の内に甦った、あの σῶμα τοῦ Χριστοῦ（キリストの体）との交わりが、聖餐においてそのつど新たに立てられ力を賦与されるという仕方で、神秘的に遂行したことによって表明した」（N/SV:213）と述べている。このキリストの体は、洗礼を通して、イエス・キリストと共に葬られ、甦ったものと宣言されたものであった。聖餐は、キリストの体 σῶμα の死と甦りとの交わりを新たに作り出す。それは非歴史的な作為かもしれないが、しかしきわめて真率なイエスの聖餐の言葉の解釈となっているのである。シュヴァイツァーは、こうした意味で「我々が感謝を捧げる感謝の杯とは、キリストの血にあずかることではないか。我々が裂くパンとは、キリストの体にあずかることではないか」（第一コリント一〇・一六）の章句を解釈している。

さらに言えば、「パウロの神学は終末論と並んであるものではなく、それは終末論的神秘主義である」（N/SV:431）と、一九〇三年の夏学期「終末論の歴史」の講義において明確に述べている。それは、「イエスにおいては復活がすでに生起し、その信者たちもイエスを通じてすでに大いなる復活の時の内に立っているがゆえに、イエスと共に死んで甦り、すでに新たな超自然的な存在へと変容している」（N/SV:431）からである。

パウロの神学はこうした先取り的な復活の思想に立脚しており、それ以外のものは皆、この思想からくる帰結にすぎない。「キリスト神秘主義」として定式化されるこの終末論的神秘主義がパウロの教えの本来的なものであって、プロテスタンティズムによる伝統的なパウロ理解である信仰義認の教えはむしろ副次的なものであるというのが、シュヴァイツァーの独創的な考え方である。「信仰による義」というのは「律法による義」との対比で強調されるので注目されやすいが、彼によると、本来はキリスト神秘主義から派生してきているものに過ぎない、つまり「信仰による義」とは「『キリストにある』ことによる信仰に基づく義」を短くしたものに過ぎないのである。

　こうした考え方についても、彼はすでに『講義』中の草稿「使徒パウロの神秘主義」において示唆している。信仰による義は本来、終末論的神秘主義の持つ論理から導き出せるものであって、それ自体が決してパウロの教えの適切な表現とは言えないというのである（N/SV:646-647）。それゆえパウロによれば、ローマ人への手紙六［一―三］において、キリストと結ばれる洗礼を受けた者はその死にあずかる洗礼を受けた者であり、すなわちその者はキリストと共に死んで甦り、今や新たな存在へと変容したものである（N/SV:431）。これは、まさにキリスト神秘主義の内容を先取りした言い方に他ならない。そしてその神秘主義は、端的に終末論と不可分の関係にあることになるわけである。

　シュヴァイツァーは一連の研究過程の中で、パウロの書簡とされるものの内、終末論的神秘主義という定式で首尾一貫した思想が表明されている書簡のみを真正なものと見なすようになった。それらは、ガラテヤ人への手紙、コリント人への第一の手紙、コリント人への第二の手紙、ローマ人への手紙のいわゆる四大書簡を含め、テサロニケ人への第一の手紙、フィリピ人への手紙、ピレモンへの手紙の全七書簡である（G4/MP:76-78〔第十巻、九〇～九三頁〕）。彼は、「第二次パウロ文書」としての「牧会書簡」を、わずかにキリスト教のヘレニズム化の過程において成立したものとして引き合いに出しているだけで、それ以外のパウロの名前を冠した書簡は真正なるものではないとして取り上げることはない[8]。

　さて先述したように、彼がパウロの根本思想を捉えていたのは、一九〇六年の夏学期講義「ガラテヤ人への手紙」で初めてパウロの書簡を扱った際である。実際、『講義』における「7釈義への序説。パウロ思想とガラテヤ人への手紙〔及びテサロニケ人への第一の手紙〕についての方向定位」で、それを辿《たど》ることができる。

シュヴァイツァーによれば、パウロ思想はキリスト教を、歴史的イエスの教えの権威ではなく、変容された者の啓示、πνεῦμα（聖霊 Geist）において変容された者の永続的で普遍的な啓示の上に基礎づけ、この啓示を教えの伝承よりも優先させるが、その際、これらの前提を暗黙のうちに失効させるかどうかということには頓着しない（N/SV:514）。その内容からすれば、この啓示はイエスの死と甦りについての啓示された思弁なのである。そうした思弁の結果、イエスの死と甦りを通じて、次のような仕方で全く新たなものが創造された。すなわち、死して甦った者との交わりの内に入り来たった者は、事実この新しい状態へと高められるのだが、そのさい彼の肉体的（現象的と言ってもよい）ありようは、その性別及び、社会的、民族的なあらゆる制約においてなんら顧慮されず、その瞬間にあっても、そうした外面的な制約は何も改まるわけではない（N/SV:514）。

パウロ思想は結局、原始キリスト教的にも、また終末論的にも把握される。原始キリスト教自体が、終末論的事実としてあるイエスの死と復活を通じて創造された驚くべき恩恵の期間についての観念の上に成立している（N/SV:329）。だから、原始キリスト教は終末論的世界観を有しているのである。そこでは、人はイエスの復活と大いなる普遍的な最終の復活のただ中に立ち、いわば未来へと足を一歩踏み入れている。パウロ思想はその新たな転換点に立つものとして位置づけられるのである。

(3)『講義』における神秘主義の倫理的構造

パウロの神秘主義が終末論的性格を持つと同時に、それがきわめて倫理的な構造を有することも、すでに『講義』の中で示唆されている。パウロにおいては、倫理と神秘主義とは相互に交錯しあう。パウロの倫理は、意志の視点から見られた彼の神秘主義にほかならない（N/SV:599）。死して甦る人間は、変容された者の聖霊《ガイスト》から、そしてそれと共に神自身から衝迫と力を受け取る。そのような形で、この倫理は平和の観念の内に完成される。ただし平和と言っても、近代的な発想とは異なり、人間の意志が神において安らぎを見出すのではない。主の意志が人間の意志のむなしい場に取って替わる力強い動的な平和なのである。人間の意志は、キリストと共に死して甦ることにより、肉の実体とともに蕩尽され、心と思いがイエス・キリストの内にあるという仕方で獲得される（フィリピ四・七）のである（N/SV:599）。シュヴァイツァーは、パウロの終末論的神秘主義について次のように評価する。

終末論的な神秘主義の偉大さは、その道徳的な領域にある。それは、最初の卓越したキリスト教倫理を生み出した。イエスが説いた道徳は、悔い改め Buße の概念の中に含まれる。イエスにとって問題になるのは、律法へと付加される中間倫理 Interimsethik である。この倫理は、正義をもたらすが、この正義はパリサイ人や律法学者の正義より善きものであり、最後の審判の際に神の国へと入る資格を与えるものである。原始キリスト教は、待望の倫理のこの概念を踏み越えることはなかった。しかしパウロの思想は、たんに終末論的というのではなく、まさにキリスト教的なものである。なぜなら、それは変容されたキリストから発せられた効力のある力を前提するからである。それは、先取りされた復活と聖霊の所有とが相互に結び付いた思想に依拠し、「キリストのうちにある人はだれもが、新しく創造された者なのです」（第二

コリント五・一七）という命題から生じたものである。（N/SV:592-593）

このことが成立するのは、パウロひいてはキリスト教信者が徹底してイエスの霊（精神）Geist に捉えられているところによる。パウロの教えをキリスト教と言うならば、それはイエスの教えではなく、啓示の上に建てられたものである（N/SV:505）。この啓示は、聖霊（精神）の所有がパウロだけでなく、誰にでも妥当するものであることを示唆する。

イエスは、その歴史的な言葉の表明を通してではなく、霊的存在としてのキリストとして権威となる。その霊的なキリストは、それがキリストの霊（精神）πνεῦμα Χριστοῦ に基づいている限りにおいて、その霊的な啓示の担い手であり出発点である。このキリストの霊は、あらゆる人にとって現在的であり、彼にとって認識と生命の新たな原理として効果あることが証示されるのである。（N/SV:505

ただし、言葉として「倫理的神秘主義 ethische Mystik」が出てくるのは、『講義』の中ではパウロを扱った箇所ではなく、シュトラースブルク時代最後（一九一一・一二冬学期）の「歴史的・批判的な神学及び、宗教評価に対する自然科学の帰結」という講義の中である。ここには、まだ十分こなれていないながらも、彼が宗教哲学的な媒介理論を構築しようとしている様が良く見てとれる。すなわち、我々全ての内には自然的な神秘主義が住んでおり、我々も全てのものの中でその一つのしずくとしてありながら、宇宙の生命と一体になったものとして生きている。しかし、この自然的な神秘主義的なものから宗教的な神秘主義的なものへと至るためには、次の事柄が付け加わらなければならない。つまり、この現象世界にあっては、いまや高次の生への意志、すなわち倫理的なものが、我々の内に出現してこなければならない（N/SV:707）。宗教的神秘主義は倫理的神秘主義として立ち現れてくるのである。

また、我々にとって、神とは高次の生への総体意志、すなわちエネルギーの総体から飛び出そうとする意志のことであり、現象として物質の内に出現し活動する神というものは存在しない。いかなる神の意識においても、同時に汎神論的なものと倫理的なものが存在する。そこで支配的なものこそ倫理的神秘主義なのであるが、すなわちそれは、我々がこの総体意志の一部分であり、高次の生への総体意志の努力のうちにあることによって、初めて生きることになるという自覚のことなのである（N/SV:714）。シュヴァイツァーは、この宗教哲学的表現をキリスト教における「象徴的表現」として、イエスにとって神は「父」であり、我々人間は「神の子」であるとか、「天における汝の父が全能であるように、あなたがたも完全でありなさい（マタイ五・四八）」という形で表現している（N/SV:714-715）。神は、自らが意志であるかぎりにおいて力であり、神が我々の内にあってそうなるかぎりにおいて、倫理的な力なのである。

パウロは、単純にイエスの教えや生涯から語ったのではなく、キリストとしてのイエスとの交わりの中で、終末論的かつ神秘主義的に思索し抜いた。「一切のものを変容された者へと立ち戻らせることによって、（イエスの）歴史的人格は、終末論的倫理の体系においてはいかなる場所も占めることはなくなった。『キリストのまねび』は、行いが高められた者から発する聖霊を通じて、可能なかぎり完全に規定されるというところに存する」（N/SV:598）。そこには、彼が徹底的にイエス・キリストの啓示を考え抜いた思弁 Spekulation がある。「パウロにおいて新たな宗教的思想世界を創造するものは、素朴なものではなく、思弁的なものである」（N/

SV:507)。この思弁的なものは、宗教においても哲学においても、有限的なものと無限的なもの、時間的なものと永遠的なものとが歴史的な出来事を通じて相互に関連しあうというところに存する。この歴史的な出来事は、有限的なものから無限的なものへ、無限的なものから有限的なものへと突き抜け、両世界を相互に把握し、一なる世界の内に看取されるものである（N/SV:507）。

パウロという人物は、現実に何が起ころうと、思考の力によってたじろぐことなく突き進む卓越した思想家である。シュヴァイツァーは、パウロの宗教的世界観がそのようなものとして、きわめて思弁的なものであると捉え、彼をヘーゲルと並べて論じている。思弁的であるとは、時間的なものと永遠なもの、有限性と無限性とを、歴史的な生起によって一つに考えるからである。この点でパウロもヘーゲルも異なるところはない。ヘーゲルは、自然や人間の歴史の根底にあって、止揚する対立物を新たなものにする「普遍的な歴史的原理」を思弁の原理として、無限なものを有限性における生成するものとして把握する。これに対して、パウロは、この世的世界とこの世を超えた世界の双方に共に所属する存在が、相対立しつつ内的に結びついているという事態を出発点としている。パウロは、これによって自らの宗教的世界観をイエスの死と復活の上に基礎づけるのである（N/SV:507）。

しかし、『使徒パウロの神秘主義』の中では、このような単純なヘーゲルとの比較論は姿を消し、ヘーゲルに対しては、キリスト教本来の人格的な神秘主義とは異質な思考神秘主義 Denkmystik と言う言い方をしている。おそらく『講義』でのような表現だと、パウロがヘーゲル的世界観を有していたかのような誤解を招きかねないと感じたからであろう。『講義』の随所に出てくる思弁 Spekulation という言葉は、著作になるとかなり影をひそめるが、それはヘレニズム化の過程にあるヨハネ福音書に頻出するロゴス的思弁との類似を避けているからだと思われる。パウロ思想はまた、ギリシア・ローマで当時流行していたストア派の哲学ともなんら関係がない（N/SV:558）。パウロの世界観が原始キリスト教全般と同様、熱狂的なものであるのに対して、ストア派は大いなる諦念の宗教を創り出した。彼の思想においては、死や過ぎゆくものへの畏れの念と変容された身体における永生への燃えるような憧れがあるのに対して、ストア主義においては、現在の生を存在する唯一のものとして関わるがゆえに、パウロのそうした思想は理解しがたいものである。両者はこのように和解不能なものであるが、終末論が退潮していくキリスト教の第二世代以降において、イエスの永遠の倫理的宗教的理念と結び付ける傾向が生じたのである。

しかし、その倫理的性格の相違についての議論は、まだこの段階では出てこない。『使徒パウロの神秘主義』においても、倫理的神秘主義 ethische Mystik という言葉が取り上げられる文脈は、神学的な部分というよりは、宗教哲学的ないし比較思想的な部分である（G4/MP:400-401〔第十一巻、二〇〇～二〇一頁〕）。ここでは後期ストア派や中国思想家との類比で語られている。後期ストア派の場合、たとえそれが神においてある汎神論的なものであって、キリストにあるパウロの神秘主義には深さと生気において劣るとはいえ、倫理的神秘主義としては親近性を有している。一方、中国思想にあっては、孔子、孟子、墨子の場合、合目的かつ倫理的な世界の意志を受容し、これに帰属すべきと考えることによって生気ある倫理性を有する。この点において、パウロにおけるのと同様な愛の要求に達していると言うことができるのである。

四　『パウロ研究史』（一九一一）の位置づけと内容

シュヴァイツァーは、問題の本質をただ単にその問題そのものだけにとどまらず、それの歴史的展開から説き起こして解明していくという、イエス伝研究においても取った方法を、パウロの研究においても踏襲した。そうした研究史はまだ誰も手を着けていなかったが、シュトラースブルク大学図書館は文献を揃えていた。『パウロ研究史』（一九一一）は、目次に名前が挙がっている研究者だけで三十二名の研究者が取り上げられ（実際に引証されている著作や論文は百をはるかに超える）、全二百九頁にも及ぶ浩瀚なものになった。[9] この著作のための研究ノートは、『講義』では主に「『パウロ思想の研究』の断片」（一九〇九）などに見出すことができる。[10] この断片は、一九一〇・一一冬学期講義「ゼムラーから現代にいたるパウロ思想の学問的探求」の元になったものの一部と推定される。この講義が行われた時期には、すでに著作としての『パウロ研究史』の執筆を鋭意進めていたはずなので、講義そのものにはこの著作の原稿が活用された可能性がある。

当時、支配的だったのはパウロを合理主義的―理想主義的に解釈するもので、彼の救済も個人の内面に関わる出来事で、「宗教的―道徳的」な性格のものであった。しかし、これではキリスト教も結局はそうした合理主義的―理想主義的な道徳性に還元されてしまう。それをきびしく批判したのが、R・カービッシュによる終末論的探究や、いわゆる宗教史学派であった。たしかにカービッシュはすでに一八九三年の時点で、パウロの終末論は決して精神的―道徳的な理念ではなく、かといって旧約聖書の思想とギリシア思想の結合から生じたものでもなく、その諸要素は後期ユダヤ教の黙示文学から証示されると論証している（PF:45-47）。[11] しかし彼はパウロの終末論の意味を見誤っていた。つまり、単に来《きた》るべきものの待望としか捉えていなかったのである。これに対して、シュヴァイツァーによれば、パウロの終末論の意味はむしろ、新しい周期がすでに到来しているということが第一義だというものである。これに応じて、パウロにおける救済も個人単位のものではなく、世界全体に関わる出来事として了解されるのである。グレーサーは、シュヴァイツァーがパウロ研究者として、これまでのパウロ研究の全面的な拒否という自覚をもって取り組んだのは明らかだと述べている。[12]

『パウロ研究史』の内容は、『使徒パウロの神秘主義』の冒頭の二つの章に対応している。後者では冒頭から語られていくキリスト神秘主義 Christusmystik という用語は、実は『パウロ研究史』第七章「宗教史的考察」の中において、密儀宗教の神＝神秘主義 Gottesmystik との対比において明確に形を与えられて登場するのである。

ギリシア＝東方的な神秘主義は密儀宗教的な性格を持つがゆえに、神＝神秘主義であるのに対して、パウロの神秘主義はキリスト神秘主義である（PF:175）。ギリシア＝東方的な考え方では、個人を「神化」し、有限な人間存在が直接的に神自身と結び付くのに対し、パウロにあってはキリストは神ではなく、神の子であり、その交わりも「神化」ではなく、超感性的な身体の状態へと変容することなのである。

シュヴァイツァーによれば、ギリシア思想は神的世界と地上的世界を単純に対立させる二元論である（PF:174）。パウロの場合、これが三元論的なものになる。つまり、パウロ思想は超地上的なものをさらに二つに分けて、神それ自体と神的＝超地上的なものとに区分する。この神的＝超地上的なものとは、キリストの内に人格化されたものであり、キリストと共に与えられるものである。

神とは——そこにおいて他ならぬユダヤ的な特徴があらわになるのだが——純粋に超越的なものである。神=神秘主義は使徒にとっては存在しない。少なくともまだ存在していない。むろんいつかはそれが現実のものとなるだろう。それは、メシアの国が終わりを告げて、神が「すべての中のすべて」(第一コリント一五・二八)となるときである。そのときまでは、キリスト神秘主義しか存在していないのである。それはメシアの国において超地上的な存在のあり方を先取りすることに関わるのである。(PF:174)

『パウロ研究史』の総括の章で、シュヴァイツァーは、問題とは要するにパウロの教えが原始キリスト教と何を共有しているか、またギリシア思想と何を共有しているかという二点に集約されると述べる(PF:185)。この問題設定は、『講義』の「使徒パウロの神秘主義」における「bユダヤ的かギリシア的か」(N/SV:549-571)に対応するものであるが、記述はより明快なものとなっている。前者、つまり原始キリスト教との共有的要素の問題については、最初期の教会共同体の信仰がパウロを通じてのみ伝えられているという事態によって、問題は複雑になっているように見えるが、実はそうでもないとシュヴァイツァーは言う。この最古の時代のキリスト教の教義の最も一般的特徴は、パウロの書簡から難なく読み取ることができるからである。それは、死して甦ったイエスがメシアであるという信仰、そして間近な将来においてイエスが再臨するという期待からなるものであった。後者、つまりギリシア思想との共有的要素の問題については、パウロ研究史から明確に語られるものとして、彼は次のように断言する。パウロの思想とギリシア思想との間には、単に宗教的な言葉遣いが共通しているだけで、思想としては相互に無関係である、と（PF:186）。そのために、パウロ思想を一部はユダヤ思想、一部はギリシア思想からなるとする混合理論は、ユダヤ的要素を多かれ少なかれ否定する理論よりもさらによくない。彼は結局、異教徒の使徒パウロの教えにはどんな形式や組み合わせであろうとも、ギリシア思想の要素を認めてはならず、その教えはひたすらユダヤ的・原始キリスト教的なところから把握しなければならないという、一方的な企てに取り組むことを推奨するのである（PF:187）。

『パウロ研究史』の中で特徴的な問題設定は、パウロ思想はユダヤ的であるかギリシア的であるかという二者択一である。これは、『イエス伝研究史』以来の妥協を許さないシュヴァイツァーの「あれかこれか」の論法である。部分的にはユダヤ的であるが部分的にはギリシア的・東方密儀宗教的という、「あれもこれも」の発想はどっちつかずとして拒否する。パウロ自身が七十人訳聖書（ギリシア語訳旧約聖書）を読み、パウロの書簡それ自体もギリシア語で書かれている以上、パウロ思想それ自体にギリシア化されているとは容易に予想されていることだ。しかし、彼は言葉づかいこそギリシア的であれ、その思想の実質的内容は徹頭徹尾ユダヤ的である。パウロの文章中にいささかでもユダヤ的でない部分があれば、それは真正なパウロの書簡ではなく、後から付加されたものか、パウロ作と称して書かれた書簡に過ぎない。シュヴァイツァーは、この「あれかこれか」によって、前述のようなパウロの書簡の分類を行ったわけが、それほどまでに彼の着眼点は鋭く首尾一貫したものであったのである。

ひるがえって現実の宗教的諸現象を眺めると、多くの場合そうした宗教現象はさまざまな風土的・文化的要素を身にまとい、多かれ少なかれ折衷主義的な性格を持っている。そして、我々はそれを伝統的なものとして受け入れる傾向がある。しかし、シュヴァイツァーの厳しいまでのこの二者択一的発想は、徹底して宗教（キリスト教）の核心を取り出そうとするものである。それは、彼が神学者であると同時に哲学者でもあるところに起因しているのではないかとも思われる。そうであるがゆえに、彼は一切妥協することなく、錯綜した研究史において浮かび上がってくる諸矛盾を通じ、思惟必然的に現れるキリスト教信仰の真髄を彼なりにつかむことができたのである。なお、終末論的神秘主義の性格は総括の章で示唆される。

黙示録に由来する神秘主義の独特なところは、ギリシアや中世の神秘主義がそうであるように、二つの世界を個々の人間の意識の中で触れ合わせるというものではない。むしろ、一方の世界を他方の世界へと組み合わせることによって、前者が後者に移行する瞬間に、時間に制約された客観的な神秘主義が創出されるのである。しかし、これは運命によって二つの世界に属することになった者たちにとってのみ、可能になるものである。終末論的神秘主義は予定説的なものである。（PF:188）

イエスがゲネサレトの湖の上を歩いてわたったとき、その姿を見たペテロは自分も同じようにしようとして歩き出した。ところが、強風が吹いたため怖くなり、体が沈みかけてしまった。イエスはすぐに手を伸ばして彼を助け、「信仰の浅い者よ、なぜ疑ったのか」と言った（マタイ一四・二五〜三三）。シュヴァイツァーはこのエピソードを暗々裡に踏まえ、イエス・キリストの霊の導くままに、徹底的に考え抜いた思想に基づき、確固たる歩みをすすめるパウロを称揚している。彼は、『パウロ研究史』の末尾を次のように結んだ。

真理を信ずること浅き者の運命とはこうである。すなわち、カトリックであろうとプロテスタントであろうと、ペテロに従う者が思想の湖の中で叫び声をあげて沈んでいくのに対して、霊を信ずるパウロに従う者は確固たる足取りでこの湖をわたっていくのである。(PF:194)

史実としてパウロ自身は湖上を渡ったわけではないが、現実に対して自らの思想で果敢に挑んだパウロの思想家としての面目躍如たる姿を、シュヴァイツァーはこのように表現したのである。それは、『使徒パウロの神秘主義』の最終章の中で、パウロがキリスト教における思想の「守護聖人」であると述べていること(G4/MP:486〔第十一巻、三二八頁〕)に対応するものである。イエスとパウロをつなぐものは、倫理的な終末論的神秘主義である。倫理的なものこそ宗教の本質を形成する。それを我々が体得するためには、神秘主義の関係によるほかはない。イエスの教えの背景をなす後期ユダヤ教的終末観はイエスの死とともに廃棄され、またパウロによっても徹底的にそこから解放する視点が提示されたのである。

五――著作の裏付けとしての講義の評価

イエスと同様、パウロもまた時代の世界観に制約された形で自らの思想を語り、その思想通りに行動した。しかもパウロは、キリスト教最大の思想家として、終末が退いていく世界（今日の我々もそのような世界観の中に生きている）の中にあって、死んで甦ったキリストとしてのイエスと、洗礼を通じて神秘主義的なつながりを得て、自らもまた彼とともに死んで甦った存在として把握する。このキリスト神秘主義によって、信仰者はこの世にあってすでに救済を獲得し、神の国を体証しつつ神の国の倫理を生きるのである。この独創的なキリスト神秘主義の神学的な着視点には、すでにシュヴァイツァーはきわめて早い時期に到達していた。既刊著作『使徒パウロの神秘主義』で構築された神学的論証は、聖書のテキストに即しつつ、シュトラースブルク大学私講師時代（一九〇二～一九一二年）の十年間に徹底して研究されていたことが、この『講義』において明らかになったのである。深い信仰にはあくなき思想的探求が不可欠であり、どんなに不都合な歴史的現実に直面しても、つねにこれを真実なものと認め、その上でこの現実を乗り越える思索を徹底的にしていかなければならない。こうした徹底的な思索の営みは、シュヴァイツァーのあらゆる学問的著作に特徴的なものである。我々自身もまた時代の限界の中で生き、思惟の営みを行っている。しかしその思惟も徹底させて行えば、そこから時代を超えた普遍的真理を取り出していくことができるし、またそのようにしていくことが求められるのである。

註

（1）これは第一部「キリスト教の洗礼の出現と本質をイエスの洗礼から説明しようとする歴史的な試みの批判」（第一章～第七章）、第二部「積極的論述―イエス・キリストの死と復活からのキリスト教的洗礼の歴史的説明」（第八章～第十五章）の二部構成となっている。

（2）『講義』の編集者の一人ヨハン・ツュルヒャーはこのことを否定的に捉えているが（N/SV:13-14）、田辺明子は現存する第一章が研究史的な部分であるがゆえに、研究史をふまえた上で問題解決の章に進むシュヴァイツァーの流儀からして、この部分は十分に当初の聖餐論研究の第三分冊と考えられるとしている。田辺明子「（研究ノート）シュヴァイツァー遺稿『シュトラースブルク大学講義と『聖餐』第三分冊』」、『プール学院大学研究紀要』第三十九号、一九九九年十二月、三六九～三七四頁を参照。

（3）クレメンスの手紙のうち、第一の手紙は一世紀末に使徒教父クレメンスによって書かれた手紙（第二の手紙は偽書とされる）。パピアスの断片とは、二世紀初めの使徒教父パピアスによる文書の断片。イグナティオスの手紙とは、アンティオキアの使徒教父イグナティオスの手紙。バルナバの手紙は、パウロの協力者バルナバの著になると言われるが、疑わしいものとされている。ヘルマスの牧者とは使徒教父ヘルマスによる黙示文学的な文書。ディダケー（十二使徒の教訓）とは十二使徒に由来する文書とされ、洗礼と聖餐、教会組織についての三つの主要項目からなる。十九世紀に発見され、カトリックはこれを使徒教父文書として受け入れた。

（４）『神の国とキリスト教』は、かなり後年になって著された。旧約聖書時代からパウロまでを扱った第一部は一九五〇年から一九五一年にかけて書かれ、第二部は一九四七年から一九四九年に書かれた。第一部は、このテキストの編集者の一人ノイエンシュヴァンダーにより、すでにシュヴァイツァーの死後二年目の一九六七年に刊行されている。遺稿は聖書に即して論述された叙述的なものであり、決して論争的な内容ではなく、たとえ他の神学者への言及があったにしても、それはシュトラースブルク時代の時点での研究者を取り扱っているにすぎない（RG/Vorwort von Ulrich Neuenschwander, 1967:31〔第二十巻、一八～一九頁〕）。

（５）このことはすでにキュンメルが、一九八一年刊の『使徒パウロ神秘主義』に寄せた序文の中で指摘している。Werner Georg Kümmel, MP/Zur Einführung, 1981:Ⅱ.

（６）ただし、その素描はすでに「歴史的・批判的な神学及び、宗教評価に対する自然科学の帰結」（四つの最終講義、一九一一・一二冬学期）に見られる（N/SV:692-723）。

（７）『使徒パウロの神秘主義』の中でとくに重要な章は、第十二章「神秘主義と倫理」である。この章において、パウロにおける神秘主義と倫理、また終末論的世界観と救済論の結びつきが包括的に取り扱われている。この第十二章はパウロに即しながら、倫理的神秘主義の構造を明瞭に説いている点で、神学的にも宗教哲学的にも意義深い内容となっている。金子、一七九～二二一頁（第五章「パウロのキリスト神秘主義」）を参照。

（８）シュヴァイツァーが真正でないと見なした書簡は、テサロニケ人への第二の手紙、テモテへの第一、第二の手紙、テトスへの手紙、従的なものはコロサイ人への手紙、エペソ人への手紙である。このうち、テモテへの第一、第二の手紙、テトスへの手紙の三書簡は、牧会書簡と呼ばれる。これらは、パウロが教会のあり方について指示しているとされる書簡である。シュヴァイツァーによれば、これらの書簡はパウロ本来の終末論的神秘主義の特徴を示す「復活」の観念がヘレニズム的な「再生」という観念に取って代わられているのである（G4/MP:41-42〔第十巻、四三～四五頁〕）。この分類は今日のキリスト教神学においても、ほぼ穏当なものと見られている（笠井恵二教授のご教示による）。

（9）その目次は次の通り。「1学問的探求の開始、2バウアと彼の同時代の批判者、3バウアからホルツマンまで、4H・J・ホルツマン、5非真正および編集仮説、6二十世紀初頭において、7宗教史的解明、8総括と問題提起」。『パウロ研究史』は一九一一年に出版された後、その後再版されず、邦訳もない。入手困難なこの文献のコピーを、笠井教授より譲り受けることができたのは幸いであった。英訳は、*Paul and his Interpreters: A Critical History*, London (A.and C.Black) 1964（『パウロとその解釈者たち　一つの批判的歴史』）である。

（10）ただ、「『パウロ思想の研究』の断片」では、プフライデラー、カービッシュ、タイヒマン、リューデマン等の研究者が取り上げられているが、パウロ研究史全体からすれば比較的初期に扱われる部分に属し、とくに主要な部分というわけではない。

（11）Richard Kabisch, *Die Eschatologie des Paulus in ihren Zusammenhängen mit dem Gesamtbegriff des Paulinismus*, 1893.（R・カービッシュ『パウロ思想の全体構想との関連におけるパウロの終末論』一八九三年）。グレーサーはこの本の刊行年を一八三九年と記しているが、これは誤り。

（12）Erich Gräßer, *AS als Theologe*, Tübingen 1979:168.

◉第七章
晩年の神学研究
——『神の国とキリスト教』完全版——

一——初めて明らかになった『神の国とキリスト教』第二部の構想

『神の国とキリスト教』完全版 *Reich Gottes und Christentum*, hrsg. von Ulrich Luz, Ulrich Neuenschwander, Johann Zürcher, 1995［N/RG］(以下、『神の国』完全版）は、シュヴァイツァーの神学的・哲学的著作の遺稿集の第一巻目として、最も早く一九九五年に刊行された。この本は、すでに遺稿として彼の死の直後の一九六六年にボン大学の組織神学者ウルリッヒ・ノイエンシュヴァンダー Ulrich Neuenschwander 教授（一九七七年没）の編集により出版された第一部の元原稿に加えて、新たに活字化された第二部及び補遺から成る。編集者はノイエンシュヴァンダーを入れて、ベルン大学の新約聖書学者ウルリッヒ・ルッツ Ulrich Luz、そしてツュルヒャー牧師の三名となっている。『神の国』（完全版）の補遺Ⅰは第二部全体の縮約版「終末論的信仰から非終末論的信仰への変遷における神の国の理念」"Die Idee des Reich Gottes im Verlauf der Umbildung des eschatologischen Glauben in den uneschatologischen"［G5/IRG］であるが、こちらはすでにシュヴァイツァーの生前に刊行されたものである。

このうち本章において重要なのは、『神の国』（完全版）第二部である。第一部を中心とした概要については、私はすでに『シュヴァイツァーその倫理的神秘主義の構造と展開』（一九九五）の中で紹介した（金子、二二三〜二五九頁)。これは一九九四年に提出した学位論文をもとにして刊行したので、第二部のこのテキストを参照することができなかった。

さて、『神の国』（完全版）におけるシュヴァイツァーのこの著作の全体的構想は、次のようにその内容目次から判る（このうち第一部は既刊部分である）。

第一部

Ⅰ　預言者及び後期ユダヤ教における神の国

［1］捕囚期以前の預言者における神の国　［2］捕囚期の預言者

［3］捕囚以後の預言者における神の国　［4］ダニエル書の神の国

［5］ユダヤ人、ペルシア人における神の国の信仰

［Ⅱ］　イエスにおける神の国

［1］洗礼者ヨハネとイエス　［2］神の国に備えるイエスの倫理

［3］イエスによる神の国の思想　［4］イエスのメシア意識

［5］イエスの受難の秘密

Ⅲ　原始キリスト教における神の国

［1］イエスの復活と神の国の到来　［2］洗礼と聖餐

Ⅳ　パウロにおける神の国

［1］パウロによる神の国の思想　［2］神の霊の支配の実現

総括

第二部

モズレー書の序論・［Ｖイエスとパウロ］

［Ⅵ］終末論の崩壊

［Ⅶ］罪の赦し

［Ⅷ］ルターにおける継続する罪の赦しの教え

［Ⅸ］啓蒙期［及び十九世紀］におけるプロテスタンティズムの展開

［Ⅹ］［終末論的なものから非終末論的なものへの変遷が意味するもの］

補遺

Ⅰ　終末論の変遷における神の国［縮約版］

Ⅱ　［教会に関する素描］

Ⅲ　［草稿類］

Ⅳ　雑録、及び補遺全体の概要［文書の目録］

『神の国とキリスト教』の第二部は約百五十頁分（N/RG:203-358）を占めており、本章ではこの第二部の内容を中心に、まず彼の非終末論化の過程としてのキリスト教精神史観の概要を示した上で、次にその視座の下で見られたキリスト教の重要な二つの儀礼、すなわち聖餐式及び洗礼式の変遷について論述する。最後に、このテキストにおいて見出される神学研究と文化哲学との交錯箇所について述べることにする。

この第二部は、モズレーの著作『キリスト教求道者のためのシュヴァイツァーの神学』（一九五〇）の巻末に、縮約された内容が英訳版「終末論の変遷における神の国」として載り、そのドイツ語原文は少し遅れて一九五三年に『スイス神学展望』第二十三号に掲載された。[1]これが先述の「終末論的信仰から非終末論的信仰への変遷における神の国の理念」であるが、この縮約版テキスト以外には、シュヴァイツァーにより確定されたテキストは存在しない。『神の国』（完全版）における「第二部」はあくまでその原稿なのである。この第二部の構想は、同書の内容目次の詳しい項目によれば、次のように構想されている。

［Ⅴイエスとパウロ］

［イエス］パウロ―御国の到来はすでに始まった。変容という考え　［パウロ―聖霊］　［洗礼と聖餐］　［パウロ―復活者の使徒］　［パウロ―倫理と律法］　［パウロ―神秘主義、現在における変容］　この世の災いと悪　メシアの国と神の国　パウロについての最終章

［Ⅵ］終末論の崩壊

グノーシス主義と終末論　［教会・遠い待望］　初期ギリシア神学　［神の叡智―ロゴスに対抗するもの］　［ヨハネ福音書におけるロゴスの理念］　第四福音書における愛について　イエスについての第二の伝承の創造という問題　問題としてのイエスの神性　パウロと先行するキリスト　注意―根本的なもの　ロゴス・キリスト論により引き起こされたイエスの神性をめぐる論争

［Ⅶ］罪の赦し

主の祈り及びイエスの贖いの受難における罪の赦し　パウロ―罪は洗礼後にもはや考察の対象とはならな

い「後続の時代―ヘブライ人への手紙、ヘルマス」［ペテロの第一の手紙、ヤコブの手紙］［アウグスティヌス―エンキリディオン］　ミサの変革―罪の赦しという問題の立場［告解］　罪の赦しにおける教会の教えについての総括

［Ⅷ］ルターにおける継続する罪の赦しの教え

ルターの発展［罪の赦しについてルターの新しい理解］　洗礼についての新しい教説　洗礼論の評価
パウロとルター［終末論に対するルターの姿勢］［ルター―終りであると共に始まり］

［Ⅸ］啓蒙期［及び十九世紀］におけるプロテスタンティズムの展開

［プロテスタンティズムと啓蒙主義］　プロテスタンティズムと人生・世界肯定　十九世紀―世界人生肯定　後期ストア派の倫理　キリスト教はどのように倫理的人生・世界肯定になったか［近代的思惟とキリスト教］、神の国の理念　後期ユダヤ教的終末論の［探究の］開始　イエスによる神の国の待望　パウロによる神の国の待望［十九世紀の後半における］終末論の最初の受容　マルコ優先説の優位性の根拠、マタイの独自性　ヨハンネス・ヴァイス　終末論の再解釈　キルケゴールとバルト　再解釈を止揚するイエスは、その独自なあり方の意義に即しているとすれば、時代を超えて立っているのではない［私の経験］

［Ⅹ］［終末論的なものから非終末論的なものへの変遷が意味するもの］

［原始キリスト教に対する近代キリスト教の関係］　神の国は倫理的なレベルのものである。近代とパウロ［神の国の］古代的な考え方の凋落　イエスの指針は凋落することはありえない［キリスト教信仰の北極星としての］主の祈り　文化プロテスタンティズム

補遺

Ⅰ　終末論の変遷における神の国［縮約版］

Ⅱ　［教会に関する素描］

1［神の国への信仰と教会］　2［更なる草案―教会と神の国］　3教会について　4プロテスタント教会　5最終章の計画　6［教会と信仰箇条］

Ⅲ　［草稿類］

1イエスの終末論　2罪の赦し［についての］パウロ［の教え］、［律法］　3再臨を前にした変貌と死　4終末論の後退についての章の草案　5ギリシア神学　6ギリシア神学とパウロ　7マルキオン、［イエスにおける倫理と神の国］　8イエスが我々に与えるつまずきの種についての素描　9神の国、罪の赦し　10アウグスティヌスにおける神の国　11パウロとの［ルターの］比較　12人間性の理想［パナイティオスから近代まで］

Ⅳ　雑録

1神の国とキリスト教への重要な論述、思想と素材

2M・カレスへの一九五二年七月十一日の書簡　3子どもたちへの手紙

二――非終末論化の過程における神の国の理念の変遷

シュヴァイツァーは、真理とは時代を全く越え出てしまったところにあるものではなく、時代の中で働くものであるという見方に立つ。キリスト教精神史を見る彼の根本姿勢も、そうした真理観の下にある。キリスト教信仰の核心は神の国の理念にあるが、その理念についてもまた然りである。「イエスは、神の国という考えを、それが彼の愛の倫理によって支配させるかぎりにおいて精神化した。時代が移れば、この倫理によって神の国の考えは改造されることになる」(N/RG:387)と。

非終末論化の過程としてのキリスト教精神史の要所は、「神の国」をどう見るかにかかっている。それを大づかみで示すと、次の通りになる。

まず何よりも、古代では、神の国は間近な待望の対象であった(イエス、パウロ)。原始キリスト教における神の国は、後期ユダヤ教の終末観の影響を受け、何よりもこの世に到来すべきものとして此岸的な性格を有していた。中世に入ると、神の国が現実に到来しないことにより、それは彼岸的な救いとしての観照の対象となった。また、神の国の一端は教会において存する(アウグスティヌス)。しかし、近世になると、神の国は努力と実現の対象に変わってくる。ルターの宗教改革がその大きな契機を成したが、この傾向に拍車をかけたのがルネサンス以降の世界人生肯定的な思想の登場である。神の国は、この時期、この世において人間が形成していくべきものとして、再び此岸的な性格を獲得する。そして、現代は二度の世界大戦を経て、全面核戦争の危機を前にして、神の国の実現か人類の終焉かを迫られる時代である。シュヴァイツァーは、そのような危機意識を背景に、神の国は待望の中で希求すべき対象、なにより人間の内に平和の国として実現すべきものとして此岸的な性格を有することになると考えている。この流れを、他の著作とも関連付けながら、『神の国』（完全版）をもとにもう少し丁寧に見ていくことにしよう。

⑴古代～中世　間近な待望の対象から観照の対象へ

古代的な神の国については、すでに『神の国とキリスト教』第一部（一九六六）のⅡ～Ⅳで取り上げられ、私も前著でこの部分を概観したので（金子、二三五～二四一頁）、ここではごく概略だけを述べておく。

イエスの場合、神の国は、間近な待望の対象であった。これは、前一六七年から一六四年頃に書かれたとされる後期ユダヤ教黙示文学であるダニエル書の終末観と同じ性格のものである。しかし、イエス自身は、そのさい将来のメシアとして登場した。ここでイエスが説いたのは、終末が来るまでのきわめて短い時期における倫理（中間時の倫理）であった。しかし、彼が預言した通りには終末は来ず、また彼自身の十字架の死をもってしても終末は来ることなく、結局のところ期待された神の国はついに来なかったのであった。

そこで原始キリスト教においては、イエスと同様に神の国を間近な待望の対象と見なす見方とならんで、イエスをすでに出現したメシアとして見なす復活信仰が始まった。これは、終末の遅延に対処した信仰形態であった。

だが、パウロだけはそうは考えなかった。彼によれば、イエスの死と復活によって、神の国はすでに始まっている。それは、神の国の第一段階としてのメシアの国である。彼の唱えた倫理は、イエスのような中間時の倫理ではなく、自らがすでにイエス・キリストと共に霊 Geist において死んで復活しており、すでにそこに一歩足を踏み入れている神の国の倫理である。このことは既刊著作『使徒パウロの神秘主義』（一九三〇）で詳述している通りであり、初期遺稿『シュトラースブルク講義』でもすでに言及がなされているものである。しかし時代が下ると、グノーシス派が登場し、東方思想の影響を受けて、神の国を物質的世界からの解放の彼方にある彼岸的世界として見なすようになった。やがて古代教会が成立するようになると、神の国はさらに遠くへと押しやられて、現在的であることの意味を失ってしまう。そこに、シュヴァイツァーは、倫理性が喪失される契機を見ている。

中世における神の国にかかわる叙述は『神の国』（完全版）にもそれほど多くない。中世のキリスト教については、本章第三節において聖餐式や洗礼式を論じる中で詳しく述べることにする。これらの事柄は『神の国』（完全版）の補遺Ⅱ［教会に関する素描］の中で、カトリック教会との関連で論じられている。シュヴァイツァーはこの補遺Ⅱの冒頭で、「生き生きとした教会は神の国への生き生きとした信仰を有し、神の国を生き生きと欲するような教会である」（N/RG:390）と述べている。

彼によれば、そもそも根源的な教会とは、神の国を待望する者たちの共同体である。それは、神の国への期待を有し、神の国へと選ばれた者たちの共同体である。ところが象徴の礼拝に価値を置き、神の国の理念が後退しているところでは、どこでも中世的なキリスト教が決定的なものとなる。そして現実においても、中世のキリスト教は、原始キリスト教における神の国の終末論的欲求が満たされなかったことを受けて成立したものである。この時代において、神の国の信仰が教会信仰の中で変容した。つまり、教会がいわば自己目的化して、救済の施設として、いわば神の国の代用品となってしまっている。「神の国」は来なかったが、その代わりに教会の時代が来たのである。

中世における神の国観は、なによりもアウグスティヌス Augustinus（354-430）に代表される。彼には大著『神の国』があるからである。けれども、シュヴァイツァーは、彼の神の国観を次のように批判的に見ている。

> 神の国は、アウグスティヌスにおいては、もはや単なる待望の対象ではなく、考察の対象となっている。神の国が現に存在しているということの思想は現れてきているが、しかしそこでは神の国は、人間の倫理的努力によって実現する対象とはなっていないのである。（中略）それゆえ後期古代及び中世の教会は、生気のない終末論的待望の中にとどまっていた。神の国は、教会の敬虔さの中では、なんら生き生きとした役割を果たしてはいない。信仰は、ただ罪の赦しを得るという個人的な善と永遠の生命への願望に関わるのみであった。神の国の問題に関わるのは、ただそれがアウグスティヌスの『神の国』に触発されるかぎりにおいてのみであった。神の国がこの世の国の中で不完全なかたちであるということは、他の諸前提の下においてのみはじめて展開されうるような刺激を含んでいた。（N/RG:440-441）

ここでは、神の国の希望は、不死性への希望に取って代わっている。キリスト教信仰もまた、そこでは変質して、神の国を前提とした人類的規模のものから、永遠の生命の至福という個人的規模のものとなるというのである。神の国と言っても、中世の人々にとっては、アウグスティヌスの『神の国』に言及するときに喚起されるばかりであった。キリスト教は、中世以来の教会信仰の中で、神の国を希求するというよりも、個人的救済を求める宗教に変容してしまったのである。

彼は、これに関連して、そのような形態の宗教を教義的宗教 dogmatische Religion として非難している(Seaver 1949/RC:384〔第八巻、八〇頁〕)。教義的宗教は、〔教会の〕諸信条や原始教会そのもの、ひいては宗教改革にも基礎を置くもので、思惟と信仰の峻別を強調する。そして何よりもこの宗教は、神の国の思想よりも救済の思想により多く囚われ、この世を改善していこうという意欲を有しないのである。

なお、シュヴァイツァー自身の教会論は、彼自身の牧会活動の実践とも合わせ、総合的に論じていく必要があろう。本書では、最後に付論として説教集の幾つかを紹介しながらシュヴァイツァーの牧会活動について論じるにとどめた。

(2) 近世〜現代　努力と実現の対象から待望の中で希求すべき対象へ

ルターについては後述するとして、近世における神の国観を理解するためには、その時代背景をおさえておくことが大切である。すなわち、ルネサンス（古代の文芸復興、この場合はとくに後期ストア派の再発見）がそこにあった。キリスト教は、イエスが説いたその愛の倫理によって、世界否定的な世界観から脱却し、近世の思惟の流れの中で世界人生肯定にいたった。

イエスの倫理は、そこにおいて行為の理想が見られるということにより、倫理的な世界人生肯定への親近性を有する。このことに基づいて、キリスト教はいまや近世において出現したこの倫理的世界人生肯定と関わりあうようになったのである。

近世のキリスト教が倫理的な世界人生肯定になっていくのは、教会の教義から解放されることによってであった。（N/RG:319）

シュヴァイツァーは、ここに、キリスト教がいわゆる教会の教義（パウロ・教父神学）から、イエスの告知した教えのもとへ回帰したことを高く評価している。このことは、神の国の信仰の再発見、しかも努力と実現の対象として神の国を再発見したことを意味する。また、このことは、近世以降のキリスト教とヨーロッパ的思惟を結び付け、その進路を決定的なものとした。

近世の合理主義的な人間性の倫理と関わりあうことによって、キリスト教の倫理は、はじめて自分自身を意識するにいたり、そしてついには自らが愛の倫理であることを真摯にとらえるようになった。一方、近世の思惟は、キリスト教から神の国の理念を受け取ったのである。（N/RG:322）

この神の国は此岸的ではあるが、古代におけるそれとは性質が異なるものとなっている。すなわち、「それは、もはや待望する対象ではなく、むしろ最高の倫理の告知によって実現する対象となった。それは霊（精神）の担い手であり告知者たるイエスにより、この世において基礎づけられ、それが神の霊（精神）の力の下で開始されることを望むような人間たちに期待されるのである」（N/RG:324）。

ここでは、神の国は、宇宙的なものから倫理的なものへと、すなわちこの世界の終末の後に出現する超自然的なものから、この世界において神の指導理念の下に人間的営為によって形成されるべきものへと、その内容が変化している。そして近世以降、まさにそのようなものとして神の国信仰は近代の進歩信仰と重なり合うようにして展開してきたのだった。

しかし、二十世紀の現代において、状況は一変する。とくに、シュヴァイツァーがその晩年に生きた一九四〇年代から一九六〇年代の世界は、米ソの冷戦・全面核戦争の危機に覆われていた。この危機意識を踏まえて、神の国観は、彼自身の思想として深刻かつ焦眉の急としてのテーマとなる。すなわち、現代において、神の国は人類終末の予感の中で希求すべき対象となるという性格変容をも示してくるのである。

> 人類は、今日置かれた状況においては、神の国を実現させようとするのか、それとも滅亡してしまおうとするのか、というところにまでいたっている。我々にとって「神の国は近づいた」という告知は、「もし人類が滅亡したくないのならば、神の国が近づいていなければならない」という意味を持っている。[2]（N/RG:350）

原始キリスト教信者たちは、この世の終末の待望の中で、ただひたすら神の国に希望をつないだ。しかし、我々は、そうしたことを、今度はこの世の終末ではなく、むしろ人類の終末の予感の中で行っているというのである。それが霊（精神）によって示された時の徴《しるし》であって、我々はまさにその判断をゆだねられているというのである。

ここに何度も登場する霊（精神）のドイツ語原語は本書第六章でも述べたようにGeistであるが、シュヴァイツァーはこの言葉の内に、超越的な聖霊的次元と人間自身の精神的次元とが交錯しうる独特な次元の霊魂の働きを示唆している。そして彼は、神の霊がこの世の霊、すなわち時代精神に打ち勝たなければならないと主張する。神の霊《ガイスト》は、人間の精神《ガイスト》のうちに、神の国の理念として、より具体的に言えば、平和の理念として宿るべきものとされるのである。

すべての生き生きとした神の国の信仰は、すぐれて此岸的宗教である。――この存在、この世界の宗教として、それは出現する。（中略）古代的にして近代的な神の国の信仰は、この世における御国の到来と関わるものである。主の祈りほど、現世的なものはない。「御国が来ますように」というのは、どこに対してか？　我々に対してである。「御名があがめられますように」というのは、どこに対してか？　我々の許においてである。「御心が天で行われるように、地でも行われますように」。待望することはない。イエスにおいても、また神の国を目指しての努力がなされていた。それは悔い改めと祈りによって強いられたものだった。活動的に努力するということは、〔終末までの〕時間がなかったことにより考慮されなかった。しかし、今やその時が来た。善きものの勝利のために活動するのである。（N/RG:398-399, vgl.N/RG:354）

近世や近代、そして現代において様相は異なるにせよ、神の国においては人間の生き生きとした活動が焦点となる。この活動が神の国の倫理であるが、そのような思想はシュヴァイツァーがパウロの倫理的神秘主義から受け継いでいる神の国観である。パウロにおいては神の国のいわば先駆けとしてメシアの国がすでに到来し、イエスをキリストとして信じる者はこのメシアの国としての神の国の倫理を遂行することが求められる。キリストによってこの世から救済された人々は、この世を逃れるのではもはやなく、この世の中で、彼らが神の国にあることから由来する力を確証する。つまり、キリストとの交わりにおいて救われていることが、神の国にある聖霊 Geist の証しとして、これを自らが〔倫理的〕行為として発動するにいたるのである（G4/MP:499-500〔第十一巻、三四六〜三四七頁〕）。

そして、シュヴァイツァーは、現代という時代において、いっそうこのことを焦眉の急の問題として認識している。それは、彼の平和論を論じた第八章において明らかにされるだろう。

三――聖餐式と洗礼式の変遷におけるキリスト教の非終末論化

キリスト教の聖礼典は、以上のような非終末論神の国の過程の中で、どのような変遷をこうむってきたのであろうか。この問題をその最も重要な二大聖礼典である⑴聖餐式と、⑵洗礼式に即して見て行くことにする。

⑴聖餐式

聖餐式 Abendmahl は、最初期には、なによりもまず感謝の表明としての食事 Eucharistie としてあった。

現在、我々が最後の晩餐の本質として見なしている、パンと葡萄酒を自らの体であり血であるとするイエスの言葉は、弟子たち及び最初期の信仰者たちにとっては、そうした意味を持っていなかった。これらの言葉は、むしろパンと葡萄酒についてイエスが語った感謝の表明からなるものであった。パンと葡萄酒を自らの体と血であるとするイエスの言葉は、彼が感謝の表明に付け加えた、自らの間近に迫った死についての二つの比喩に過ぎなかった。弟子たちにとって、食事は感謝の食事であった。感謝の食事として、そ

れを彼らは繰り返した。感謝の食事としてならば、それは繰り返すことが可能になるからである。(N/RG:163)

御国の到来を待望しつつ行われる感謝の表明としての食事は、最も古い時代における唯一の礼拝の祭であった。(N/RG:165)

パウロは、そうした主の食事を、キリストと一体になることと見なした。「主の食事の意義を、パウロは次のようなことの内に見てとった。すなわち、主の食事においては、[葡萄酒の] 盃はキリストの血の共同体であり、パンはキリストの体の共同体であり、なおかつこれは要するに、このパンを分かち合う者はお互いに、そしてキリストと一つの体になること（第一コリント一〇・一六、一七）を言うのだ、と」(N/RG:209-210)。

三世紀になると、感謝の捧げものという考え方とならんで、キリストの体と血が司祭によって神に犠牲として捧げられるという、別の考え方が生じた。ここでは、「イエスがパンを自らの体として、葡萄酒を自らの血として表した言葉（マタイ二六・二六～二八）が、共同体の祝祭においてその役割を演じ始めるのである」(N/RG:278)。すなわち、パンと葡萄酒は、司祭の聖別によってキリストの体と血になるのである。ここにおいて、いわゆる化体説の萌芽が生まれてきたのである。

二五八年に殉教の死を遂げたキプリアヌス Cyprianus (c.190-258)は、キリストの体と血が贖罪の犠牲として捧げられると説いた。これに対して、アウグスティヌスは、キリストの体と血の犠牲は、あくまでも象徴であると主張した。これらをふまえて、五九〇年から六〇四年まで法王の座にあったグレゴリウス一世 Gregorius

I（c.540-604)）は、ミサの聖礼典として繰り返すことで、それによって得られた贖いが生者にも死者にも効力があるとする、犠牲としての実在主義的解釈 realistische Auffassung を確立した。「十二世紀のスコラ学は、ミサにおいて、パンと葡萄酒がキリストの体と血に変わるという奇蹟を説明するために、《化体 Transsubstantion》という言葉と概念を生みだした。一二一五年のラテラノ公会議（ローマ）において、この化体説は教義となった」(N/RG:279)。

シュヴァイツァーが聖餐式の変遷について触れているのは、少なくとも『神の国とキリスト教』においては、このあたりまでである。カトリック教会では、この化体説の帰結としての聖体礼拝（聖体拝領）が、今日にいたるまで執行されるようになっている。しかしながら、中世や中世的解釈のままのカトリック教会に対する彼の見方は、概して手厳しいものがある。そうした見方は、親しい関係にある人物、たとえば結婚前のヘレーネ・ブレスラウ Helene Bresslau (1879-1957)宛の手紙などではかなり率直に披瀝《ひれき》されており、[3] ある若い司祭がミサの中で、奇蹟によって葡萄酒に浸したパンをキリストの体に変容させるということについて言及し、「彼（イエス・キリスト）の体を蘇らせることで、彼の（そして自らの）霊 Geist を死へと定めているのです」といささか皮肉まじりに述べた後で、自分がカトリックの両親の下に生まれていたとしたら、精神の自由もなかっただろうとすら書いている（一九〇五年九月三日の書簡より AS-Helene Briefen:111)。

プロテスタント教会では、化体説や犠牲の観念が斥けられ、説教に重点を置いた聖餐式の形式が生まれた。この相違は、旧約聖書における祭司的な要素と預言者的な要素とのどちらを重んじるかによっている、とはよく指摘されることである。ただ、シュヴァイツァーにとって、この問題は彼の主張したい非終末論化とさしあたってそれほど重要な関係がないせいか、『神の国とキリスト教』の論述中にはとくに見当たらない。むしろ重要なのは、あくまで神の国の理念が教会の中で生き生きと説かれているかどうかのほうなのである。

⑵洗礼式

洗礼式 Taufe とは、キリスト教徒になるために教会が行う聖礼典であり、それは聖餐式と共にあらゆるキリスト教会において重要視されているものである。洗礼 Taufe, baptism という言葉は、「浸す」というギリシア語の名詞形であるバプテスマ βάπτισμα から来ている。最初期のバプテスマは、文字通り入信者の身体全体を水に浸して清めるというものであった。

しかし、イエス自身は、実際にはそうした洗礼は行わなかったし、また自らの死が贖罪の意味を持つとは教えなかったと、シュヴァイツァーは述べている。

第四福音書が事実はっきりと述べているのだが、洗礼を行ったのはイエスの弟子たちだけであって、イエス自身は洗礼は行っていない。弟子たちは、ヨハネの洗礼を与えているのである。しかし、イエスは「聖霊によって洗礼する者」であり、洗礼者ヨハネは、イエスをそのような者と名付け（ヨハネ一・三三）、それによりイエスは聖霊による洗礼を行ったのである。（N/RG:241）

原始キリスト教は、（洗礼者）ヨハネの洗礼を採用した。そこから、初期の洗礼が生じたのである。そこに見出されるのは、ヨハネやイエスにも共通する終末論的前提であった。洗礼は、終末を目前に控えたものとして行われた。それゆえ、洗礼は一回限りのものであって、その洗礼以前に犯された罪に対しての贖罪の効果のみを持つものである。

パウロは、キリストとともに死に、そして復活することに洗礼の本質を見た。「洗礼の本来の意義を、パウロは次のようなことの内にあるとした。すなわち、洗礼において、キリストとともに死んで復活し（ローマ六・三〜六）、またこれにあずかること（第一コリント一〇・一六、一七）になるということである」(N/RG:209)。ここにあるのは、神の国の到来に日付の繰り上げ Vordatierung という事態である。終末を前提とした洗礼においては、洗礼後の罪はもはや考慮に入らない。すでにそこにおいては、罪の支配から解放されている。

しかし、神の国は結局やって来ることなく、はるか彼方の未来のものになってしまったため、洗礼後もさらなる罪の赦しが必要となるという事態が生じた。中世以降のそうした展開の中で出現したのが、幼児洗礼である。また、その教義的基礎づけとして確立されたのが、原罪説なのである。

> 洗礼は、原罪と〔洗礼〕以前に犯された罪を抹消する。洗礼を受けた後も、すべての人々は、さらに罪の赦しを必要とする。というのも、最後の信仰者でも、なおかつ何度かは罪を犯すからである。毎日の軽微な罪については、日々の祈りが贖罪を果たしてくれる。(N/RG:274)

成人の洗礼に代わって、幼児洗礼が出現してくる度合いにより、イエスによる贖《あがな》いの死〔という考え方〕は、意義を喪失してしまった。洗礼において得られた罪の赦しは、幼児洗礼においては、もはや事実犯さ

れた罪には関わらず、ただ原罪を抹消させるという効果だけがある。(N/RG:274)

アウグスティヌスは、罪をつぐなわずに死んだ者の魂は「煉獄」(清めの火) ignis purgatoris にいるので、生き残った者によるミサや取りなしの祈りや喜捨が必要になると主張した。そして罪の赦しは、教会においてのみなされる。

結局、カトリック教会においては、イエスの贖いの犠牲は、ただ洗礼前の罪にのみ関わるという原始キリスト教の考え方は保たれてはいたのだが、それと同時に、この罪の赦しを聖礼典として繰り返すことによって、洗礼後に犯された罪の赦しを創り出すことになった (N/RG:279-280)。ここに、罪の赦しの形式化が生じた。その端的な例が免罪符の登場である。

これに対して、罪の赦しは、ひたすら神のわざであると敢然と主張したのは、マルティン・ルター Martin Luther (1483-1546)であった。「罪の赦しは、人間の罪深さが存続するにもかかわらず、神はひたすら恵みに満ちた父であるということの確信を、常に新たに人間に体験させるということ以外には存しないのである」(N/RG:293)。この「常に新たに人間に体験させる」ということが、ルターにあって罪の赦しへの信仰を導いたのである。神は、イエスの贖いの死により獲得された罪の赦し(それは信仰者にとっては、洗礼によって確保される)に基づいて、常に罪を赦してくれるのだ (N/RG:302) と。

ルターは、すでに信仰者がこの世において神の子であり、聖霊を所有しているという確信を与えた。ルターの絶えざる罪の赦しという教えは、非終末論化されたパウロの思想であると、シュヴァイツァーは考えている。その場合、パウロにおいては、罪の赦しと神の国の到来とが一組のものとして考えられていたのに対して、ルターは罪の赦しだけを考えていたのだった（N/RG:304）。

パウロただ一人だけが、神の国及びそれに伴う救済が未来のことではなく、すでに現存しているという思想を考えつき、そしてその思想を貫いたからこそ、ルターはパウロのもとで、たえざる罪の赦しによってすでに救済されているという彼の教えの基礎と精神を見出すことができた。このたえざる罪の赦しは、ルターにとっては、パウロにおいてすでに現存する神の国と同じ意義を持つものであった。（N/RG:304）

ルターにおいては、たえざる罪の赦しの教えはすでに内容的には、信仰者にとっては神の国の幸福をすでに獲得させていることになる。信仰義認説は、そこに拠り所を持っているのである。彼は、この教えによって、中世カトリック教会からだけではなく、古代教会からも抜け出すことができた。彼は、この世の事柄やこの世での行為を貶価する見方（シュヴァイツァーによればこの見方は終末論的に規定されたものとされる）を乗り越え、国家や結婚や仕事に積極的な価値を置き、これらが神より求められた務めであると見なしている。そのようにして、彼はキリスト教の従来のあらゆる伝統から解放され、福音への回帰を果たすことができた（N/RG:309）。プロテスタンティズムの真髄はそこにある。プロテスタンティズムは、かくしてキリスト教信仰に対して伝統に固定された教義《ドグマ》への囚われから脱却する解放感を伴う。そしてそこにキリスト教の新たな変容がもたらされる。

プロテスタンティズムの本質に属するのは、イエスの説教及び原始キリスト教に含まれた根本的な福音への信仰に立ち戻ること、そして、真理の探究において、合理的思惟に由来する認識と関わり合い、信仰と思惟とを相互に共鳴させるよう努めていくことである。(N/RG:310)

このプロテスタンティズムの解放的思想が土台になって、理性的宗教としての近代のキリスト教を準備することになるのである。

四――文化哲学との関連性について

十七世紀半ばから、キリスト教は啓蒙思想と関わることによって、何百年もの間に形成されてきた教義《ドグマ》から解放され、理性的で倫理的な宗教へと根本的な転換をはかることになった。この宗教的な理性主義（合理主義）Rationalismus, rationalism は、十八世紀に全盛期を迎えることになる。最も深い宗教的・倫理的な理性主義者はカントであった。彼は、その宗教論において、地上における神の国の基礎づけを行おうとしたのである。また彼には、敬虔主義の影響があった。敬虔主義は、いわゆる正統信仰の代わりに、正しく生き生きした敬虔さを志向する思想であった。シュヴァイツァーは、このようなキリスト教について次のように述べている。

一つの重要な結果として、この自由な方向性を持つ敬虔さに影響されて、プロテスタンティズムは世界人生否定からしだいに完全に解き放たれて、世界人生肯定へと参入していくということであった。これは、〔キリスト教〕信仰のさらなる段階を意味した。(N/RG:313-314)

近代の理性的な人間性の倫理と手を携えることにより、キリスト教倫理は、はじめて自己自身を完全に意識するに至り、ついに自らが愛の倫理であることを真摯に受け取ることになったのである。(N/RG:322)

それ自体愛であるイエスの霊（精神）Geist に基づいて、この世の勤めを果たすことにより、この世に積極的に関わることが信者には求められる。そこにおいて起こったことこそ、神の国の待望からこの世における神の国の実現へという形で、神の国に対する根本的な意義づけの転換なのであった。この段階において、キリスト教精神史は、はじめて文化の問題と結び付くことになる。「文化とは、その言葉の真の意味で、人類の精神的進歩が意味するもの全てである。神の国への思念、及び神の国の状態へと近づくことを求めるあらゆる努力は、倫理的・宗教的な精神（霊）と心の文化を求める努力である」（N/RG:355）。

ここに登場してきたのが、文化プロテスタンティズム Kulturprotestantismus である。これは十八世紀の啓蒙主義の時代に登場してきたものだが、一部のキリスト教界では過小評価されている。しかし、文化プロテスタンティズムこそ、そうしたものより自ら卓越していると思いあがる敬虔主義より、ずっと時代の徴《しるし》を認識しており、この世にあってイエスの精神（霊）により命じられた仕事にとりかかっていた（N/RG:355）。たしかにそれには内面性が欠け、イエスの精神（霊）をこの世の精神（霊）に譲歩させてしまう弱さもあったかもしれない。しかし、文化プロテスタンティズムがもっと力強く、もっと深く力を及ぼしていたら、今ある状況はもっと違っていたものになっていたはずであろう。シュヴァイツァーはそのようにも慨嘆するのである。というのも、中世のキリスト教はもとより、十六・十七世紀の宗教改革期におけるキリスト教すらも、拷問や魔女裁判などの蛮行を止めさせることはできなかったのに、文化プロテスタンティズムがあったればこそ、それらを敢然と廃止して、寛容の精神を深化させたからなのであった。彼は、この方向線上におけるキリスト教の健全な倫理的・理性的・宗教的な展開を確かに望んでいたのである。

時代の徴に関連していえば、神の国の理念を問う際、留意すべきことは、神の意思をあれこれと忖度したり、神の救済計画をあれこれ詮索したりして先走らないほうがよい、ということだ。そのようなことは、主の祈りにあるように、神の思いが成就することを祈るところまでで止めておくべきであって、歴史の行程に神の経綸を定位しようというのは、一種の越権行為でもある。シュヴァイツァーはこのような考えから、ラガーツ Leonhard Ragaz (1868-1945)が次のように語ることに対して、批判的姿勢を向ける。

我々の古い世界は、その文化とともに徐々に崩壊するだろうことを、私は信じ、さらには望みさえしている。これは世界の審判である。悪の恐るべき啓示もまた、これに属している。これは光から来て、光により裁かれる。しかし裁きと手を携えてくるのが創造である。創造の言葉は破局の雷鳴を通じて響き渡る。見よ、私は一切を新しくする、と。(4) (N/RG:356)

悪が光に裁かれるだの、破局の際に創造の言葉が響き渡るだの、いったいどうして人間が言えるのだろうか。そのようなことを言うより、時代の徴を見据えた上で、イエスの精神（霊）の導くままに、この世において時代に相応しい仕方で神の国を求めることのほうがずっと大切なことではないか。それゆえ、シュヴァイツァーは次のように主張するのである。

イエスの精神（霊）は、我々が人類を、その運命に委ねるままにさせたり、神の国を単に正義と平和の国としてだけ提示するにとどめたりすることを、許さない。それは我々に可能なかぎり、悪しき世界を善き世界へと変えていくよう、全力で我々を駆り立てるのである。我々は、福音の元本を埋めてしまって、利益を生み出すことをしない、役立たずの下僕であってはならない。(N/RG:357)

時代の徴を認め、精神(霊)の力への信仰を持つこと、これもまた正しいキリスト教のあり方である(N/RG:358)。シュヴァイツァーはそうした考え方に立って、キリスト教の伝道を捉えている。伝道者が福音を伝える際には、待望に囚われた信仰としてではなく、神の意志に従って物事を作り上げていく信仰としてのみ、告知すべきなのだ、と(N/RG:358)。そして彼はさりげなくランバレネでのエピソードを紹介する。オゴーウエ河流域でも、先住民たちは信仰を深める姿として、自ずから「神の仕事を引き受ける prendre le travail de Dieu」という表現を創り出したというのである(N/RG:358)。これは、シュヴァイツァーの神学が彼自身の実践の現場とも密着したものであることを示す興味深い補足説明であると言えよう。

五――同時代の神学への批判的姿勢を通じて見えてくるもの

⑴教義学によるイエスの絶対化批判

シュヴァイツァーは、『神の国とキリスト教』はランバレネにあって、ひたすら聖書のテキストのみに向き合う形で執筆していたが、その一方で彼と同時代の神学の動向にも注意を払っていた。たしかに彼の神学研究はシュトラースブルク大学講師時代（一九〇二～一九一二年）でいわば完成され、それ以後に『使徒パウロの神秘主義』（一九三〇）が著されても、アカデミズムの著作や論文への参照や言及はほぼシュトラースブルク大学の時期までのものとなっている。しかし、アカデミズムにおける諸研究はその後も進展しつづけており、シュヴァイツァーがこれらをどのように見ていたのかは、遺稿集が出るまで不明であった。

『神の国とキリスト教』では、その文章の端々に同時代の神学者への言及が見られる。ただし、それらはほとんどと言ってよいほど、批判的なものである。彼があえて新しい研究を参照した著作の増補版を刊行しなかったのは、何といってもランバレネでの活動が多忙だったせいもあるが、神学研究に即して言えば彼自身の研究そのものがすでに完結したものであり、かつまた同時代の神学研究に対して初めから批判的であって、いちいち取り上げるに値しないと考えていたからなのかもしれない。この点、彼の同時代の哲学者に対する態度とよく似たものがある。とりわけ思想の最終的表現として、生への畏敬の倫理に到達した以上、あとは古今東西の思想がいかに思惟必然的に生への畏敬の倫理思想に収斂していくかが彼の最大の関心事であったのだ。

ここでは『神の国』完全版における同時代の神学者へのコメントを紹介したい。シュヴァイツァー自身は、スイス人の二人の神学者のマルティン・ヴェルナー Martin Werner(1887-1964)とフリッツ・ブーリ Fritz Buri(1907-1995)を、自らの徹底的終末論の立場を神学研究に置いて受け継ぐ者と見なしていた。これについては前著でも触れたので繰り返さない。[5] ここではむしろ、シュヴァイツァーが彼に批判的な立場の同時代の神学者をどう見ていたかという点に光を当てることにする。

まず、終末論を新たに解釈しなおしたいわゆる弁証法神学に対してであるが、この神学はキルケゴールに由来する。シュヴァイツァーは、キルケゴールによる一八四九年のある日誌を引用している。「キリストの再臨が間近なものと見なされたにもかかわらず、これが起らなかったことの全困難は、我々が再臨信仰の主体的真理に着目することによって決着される。そしてこの意味で、キリストもまた自らの間近な再臨を主張したに違いなく、また事実その通りなのだった。これにより使徒も真のキリスト者としてそう言明しなければならないのである。すなわち、真のキリスト者であるということは、我々がキリストの再臨を直接そうあるものとして常に期待しないのであったなら、それは持ちこたえられなかったろうという、このような苦痛と結び付いたものである」(N/RG:339)。[6]

シュヴァイツァーは、キルケゴールの誠実な姿勢をそれなりに評価しながら、どうしてこのような姿勢と、歴史的真理をそのように貶めるようなこととが折り合いをつけられたのかと、疑問を投げかける。結局、キルケゴールは彼の弁証法的な福音を、神の国についてのイエスの福音に取って代わらせたのである（N/RG:339）。

カール・バルト Karl Barth(1886-1968)は、彼の名前を一躍有名にした研究書『ローマ書』(第二版、一九二二)において、新約聖書で語られているのは間近に期待されたキリストの再臨や終末の出来事ではなく、時間的出来事の比喩として時間を超えた事柄であると主張した。これについては、バルト自身が、「終末が遅延している」とシュヴァイツァーが述べたことに対して暗の批判を行っていることに、私も以前に触れたことがある(金子、三七六～三七九頁)。けれどもシュヴァイツァーに言わせれば、バルトによる実存論的な終末論の解釈は、問題そのものを飛び越えてしまうような態のものだった（N/RG:339）。

ところが、そのバルトが後年、あれほど強調していた『ローマ書』の終末論を放棄してしまったというのである。『教会教義学』第二巻第一章（一九四〇）で、彼は歴史的研究を高く評価して言う。すなわち、歴史的研究は、新約聖書の使信や信仰がキリストの再臨及び万物の終末の待望によっていかに規定され、貫かれているかを徹底して知らしめ、この待望が長く続く時代を考慮に入れず、間近な期待にとどまっていたことを、確固たる知識としてもたらしたのである（N/RG:340)。

だが、シュヴァイツァーは、教義学という学問それ自体のあり方にも疑念を抱いている。教義学はどうしても、イエスを神の子として全知全能の存在として絶対化してしまいがちだからである。実際のイエスはそのような無謬の存在でない、真に重要なのは彼の力強い精神《ガイスト》（霊）なのであり、そこのところを見誤ってはならない。イエスもそれに与っていた新約聖書のメシア観は、天上の存在に属する限りにおいて、神的な存在なのである。この見方は実は、最初のキリスト教教義の創造者たるパウロも持っており、彼はイエスにはなんら全知全能性を前提などしていなかった。そうでなければ、彼はあれほど決然たる態度で、人間の姿でこの世を歩むキリストのことはもはや顧慮しなくともよい（第二コリント五・一六）と、主張はしなかったであろう（N/RG:341）。「人間の姿でこの世を歩むキリスト」とは、パウロ自身の言葉で言えば、「肉によるキリスト」であり、信じる対象はあくまで、「死して後に復活したキリスト」なのである。

シュヴァイツァーのこのような姿勢に、彼が歴史及びテキストを重視しつつ、歴史を超える理念を常に見据えていたことを窺うことができる。イエスはなんら全知全能ではなく、時代に制約されていた不完全な考えを持っていた。後世に構築された教義の理論ではなく、マタイ及びマルコ福音書をあるがままに読むのであれば、実際にその通りなのである。シュヴァイツァーは言う。「イエスをそのあるがままに見ようではないか。彼はあまりに大きな存在であるので、彼にあって自ら生きた時代に属するものがあっても、そのようなものは彼を決して損なうものではない。イエスは我々の精神的（霊的）な主でありつづけるのだ」（N/RG:343）と。

(2) M・カレス宛書簡から──様式史学派への批判

当代の神学者への言及は、本文テキストに幾つか散見するほかに、巻末付録として当時新進気鋭のフランスの新約聖書学者モーリス・カレス Maurice Carrez（1922-2002）に宛てた一九五二年七月十一日の書簡（N/RG:468-471）が掲載されており、そこによりまとまった形で出てくる。[7] ここでは、資料紹介の意味も込めて、この書簡の主要な部分をここに訳出しながら、シュヴァイツァーの様式史学派に対する批判の概要を紹介しておくことにしたい。

シュヴァイツァーは、彼の徹底的終末論以降、新約聖書学において台頭してきたブルトマンRudolf Bultmann(1884-1976)などによる「様式史」学派については、どうも最初からなじめなかったようだ。シュヴァイツァーは、マタイ福音書において、我々はイエスの公的な活動の年代記を有しており、それは終始一貫したものであるとの確信は崩さなかった。マタイによる年代記は一人の人間による作品であり、イエスの活動のさまざまな断片の知識、すなわち「イエスが弟子たちを送り出した日以前の時期、彼がガリラヤの信仰者の群れから自らを解放しようとした日々、彼が群衆から逃れて弟子たちと北方に向かった際の弟子たちの帰還に至るまでの日々、弟子たちの帰還及び人知れずガリラヤを遍歴する企て、エルサレムへの道行き、ガリラヤの人々がエリコで彼を迎える、エルサレム入城、彼がガリラヤ人たちのおかげで神殿の主となった時期にパリサイ人や律法学者が仕掛けた挑発など」を我々に伝えてくれるものだと見ていたのである。

ここには一つの首尾一貫した視点から、出来事や語りや言説に対し、さまざまな時期において然るべき場を得させているばかりか、これらの事柄がそれぞれに無理のない仕方で属し、またその特殊な機縁に応じたものになっている。こういう仕方での報告は、様式史学派のように、「小品集におけるきわめて多様な伝承の断片を配置したというものでは決してありえない」。イエスの生涯などというものは、我々の知るところのないものである。我々が知っているのは、イエスの最後の数か月あるいは最後の数週間だけであり、この時期に、イエスは神の国の到来を説いて回ったのである。そのとき彼には、自らが神の国の開始とともにメシアとしてあらわになるような、そういうメシアであるという確信（彼の秘密であった）を持っていた。これは『イエス小伝』（一九〇一）以来、シュヴァイツァーの変わらぬ理解であった。彼は、ここで自らの矜持を若き神学者に披瀝する。

私は、現代の正統信仰において、きわめて独自の姿勢を福音書に対して築いてきました。マタイさらにはマルコにおいて明瞭に確定される終末論が論駁できないことを承認する必然性を回避するために、正統信仰は福音書の報告への信頼を疑わしいものにしてしまおうとしています。かつては自由主義者たちが、福音書の中でイエスの近代化された理解に対置されるものを、そのような仕方で信じるに値しないものと見なそうとしていました。しかし今や、終末論を回避しようとして、福音書の報告への信頼を揺るがすような正統主義者が出てきました。そして、異端者のナンバーワンだった私が、二つの最古の福音書に信頼を置くがゆえに、今や唯一の真なる正統主義者となったのであります。私は、新約聖書に見出されるがままの真理を信じるのに対して、どんな障害をも承認しないがゆえに、正統主義者なのです。（N/RG:470）

シュヴァイツァーは、この後の文面において、キリスト教信仰の困難な点は我々の教義学の救済ドラマにあるのではなく、あくまでも神の国が我々の心及びこの世界に到来することにあることだということを主張している。ここでは、アウグスティヌスが再び厳しい批判の対象となる。「キリスト教の本質（本性）nature は、神の国が近づいたというイエスの説教によって規定されているのであって、アウグスティヌスの救済理論によって規定されているのではありません。我々が何よりも取り組まなければならないものは、神の国なのです。その他のものは（我々がそのように理解しているような救済も含めて）、神の国がその内に含まれているかぎりにおいて、我々に与えられるものでしょう。それ［救済］はそれ自体、何物でもありません。アウグスティヌスは、彼の『神の国』*De Civitate Dei* においてもモンタヌス主義に対する不安に支配されています。彼は、神の国についてのイエスの言葉を引用することを避け、イエスが告知した形での神の国の下に、一つの宗教哲学から創られた神の国の概念、すなわち真の理念の代わりに色あせた理念を置いたのです」(N/RG:470)。

そしてシュヴァイツァーは、現代における神の国に対しては、これに相応しい現代的な地位と存在意義を回復すべきことを説いてやまなかったのである。

六——シュヴァイツァー自身の信仰における神の国の倫理的実践

我々は、シュヴァイツァーのキリスト教精神史理解について、神の国と信仰の関わりを中心に概観してきた。「文化哲学第三部」の中で、彼が〝思想の交響曲〟を描こうとしたことと同様のことは、『神の国とキリスト教』にも言える。しかし、さまざまなモティーフや側面を持つとはいえ、『神の国とキリスト教』の主要テーマはまぎれもなく「神の国」の理念に集中しているのは言うまでもない。

彼のキリスト教精神史観の基本軸は、ルター的なプロテスタンティズムであるが、そこに響いてくるのは、啓蒙主義的理性と自由な信仰の姿勢である。キリスト者ならば、イエスの精神（霊）としての愛と平和の理念を心の中で燃やして、日々与えられた仕事に献身していくべきである。それは、この世界を善き世界、すなわち神の国へと変えていくことを目指すものであり、そのためにまず信仰者の心の中に神の国の理念がそうしたかたちで燃えていなければならないのだ。彼の私設病院が建てられたオゴーウェ河地方では、先住民たちもまた、信仰を深めていくに際して、「神の国のための仕事を引き受ける」という表現をおのずと生みだした（N/RG:358）という。つまり、ランバレネでの医療奉仕的実践こそが、シュヴァイツァー自身の信仰における神の国の倫理的実践であったのである。

『神の国とキリスト教』は学術的著作として構想されたものであるが、彼の日々のキリスト者としての営みと信仰と地続きのものとなっている。第二部の終わりのほうに「私の経験」と題された短い叙述があり（N/RG:343-344）、そこに付せられた幾つかの脚註にさりげなくシュヴァイツァーのそうした思いが汲み取れる文章が挿入されている。牧会活動の中で、彼はイエスにおける不可解な要素の問題（その最たるものが終末論的な考え方だった）をどのように理解し、語ったらよいのか悩んだという。しかし、イエスもまた時代の子であり、時代の考え方を永遠の理念の器と成していたからといって信仰が揺らぐことはあってはならない。むしろ、そうした問題こそが、問題それ自体としての知を求める一つの解放ともなるのである。パウロの言葉「私たちは真理に逆らっては何もできないが、真理のためならできる」（第二コリント一三・八）は永遠に妥当する。キリスト教を信じ、これに生きる者は、しかるべきこの道の途上にいなければならないのである。

ここでの「不可解な要素の問題」をめぐっては脚注に、「神のみが究極の知を持つ。永遠の決定は神の下にある」と記されている。牧師は、こうした要素が躓きをもたらすと考えるべきではなく、むしろ会衆としても、キリスト教に反対する者がそれらを用いる以上に、こうした問題に慣れ親しむべきなのである。また、キリスト者はそうした道の途上にあるべきという最後のところでは、彼は次のように述べる。「とことんまで行け。イエスはきわめて偉大で深いものを持ち、またきわめて根源的でもあるがゆえに、彼の歴史的人格からは一つの作用、教義における人格から考え出されたのではない、一つの直接的な作用がもたらされる。彼の人格の力強さ。真理は、我々にはよそよそしくもあるが、しかしいっそう把握可能であり、一層生き生きとしたものなのである」（N/RG:344Anm.113）と。

シュヴァイツァーの神学的営みは、その徹底した理性的な把握を目指すことを通じて、イエスの時代的限界を見据えつつ、同時にそこから引き出されるイエスの人格の力強さに自らも打たれていく姿勢を有する。『イエス伝研究史』の末尾で告白されたイエスへの信従が、こういうところにも見出されるのである。

考えてみれば、キリスト教に限らずどの宗教においても、生き生きとした信仰というものは、固定された教義にではなく、このように理性と倫理的精神とが敬虔な心情とともに働くところに現れるのではないだろうか。シュヴァイツァーをして熱帯の原生林のただ中で苦難と病に苦しむ兄弟たちへの医療活動へと駆り立てたのと同じほどに、そのような形で活力を与えられた信仰ならば、それが真実の宗教的信仰であるかぎり、それぞれの宗教の有する世界観や人生観の下で、この世界での倫理的実践へと強く、生き生きと働きかけるものとなるはずである。

註

（1）英語版: AS, 'The conception of the Kingdom of God in the Transformation of Eschatology', E.M.Mozley, ***The Theology of AS for Christian Inquirers***, London/New York, 1950. 原文ドイツ語版: AS, "Die Idee des Reiches Gottes im Verlaufe der Umbildung des eschatologischen Glaubens in den uneschatologischen", ***Schweizerischer Theologisicher Umschau*** 23, 1953: 2-20. 掲載誌『スイス神学展望』第二十三号はヤスパース七十歳記念献呈論集となっている。シュヴァイツァーのこの論文は著作集第五巻にも所収され（G5/IRG:365-389）、日本語版もこの原文版による（大島康正訳「終末論の変遷における神の国の理念」、第八巻、三〇一～三四〇頁）。

（2）この部分に該当する箇所は、モズレーの著作への寄稿では次のように記されている。「主の祈りの最後の願いは、その本来の意味としては、この世の悪の力の支配からの救いを求める願いであった。それは再び我々においてもあてはまる。この悪の力は、我々にとっては神にさからう天使の姿では現れず、ひたすら人間の思い Gesinnung の中にのみ存在するものである。しかしながら、それはいささかでも非現実的だというわけではない。初期の信者たちは、神の国にひたすらその希望を賭けた。我々は、人類の終末を予想しつつ、神の国に希望を賭けるのである」(G5/IRG:373, N/RG:389〔第八巻、三三九頁〕)。

（3）ヘレーネ・ブレスラウとの往復書簡は、一九〇二年から一九一二年の十年間にわたるものがそっくり全て残されており、原文フランス語のものもすべてドイツ語に翻訳され、『ヘレーネとの往復書簡集』(AS-Helene Briefen 1992) として刊行されている。初めて二人が知り合ったのは一八九八年、共通の友人の結婚式の席であった。シュヴァイツァーは当時、シュトラースブルク大学の学生、ヘレーネは同大学の歴史学のハリー・ブレスラウ教授の娘であった。この書簡集の英訳版も出ているが（*The AS-Helene Bresslau Letters 1902-1912*, tr. from the German and ed. By Antjie Bultmann Lemke, Nancy Stewart: associated editor, New York (Syracuse University Press) 2003)、こちらのほうはドイツ語書簡集の抄訳版である。

（4）Leonhard Ragaz, *Gedanken aus vierzig Jahren geistigen Kampfes. Ausgewält von Freunden*, Bern 1938:161. シュヴァイツァーがラガーツに着目したのは、彼に『神の国の福音』（一九四二）という著作があったからだと思われる。実際、シュヴァイツァーの手稿の上にはこの本からの（おそらく秘書の手による）タイプライターで打たれた引用文が貼られているのである。

（5）シュヴァイツァーは、実存論的解釈をも取り入れた独自な神学者のブーリよりも、徹底的終末論を忠実に継承してキリスト教の教義成立史を跡付けようとしてヴェルナーのほうをむしろ評価して信頼していた（金子、三九〇～三九四頁)。

(6) これは註釈によれば、ブーリの論文「再臨の遅延という問題」(一九四六)からの孫引きにあたるが、ブーリもまたヴェルナーのある論文中に引用されたキルケゴールの独訳版『日誌』を用いているという(N/RG: 339 Anm.91)。

(7) これは原文フランス語の手紙で、ツュルヒャーがドイツ語に翻訳したものである。これはフランスに向かう船中で書かれたもので、カレスが『種まく人』*Semeur* 一九五一年五・六月号に載せた聖書解釈の潮流について述べた論文に刺激を得たというところから始まっている。手紙が書かれた時、カレスは当時、若干三十歳だった。

◉第八章

平和論——最晩年のシュヴァイツァーの使命——

一——平和論のテキスト

平和の問題について言及し、論じたシュヴァイツァーのテキストはさまざまなものがある。B・ヴィヌブスト B.Winnubst は一九五一年以降の彼の平和論のリストを挙げ、それぞれに解題を付している。[1] その中でも、とりわけノーベル平和賞受賞演説（一九五四年）及びそれ以降に行われたオスロからのラジオ放送が有名であるが、それは同時代の状況に対する彼の平和思想の集約点としてのアピールである。これを一つの頂点とするシュヴァイツァーの平和思想の内容は、全体としてとても豊かである。本章では、文化哲学、神学、平和アピールの三系列に分類してみたい。ただ、この分類は差し当たってのものであり、彼の平和論は実際には内容的にも時代的にも相互に交錯しあいながら登場することが少なくないのである。

まず第一の系列は、文化哲学の文脈の中で、生への畏敬の帰結として論じられた平和論である。それには、『文化と倫理』（一九二三）をはじめとして、西ドイツ出版協会平和賞の受賞講演「人間性と平和」（一九五一）やベルギーのジョゼフ・ルメール賞受賞講演（一九五五）などの各種講演類、そのほか「人間性」（一九六一）、「ヒューマニズムと文明」（一九五九）、「生への畏敬の教えと我々の文化に対するその意義」（一九六三）や「今日の平和の道」（一九六三）などの遺稿類がある。[2] 生への畏敬の倫理がまとまった思想として展開されたのは、彼の「文化哲学第二部」である『文化と倫理』であるが、そこで我々はもっとも明確に生への畏敬、およびそこから発する倫理的・ヒューマニズム的視点を読み取ることができる。この視点が、第二次世界大戦後になってくると、彼の平和思想において頻出してくるのである。

第二の系列は、神学の次元での平和論である。それには、『使徒パウロの神秘主義』（一九三〇）、また遺稿の『神の国とキリスト教』（一九四七～五一）などがある。これらのテキストでは、平和というものに宗教的・神学的な照明が当てられて、これが「平和の国」としての神の国の思想に由来するものであると説明される。この「平和の国」は、イエスや原始キリスト教の時代のように超越的な形ではなく、非終末論化された時代である現代に相応しく、信仰を通じて個人の人格構造（Geist 精神＝霊）において成立すべきものなのである。かくして、平和は個々の人間の内面性においてその出発点を持つ。ここには最も深い次元での平和論がある。そしてこれに直接連動する平和思想を述べたものとして、例えば「人類における喫緊の課題」（一九五二）という新聞論説がある。

そして第三の系列が、ノーベル平和賞授賞式及びそれ以降に行われた平和及び核廃絶に関する声明類である。これらの声明はシュヴァイツァーの平和論としてしばしば紹介されているものである。シュヴァイツァーは一九五三年十月に、一九五二年度ノーベル平和賞に選ばれるのであるが、彼の受賞講演「現代世界における平和の問題」は一九五四年十一月四日オスロにて行われた。この「現代世界における平和の問題」をはじめとして、オスロからのラジオ放送「人類へのアピール」（一九五七）、同じくオスロからのラジオ放送「平和か原子戦か」（一九五八）などがある。これらは講演やラジオ放送で訴えられたものであるが、新聞寄稿でも幾つかの平和声明文がある。我が国の新聞に寄稿したものでは、ともに一九六二年（昭和三十七年）元日の紙面を大きく飾った論考として、「平和への提案―核兵器葬る世論を」（『朝日新聞』元旦号）と「人類の明日に向かって―

核兵器廃棄こそ第一歩」（『読売新聞』元旦号）がある。[3]また、とくに晩年になって交わされた世界の要人や知識人（トルーマン、ケネディ、アインシュタイン、ラッセル等）をはじめ、平和書簡を各方面に送ることで、個人として繰り返し核兵器廃絶と平和を訴えている。これら平和書簡も第三の系列に属するものとしてよいだろう。このような平和アピールは、とくに倫理的・ヒューマニズム的な主張を国際世論において説得力あるものとするために、もっぱら社会的・法的（国際法的）視点での主張がなされているところに特徴がある。

二——平和の本質論

⑴平和の精神《ガイスト》の神学的基盤

これら三系列は内容的にも時代的にも交錯しあうものであるが、シュヴァイツァーの平和論の中でも本質的な議論を述べているのは、第一と第二の系列に属する著作群であろう。シュヴァイツァーが平和について公に論じたのは、ノーベル平和賞の受賞以前に遡るが、その大きな契機はやはり第二次世界大戦であった。しかし、一九四五年の大戦の終結は冷戦と核兵器開発競争という新たな危機の始まりでもあった。この年七月十六日にアメリカは世界初の核兵器実験を行い、八月六日には広島に原爆を、八月九日には長崎に同じく原爆を投下して多大な犠牲者を出している。一九四九年にはソ連でも初めて核実験が行われ、際限のない核兵器競争と核実験により死の灰は世界中にまき散らされるようになっていった。シュヴァイツァーはランバレネにあってこの情勢を非常に憂慮していた。

とくに平和の国としての神の国に仮託した平和思想の構想は、終戦直後から取り組まれていた『神の国とキリスト教』の執筆の延長上にあった。その後半部の縮約版とも言うべき論文が一九五〇年に発表された「終末論的信仰から非終末論的信仰への変遷における神の国の理念」である。この論文には、人類が恐るべき破壊力を有する核兵器を手にした時代にあって、冷戦下で緊迫する世界情勢への危機感が色濃く反映されている。神の国を実現するか自らが滅亡するかの瀬戸際まで来ているこの時代だからこそ、人類はいまや、この世の精神《ガイスト》に打ち勝つ神の霊《ガイスト》に希望を託さなければならないとして、彼は次のように主張する。

人類が滅亡へと足を踏み入れつつあるのは、我々の体験するところである。知識と能力の成果が人類に与えた勢威の下では、これを繁栄のためにのみ用い、決して破壊のためには用いないという力を、人類が育むかどうかが問われているのである。人類が破壊力を限定的にしか行使できなかった頃には、理性的思慮に訴えて災いに限界を設けることができるという希望がまだ存していた。いまや破壊力が途方もないものになってしまい、もはやそのような幻想を維持することは不可能である。ここにきて助けになることはただ一つ、神の霊《ガイスト》がこの世の精神《ガイスト》に打ち勝つことなのである。(G5/IRG:373〔第八巻、三三八〜三三九頁〕)

神の霊《ガイスト》に希望を託すためには、何よりも我々自身が心の中に神の国を有していなければならない。「神の霊が我々の内にあってこの世の精神に打ち勝ったときにのみ、神の霊は世界の中にあってもその精神に対して闘うことができるのである」(G5/IRG:374〔第八巻、三三九〜三四〇頁〕)。ここで神の霊《ガイスト》、神の国と表現されたものは、そのまま平和の精神《ガイスト》、平和の国とも理念的に重なる。平和とは個人のそうした人格的構造(精神＝霊)において成立するものである。この宗教的・神学的視点こそが、シュヴァイツァーの平和論の核心にある。一九五二年にスウェーデンの新聞に寄稿した「目下の人類における喫緊の課題」（三月一日付）という論説で、彼は次のように述べる。

我々の時代の状況は、我々が希望を自然な成り行きのままにさせておくことを、もはや許してくれない。それはむしろ、平和の精神《ガイスト》を通じて喚起された、人類の状態、つまりキリスト教でいう神の国の理念に対応するなにものかを、我々が思い描くように強いるものだ。平和の国の理念は、キリスト教を通じて何世紀以来も人々に知られてきた。だが、それは死せる所有物であった。（中略）けれども、それは実現されることを欲し、また実現されなければならない。この認識は、我々が生きているこの時代へと、我々の目を向けさせるものである。人類が滅亡してはならないとするならば、我々に課せられていることは、この世の精神《ガイスト》とは異なる霊《ガイスト》へと希望をつなぐことに他ならないのである。(4)

ここにおいて達成さるべき神の国とは、イエスや原始キリスト教において超越的に待望される神の国ではなく、非終末論化された現代に相応しい形で形成されるべき平和の国としての神の国の思想である。この新聞論説には、宗教的・神学的な強意が込められている。かくしてそれは最後の文を、「戦争を避ける努力が成功を収め、また我々に贈られたこの時代にあって我々の内なる平和の精神《ガイスト》を力あるものにすることで、我々の内においても世界においても神の国が到来することになるように(5)」と、祈りの言葉として終わらせているのである。

⑵ヒューマニズムの倫理的精神として

しかし核兵器をめぐる世界情勢は緊迫の度を増すばかりであった。一九五二年十月三日にはイギリスが初の水爆実験を行い、次いで十一月一日にはアメリカも初めて水爆実験を行うにいたる。翌五三年はシュヴァイツァーがノーベル平和賞に受賞決定するのだが、この年の八月十二日にはソ連も初の水爆実験を行った。一九五四年三月一日にはアメリカがビキニ環礁で実践型水爆実験を行った。この時の水爆の規模は広島型原爆の千倍にも上り、第五福竜丸も被爆したのであった。この年十一月四日の「現代世界における平和の問題」（ノーベル平和賞講演）は、直接的な平和アピールという性格も有している点で第三の系列に属するものだが、内容的にはむしろ平和論の本質を語っている。というのも、ここでは人間性 Humanität という言葉が鍵概念になっており、この人間性の力こそ平和問題の解決のために、シュヴァイツァーが信頼と期待をかけて力説しているからである。

現代の人類は、原子力という途方もない力を持ってしまった。その意味で「超人」であるとも言えるが、しかしその力を核兵器という形で使用することにより、それは人間性を否定するものとなりかねない。いやむしろ、「超人としての我々は実は非人間となってしまっている」（FA:22〔第六巻、一八九頁〕）とすら述べるのである。だからこそ、回復すべきは真の人間性の思想であり、ヒューマニズムの復権なのである。これなくしては、核戦争の危機を乗り切ることができない。

ここにきて、倫理的かつヒューマニズム的主張がより鮮明に打ち出されてくる。彼はすでに『文化と倫理』の末尾で、カントが『永遠平和のために』の中で、恒久の平和が成立するために、講和締結に際して守られるべき諸条項を掲げたとしても、それらだけでは何事もなしえないと批判し、平和問題の解決のための倫理的根拠として生への畏敬こそが、平和をもたらすものだと説いていた（G2/KE:420〔第七巻、三五五頁〕）。(6)

ノーベル平和賞受賞講演の中で、彼は、精神《ガイスト》の力を過小評価してはならないと説く（FA:25〔第六巻、一九三頁〕）。精神こそ人類の歴史の中で、人間性の志向を生み、人間のより高次の存在へと向かうあらゆる進歩を創出してきたのである。現代においても、人間性の志向を今一度回復することが何より大切なのである。戦争は我々をして非人間性の罪を犯させる。平和問題の解決は、それゆえ、戦争を倫理的理由から拒否することによってのみ可能となるのであり、我々の時代において倫理的志向を創り出すのは精神《ガイスト》なのである（FA:30〔第六巻、一九九頁〕）。平和をめざすこの倫理的志向が諸国民において生起する度合いに応じて、平和のための諸制度や組織もその役割を発揮できることになるわけである。そしてこの受賞講演は、パウロの「あなたがたにあってはできる限り、すべての人々と平和を保ちなさい」（ローマ一二・一八）を引き合いに出しながら、諸国民の間にあっても、平和維持の努力において相互に可能なかぎりのところまで進み、これにより精神《ガイスト》が力を発揮できるよう、時が与えられるようにと（FA:32〔第六巻、二〇一頁〕）、ここでもまた祈りの言葉で終わっている。我々はそこに、人間性の志向が精神的＝霊的に現成する平和の国としての神の国の理念に重なっていく様子を、はからずも読み取ることができる。彼の神学的議論と文化哲学的問題提起、そして現実の平和問題への危機の自覚が、ここでまさに交錯しあうのである。この講演は、実にシュヴァイツァーの平和論の最重要な側面が遺憾なく表明されたものである。

最晩年にいたっても、こうした平和の本質論は継続されている。彼は「人間性」（一九六一）と題された小論文の中で、今日ではすべての生への畏敬が自明な思想として、人間性の本質に属するものと承認されていると（G5/H:170）述べている。人間性の根底には生への畏敬がある。これを自覚することによって、人間性の志向も不完全な状態から完全なものへと進歩したことになったのである。しかし、核兵器を使用しうる時代にあっては、まさにこの人間性の志向が問われているとして、次のように論じる。

人類の歴史上、人間性の志向と非人間性の志向とのいずれが主権を取るか、これが今日の問題である。残虐な原子兵器を意のままになしうる今日の状況の下で、これを放棄しようとしない非人間性の志向が主権を取るならば、人類は滅亡するだろう。このような兵器に関わらない人間性の志向が、非人間性の志向を駆逐するときにのみ、我々は希望をもって未来を展望することができる。人間性の志向は、今日、世界史的意義を帯びているのである。（G5/H:170-171）

人間性と非人間性をめぐるシュヴァイツァーのこの考え方は、一見抽象的な印象を与えるかもしれない。しかし、それを具体的な文脈の中に置き直してみれば、決してそうではないことが分かるだろう。例えば、上空高く飛ぶ爆撃機から無数の人々が住む都市の上に爆弾を落とすことができる戦闘員であっても、地上に降り立って無辜の民間人を刃物で切りつけて殺すとなると、心の中で強い抵抗を感じるに違いない。それはお互いに生身の人間同士として向かい合うことで、内なる人間性が呼び覚まされるからである。けれども、いったん飛行機に乗って上空高く昇ってしまえば、距離感は無限大に広がってしまう。この距離感が非人間性をもたらすのである。その上、ただ一回の爆発で、何万も何十万もの人間の命が奪われるのが核兵器である。この途方もない破壊力を持つ兵器を爆撃機に乗せて飛ばすことがいかに恐るべき事態を招くか、少しでも想像力を働かせれば誰もが気がつくはずである。シュヴァイツァーは、人々にお互いに皆、同じ生命であり同じ人間であることを実感してもらいたかったからこそ、人間性の志向の回復を訴えたのである。

なお、ノーベル平和賞受賞講演（一九五四年）の内容を引き継ぎつつ、生への畏敬の倫理をより前面に打ち出した講演を、シュヴァイツァーは一九五九年に「ヒューマニズムと文明」（Humanismus und Zivilisation）と題して行っている（N/VVA:218-228）。[7] 彼は、この講演ではまずニーチェの超人思想を厳しく批判する。超人とは力を体現しようとし、支配を欲し、他の人々を自らに仕えさせるよう求める存在である。こうした見方は、「文化哲学第三部」第四分冊におけるニーチェ批判（本書第二章第六節を参照）を踏まえているものである。シュヴァイツァーはこれに対してあくまでヒューマニズムを擁護し、その根拠は生への畏敬であることを強く主張している。第二次世界大戦において、大変な惨禍と何百万という人命の損失をもたらしたのは、我々が非人間性に陥ったためである。それは、我々がもはや人間性の文化に貫かれて生きていないことを意味する。そして何よりも、我々の倫理が十分に強いものではなかった。そこに何より欠如していたのは生への畏敬の理念であった。「私たちは人間のための倫理は有していましたが、あらゆる生ある存在に対する倫理は持っていませんでした。私たちの倫理はただ単に部分倫理 Teil-Ethik に過ぎず、それは深い根を持たない木のようにしっかり立つことができなかったのです」（N/VVA:222）。

シュヴァイツァーは、そのような倫理と自らの生への畏敬の倫理とを湖と海に例えて次のように述べている。

従来型の「人から人への」倫理は、ただ人間をのみ隣人と見なし、近くまたは遠くの生き物は隣人として認めませんでした。そのような倫理は湖のようなものです。しかし、生への畏敬、すべての生命に対する畏敬の倫理は、海洋であります。私たちはみな、そのようにして生への畏敬の理念を通じて、より深く、より人間的になるよう努めなければなりません。(N/VVA:224)

ヒューマニズムもまた、そのような生への畏敬の理念に裏打ちされたものとなるべきである。それがヒューマニズムの深化なのである。そしてヒューマニズムの精神は、精神的な事柄がみなそうであるように、プロパガンダではなく、個人から個人へと伝えていかなければならない。シュヴァイツァーはこのように主張するのである。

三――核兵器及び核戦争への警告と平和への提案

一九五四年のノーベル平和賞受賞演説が内容的には平和の本質的議論であるのに対して、三年後の一九五七年の同じくオスロからのラジオ放送である「人類へのアピール」(Appell an die Menschheit)は、核実験及び核兵器廃絶問題に焦点をしぼった文字通り「アピール」(英訳では「良心の宣言」Declaration of Conscience)である。そのようなものとして、はっきりと世界に向けてシュヴァイツァー自ら声を上げたというところに特徴がある。このアピールは、放射能が生物種としての人類全体に広範かつ長期にわたって与える影響が大きいと訴えるもので、その視点は彼の生への畏敬の倫理から自ずと導かれるものである。この宣言にあっては、「生への畏敬」という言葉はただ一回だけであるが、「私の年齢、そして私の主張する生への畏敬の理念が私にもたらした同情によって、私は、焦眉の急である洞察のために道を開くことに貢献しうるという希望を持つにいたった」(G5/Appell:565, FA:34)(8)と言及されている。

しかし、宣言それ自体は核廃絶に向けたアピールという性格が強く、より一層核兵器の危険性についての具体的な警告を発する内容になっている。それは、ノーベル平和賞講演の際のような戦争に対する倫理的反対ではなく、むしろ核実験や核戦争に対する反対へと、力点が移行しているのである。

このラジオ声明の視点の上に、翌一九五八年の三日連続のアピール「平和か原子戦か」(Friede oder

Atomkrieg?）では、彼の社会的・法（国際法）的視点が見られる。この声明文は、シュヴァイツァーの日本側出版代理人となっていた野村実によると、まず日本のメディアで公表するように野村のもとに連絡がきたという(9)。唯一の被爆国である日本での世論喚起への期待が、そこに込められているのである。日本に対する熱い眼差しは、すでに「人類へのアピール」でも次のように、核兵器大国の指導者たちはなぜ核兵器実験中止の合意に達しないのか、という問いの中で述べられていた。

その決定的な真の理由は、これらの国にそうした合意を求める世論がないことです。他の国々においても、そうした世論は見られません。例外は日本です。この世論が日本の人々に強く働いたわけは、彼らがあらゆる実験の悪しき結果によって、徐々にではあるが、きわめてひどく攻撃を受けるだろうからなのです。

(G5/Appell:577, FA:48)

「平和か原子戦か」は、「核兵器実験を停止せよ」（四月二十八日）、「原子戦の危険」（四月二十九日）、「最高水準の折衝」（四月三十日）の三つの部分からなる（G5/Friede:578-611, FA:51-91『平和か原子戦か』一～三〇頁）。第一の部分は「人類へのアピール」の要約版ともいうべきもので、放射能が生命体に与える深刻な影響の観点から、危険な核実験を停止せよと呼びかけている。第二の部分では、仮に核兵器が使われて原子戦（核戦争）になったときの壊滅的な打撃について縷々述べた上で、この勃発を防ぐためには、もはや従来の政治的方法ではなく、諸国民の裁可による協定のみが有効であると結んでいる。第三の部分では、彼としては相当政治的に踏み込んだ提案、すなわち核保有国の責任ある代表による「最高水準の折衝」の提案を行っている。そこでの代表者は核保有国（当時は米英ソ三カ国）の最高位の者とその助言者、議題は原子兵器の廃棄についてのみ、開催場所はスイスのジュネーブでと、かなり具体的な指示まで行っている。ただ彼としては、こうした提案をするのは、お互いに人間であるということの自覚への期待が込められてのことである。我々は平和の中へ飛びこんでいかなくてはならないが、それはどこまでも個々人や諸国民の間にあって、理性及び人間性の精神が非理性及び非人間性の精神を押しのけることができると希望する勇気を奮い立たせることによってなのである（G5/Friede:609, FA:89〔『平和か原子戦か』二九頁〕）。

ここでのシュヴァイツァーの議論は、核兵器とその使用の廃絶に向けられており、戦争そのものの廃止の主張ではない。核兵器廃絶という方向性と強調点は、当然、日本における世論に訴えるところが大きかった。我が国のジャーナリズムもこぞって彼に寄稿を求めた。それに応じて書かれたのが同じ一九六二年一月一日に発表された『朝日新聞』と『読売新聞』での論説である。この強調点はタイトルに端的に現れている。前者では「核兵器葬る世論を」、後者では「人類の明日に向かって―核兵器廃棄こそ第一歩」となっている通りである。

両紙の論調とも、社会の公器としての新聞ジャーナリズムに対して、核兵器廃絶と平和への使命を伝える役割の意義を訴えている。例えば『読売新聞』の論説の中で彼は、はっきりと戦争の「人道化」のために核兵器を廃絶しなければいけないと主張している。ここでの眼目もまた、戦争そのものに反対することではなく、大量殺戮兵器である核兵器に対する反対である。核兵器は国際法にも違反し、人間性の喪失の上に成り立つ兵器で、考えられるのはこれの廃絶だけだというわけである。我々は、理想主義に立ちつつも、現実の世界情勢に立脚して提言するシュヴァイツァーの姿勢を、ここに読み取ることができるのである。

四――平和アピールの背景――N・カズンズの動き

シュヴァイツァーは当初、ジャーナリズムの次元でこの問題に関わる気持ちはなかった。しかしながら、ノーベル平和賞受賞を契機として内外からの要請もあり、彼自らも同賞受賞者としての責務と考えるようになった。実際、この時期の核兵器問題をめぐってはめまぐるしい動きがあった。一九五五年七月九日には、科学者らが核兵器の廃絶や科学技術の平和利用を訴えた有名なラッセル=アインシュタイン宣言が出され、この年の八月六日〜八日には原水爆禁止世界大会が広島で開催された。それでも核開発や核実験競争は止むことがなかった。そのような中、一九五八年三月末にソ連が核兵器の実験を一方的に停止すると発表した。八月二日にはアメリカやイギリスも十月末より一年間の核実験停止を宣言した。しかるに九月三十日にはソ連が核実験再開するなど混乱が続き、この一年間だけで百回近くの核実験が行われたのである。

シュヴァイツァーに対し、ジャーナリズムでの意見を積極的に公表する大きな転機を作ったのは、アメリカ人ジャーナリストのノーマン・カズンズ Norman Cousins (1915-1990) であった。「人類へのアピール」及び「平和か原子戦か」は、彼がシュヴァイツァーに強く慫慂《しょうよう》したことによる。彼はシュヴァイツァーを訪問する前に広島を訪れ、「原爆乙女（ヒロシマ・ガールズ）」を米国に連れて行って治療する運動などを行っていた。

一九五七年初めにランバレネに渡ったカズンズは、平和問題、とりわけ核廃絶に対して声を上げるよう、シュヴァイツァーに進言した。彼はシュヴァイツァーの八十二歳の誕生日（一月十四日）を祝うアイゼンハワー大統領の書簡を携えていたし、彼自身が広島で原爆被害の実態をつぶさに見て、その上また被爆者の救済に尽力していたから、言葉にも説得力がこもっていた。[10]シュヴァイツァーは大統領の祝辞には深く感謝し、さっそく返信をしたため、カズンズに託した。彼はその中で、「私たちはともに、地球上における生命の存在そのものを脅かす兵器をコントロールする方法を見出すものこそ、人間性であることを確信しています[11]」と述べている。いまや、この人間性が危機にあり、これを救うために大胆な決意が必要である。ジャーナリズムでの発言を躊躇していた彼もまた、カズンズの強い勧めに心を動かされ、核廃絶のための緊急声明を行う旨決心した。彼は、受賞をきっかけに繋がりのできたノーベル平和賞委員会を通じ、放射能の危険について強調する声明をオスロ放送局から呼びかけることにした。それが一九五七年四月二十四日の「人類へのアピール」として実現したのである。またこれにひき続いて、一九五八年にオスロ放送からさらに三回連続の声明が出された。すなわち同年四月二十八、二十九、三十日の「平和か原子戦か」のラジオ放送である。

カズンズとの親密な関係は、ジャーナリストには警戒的であることを通例としていたシュヴァイツァーにとっては、きわめて異例なことである。一九五七年の「人類へのアピール」放送後に、彼がカズンズに書き送った書簡にも、政治や外交の次元での議論について多少の懐疑を示しながらも、カズンズを信頼してこの声明を行ったことが正しかったと述べているのである。

　私が核実験の停止に自らを限定したのは、意図があってのことなのです。人は正しい出発点を持たなければなりません。ちょうど最後のところで、全く静かに政治的、外交的な側面について語り、そして開かれた世論という手段を通じて、その局面を打開する必要性について語りました。しかし私は、それには大きな期待はしていません……。今はしばしば、あなたのことを考えています。あなたがここ〔ランバレネ〕に来ることがなければ、私はこの声明を発表しようとは思わなかったでしょう。あなたは正しくも、私にそうするよう励ましてくれました[12]。

けれども、これらの声明にあっては、そのように核実験や核戦争の危機にのみ問題を絞ったという、まさにそのことが、かえって思想家としてのシュヴァイツァーらしさを削いでしまったことも事実である。というのも、彼にあっては、生への畏敬に基づく人間性の力の回復を訴えることこそ、平和論の本質的な事柄なのだからである。

カズンズがノーベル平和賞受賞者であるシュヴァイツァーを核廃絶のスポークスマンとして担ぎ出したため、彼もまた問題の表明を本質的な平和論表明を打ち出すことにではなく、きわめて時事的な局面に即した限定的な性格のものにしたのである。そのため、時代状況が大きく変化した今日にあっては、過去の歴史的文書のように受け取られるものになってしまったという憾《うら》みが残るのである。この点で、「平和か原子戦か」をシュヴァイツァー自身から託されて自らその翻訳をした野村実でさえ、後年になって、「私は忌憚なく言わして貰えば、世界平和を論ずるのならば、かれの平素の信念である生命への畏敬をこそ力説し、平和もこの思想が個人から個人へと伝えることによって初めて達成されることを基本とすべきだった[13]」と述べている。

一九五八年の連続声明以降は、シュヴァイツァーも世界に向けた大掛かりな発信はしなくなった。ただしそれは、彼が平和の本質を論じる視点へと立ち戻っていったことの他に、冷戦下の状況での彼の時事的な発言が、思いがけない波紋と影響を引き起こしたという外面的要因が大きかったようにも思われるのである。

五――平和アピールの波紋と影響

当時の時代状況にあって、「人類へのアピール」が世界の人々に大きな共鳴を与えたのは確かである。とくにヨーロッパではそうだった。しかしながら、アメリカでは不評で、ラジオ放送すらなされなかった。それは、彼の平和アピールと同じ時期に、ソ連が核実験を一方的に停止すると宣言したからであって、きわめてタイミングが悪かったのである。実をいえば、核兵器はアイゼンハワー政権の国家安全政策だったから、政府としても歓迎しなかったのである。アメリカの新聞では、彼のメッセージは核降下物が危険だという陳腐な共産主義の宣伝に同調しているだけだと批判された。ニューヨーク州立大学の歴史学の教授ローレンス・S・ウィットナー Lawrence S. Wittner は、「シュヴァイツァーをブラックリストに」というショッキングな題名の論文[14]の中で、彼の平和アピールをめぐるアメリカ政府筋の動向を詳細に追跡している。彼によれば、アメリカ原子力エネルギー委員会のストラウス議長は、シュヴァイツァーのアピールが「核実験計画にボディーブローを与えるもの」と評したという[15]。

翌一九五八年には、オスロ放送からさらに声明が出された。先述した四月の三回連続の「平和か原子戦か」のラジオ放送である。これは最初の声明より踏み込んだ内容を持ち、核実験、核兵器、核戦争の停止を求めるものだった。アメリカでの反核運動もこの時期とても盛り上がり、日本でも大きな反核運動が巻き起こった。

同年三月三十一日、ソ連が核実験を一方的に停止、米英にも同様にするよう迫った。そのような時期のシュヴァイツァーの放送だったから、アメリカ政府はこれを悪質なものと受け取ったのである。[16]すでに放送の数日前に原稿を入手しており、駐ノルウェー大使を通じて、これはまるでソ連のプロパガンダ戦略に乗ったものではないかと抗議した。ストラウス議長は、ＦＢＩに対してアメリカのシュヴァイツァー友の会の内部調査までさせたのである。もちろん、同会はランバレネ病院のための基金を募る人道支援の慈善団体にすぎないことが判明しただけであった。しかし、アメリカ政府筋からの警戒感はその後も続いた。

実際には、シュヴァイツァーはひたすら人道主義的確信を基に行動しているにすぎず、この確信が共産主義国家ソ連の当時の政策とたまたま一致してしまっただけである。たしかに「平和か原子戦か」では、ソ連の核実験停止を評価し、米英が自らもそうすることへの受け入れに難色を示していることを批判している箇所がある（G5/Friede:578-579, 588, FA:51-52, 63-64〔『平和か原子戦か』一～二頁、一〇頁〕）。彼としては事実を述べているだけであっても、それがソ連のイデオロギーに同調していると見なされてしまったところに、彼の不運があった。このような不幸な事態は我が国ではもっと大規模に起こった。米ソのイデオロギー対立のために、せっかく国民的運動として盛り上がっていた原水爆禁止運動に大きな亀裂をもたらし、その深刻な傷の後遺症は今日にいたるまで続いているのである。

ただ皮肉なことに、アメリカの核政策も、ソ連の政策に一致する方向に向かっていた。この年の八月後半には、アイゼンハワーはアメリカも十月末には核実験を停止することを宣言し、この期間に、核大国は効果的な査察システムについて交渉することになった。シュヴァイツァーはこのニュースに大喜びした。自分のアピールが核大国を説得させるのに寄与することができたのではないかと、カズンズ宛の書簡の中で述べている。[17]

次に大統領になったケネディにとっては、シュヴァイツァーの核実験反対の重荷は、アイゼンハワー時代の時のようには背負っていなかった。一九六一年秋、ソ連が一方的に核実験停止の約束を破ったとき、シュヴァイツァーの核実験の危険性への警告は、ケネディ政権にとって有利に働いた。ケネディは国連総会の演説で、「放射性降下物の害毒から人類を守るため」、米英は大気中での核実験を禁止すると提案した。ただし、その後アメリカが大気中での核実験を再開したことにより、両者の関係はいささか悪化した。一九六二年四月二十日付の手紙の中で、彼はケネディに対して、子孫に対する悪影響など放射性降下物が与える危険性を思い起こさせ、核保有国が有効な国際管理の下に、これ以上核実験を行わないよう軍縮協定を締結するよう強く求めている（Briefen:310-311〔『書簡集』二七二〜二七三頁〕）[18]。

ケネディは新たな核実験禁止交渉を開始し、これがついに一九六三年の夏、世界初の核軍縮協定（部分的核実験停止条約）の調印に至った。ここにシュヴァイツァーの努力の最高点もあった。この条約が核兵器による東西間の戦争を回避させるという希望を与えてくれたことで、世界史上最大の出来事の一つだという讃辞を彼がケネディに送ったと、ウィットナーは報告している[19]。ホワイトハウスはこの手紙をただちにプレスリリースし、ケネディがこれを歓迎している旨を表明した。しかし、こうした政治的かけひきとは全く関わりなく、シュヴァイツァー自身の核兵器反対の主張は首尾一貫していたことは言うまでもない。

同年十一月二十二日のケネディ暗殺事件は、シュヴァイツァーにも大きな衝撃を与えた。しかし彼は、バートランド・ラッセルから、ケネディ暗殺真相究明のための委員会に参加するよう打診されたり、後任の大統領選で立候補したゴールドウォーターの政策の危険性（彼は戦術的核兵器の使用を主張した）についての声明を求められたりした際、どちらもきっぱりと断っている[20]。それは彼にとってはあまりに政治がらみの案件であって、ランバレネにいる彼にはそこまではさすがに引き受けられなかったのである。彼は晩年になってさまざまなアピールや声明への参加が要請されたが、その際も可能な限りでの協力はしたものの、政治・外交・イデオロギーにからむものについての言動は慎重にならざるを得なくなっていたのである。

この年の四月には、シュヴァイツァーは「生への畏敬の教えの成立と我々の文化に対するその意義」を書き上げていたが、これは彼の思想的探究の最終的な集約点を示す論文である。彼は、生への畏敬の倫理へと立ち返り、そこから諸国民において核兵器廃絶の世論が出現することを期待して、次のように述べている。

原子兵器の廃絶は、これを求め保証する世論が諸国民において出現することによって、初めて可能になる。そのために必須な思念は、ただ生への畏敬を通じてのみ創り出される。人類の歴史の歩みが要請するのは、単に個々の人間だけでなく、諸国民もまた、生への畏敬の倫理を通じて、倫理的人格となるということである。(G5/Entstehung:191)

平和のための国際法や国際組織の整備に努めることもさることながら、平和問題の根本的解決において大切なのは、シュヴァイツァーにあっては、人々の内に生への畏敬が自覚され、これの持つ人間性の精神を通じて個々人や諸国民が倫理的に陶冶されていくことである。それは一見回り道のように見えて、実はここからこそ真に力強い世論が形成されるための王道なのである。そして彼自身も、同時代には大きな波紋と影響を与えた平和アピールという別な回り道を経て、再度この王道に立ち戻ったとも言えよう。

全面核戦争の危機はともかく回避され、東西の冷戦構造も過去のものとなった。その意味では、時代状況に即応したシュヴァイツァーの緊急声明もまた過去のものとなった。しかし現在では、民族・国家間紛争やテロリズムの問題が先鋭に出ており、核兵器使用の危険性は形を変えて残存するものの、原子力発電所の放射能流出事故や放射性廃棄物の問題など、核の平和利用そのものもまた生体や環境へ与える悪影響を考えなければならない時代である。

シュヴァイツァーと同時代の人々は、彼が原生林の病院で日夜、黒人への医療奉仕に努めていることを良く知っていたがゆえに、その平和アピールの背景にある彼の人格存在を強く感じ、またそこに脈打つ生への畏敬の思想を読み取ることができた。彼の存在が歴史的過去へとなりつつある現在、今度は我々の側でより一層、実感として生への畏敬を感得するよう努めながら、彼の平和論を新たな時代状況の中で受け取り直していくことが求められるのである。そうすれば、彼がそこで強く訴えた生への畏敬及びこれに基づく人間性の回復こそは、現代においても人類の最重要な精神的課題であり得るし、今後もそのようにあり続けることを、我々はいや増して確信することになるだろうからである。

註

＊シュヴァイツァーは、今日我々が核兵器、核戦争と呼ぶところを原子兵器 Atomwaffen、原子戦（戦争）Atomkrieg と表記している。しかしこれらは、原子ではなく原子核のレベルでの爆発による兵器や戦争であって、原子兵器や原子戦というのは科学的正確さに欠くために、今ではそうした表現はほとんど用いられない。本章では、シュ

ヴァイツァーの引用文においては、これらを歴史用語としてそのまま残してある。

（1）Benedict Winnubst, *Das Friedensdenken ASs. Seine Antwort auf die Bedrohung des Lebens, besonders des menschlichen Lebens, durch die Kernrüstung*, Amsterdam 1974, S.54-74。ヴィヌブストは、シュヴァイツァーの平和に対する文献類（書簡や談話類も含める）を三十六点（項目）挙げ、その概要も記している。

（2）このうち「人間性」（一九六一）や「生への畏敬の教えと我々の文化に対するその意義」（一九六三）は、シュヴァイツァーの没後一年目に刊行された、『生への畏敬の教え―五十年間の原テキストから』(*Die Ehrfurcht vor dem Leben. Grundtext aus fünf Jahrezehnten*, hrsg.v. H.W.Bähr, 1966 [Ehrfurcht]）の中で公にされ、これらはジョゼフ・ルメール賞受賞講演とともにドイツ語著作集第五巻（G5:160-191）に収録されている。

（3）ドイツ語原文のタイトルは『朝日新聞』の論説では「原子時代における世論なき政治」(Politik ohne öffentliche Meinung im Atomzeitalter)、『読売新聞』での論説では「戦争と国民の権利」(Krieg und Völkerrecht) である。

（4）"Was der Menschheit zur Zeit am meisten not tut", 1.März 1952., *AS Studien 2* hrsg.v.R. Brüllmann, Bern und Stuttgart (Paul Haupt) 1991, 110-111.　なお『講演・講義・論文集』所載の「世界における喫緊の課題」"Was der Welt am meisten not tut" (N/VVA:387-390）は同年二月二十四日付の原稿であるが、これは三月一日付の「目下の人類における喫緊の課題」の元になった原稿と思われる。しかし、両者は内容と表現に一部重複個所があるものの、ここでの引用文の箇所は「世界における喫緊の課題」のほうには見当たらない。

（5）ibid., *AS Studien 2* :113.

（6）シュヴァイツァーは平和問題の解決を国際法という法律問題の次元で捉えたカントよりも、明確に倫理的問題として考察したエラスムス Desiderius Erasmus（1469-1539）を評価している（FA:23〔第六巻、一九〇頁〕）。

（7）この講演は、一九五九年十一月十日にパリで行われた。原文フランス語であるが、幾度かドイツ語に訳されている。『講演・講義・論文集』所載のドイツ語訳は、G・フィッシャー編『人間性と平和』（一九九一）における翻訳（MF:142-149）から取られたものである。ここには講演後の質疑応答も付されている。

（8）なお、カズンズの著書にその英訳が掲載されているが、生への畏敬に言及したフレーズがなぜか別様に書き換えられてしまっている。その部分を和訳すれば、「私の年齢、そして数多くの人々が私の仕事に示してくれた寛大な理解によって、私は、焦眉の急である洞察のために道を開くことに貢献しうるという希望を持つにいたった」となっている。Norman Cousins, *AS's Mission: Healing and Peace*, 1985:176.（この著作の後半 pp.143-300 にはシュヴァイツァーとカズンズの往復書簡等、独文書簡集にない重要な書簡が収録されている）。これはカズンズの一九六〇年の著書にも掲載されている。Norman Cousins, *Dr. S of Lambaréné*, 1960:228. 邦訳『人間みな同胞』（鮎川信夫訳、荒地出版社、一九六一年）、一五〇頁。

（9）『平和か原子戦か』（一九八〇）「訳者あとがき」、三一頁を参照。その原稿は、放送に先立つ十日前に届き、また日本放送協会（ＮＨＫ）にも同様の連絡と原稿が届いていた。野村はシュヴァイツァーの希望通りに行った。

（10）Cousins 1985:57. Cousins 1960:97.（『人間みな同胞』、七三頁）。

（11）アイゼンハワー宛一九五七年一月十日付書簡。Cousins 1985:123. Cousins 1960:189-190.（『人間みな同胞』、一二七～一二八頁）。この書簡は Briefen には所載が見られない。

（12）カズンズ宛一九五七年五月五日付書簡。Cousins 1985:190.

（13）『野村実著作集』上巻（野村実著作刊行会、一九九四年）、三八七頁。この批判は「私のシュワイツァー遍歴時代」（一九八八）の文中に見られる。シュヴァイツァー本人も、実のところ、一九五五年のジョゼフ・ルメール賞Joseph-Lemaire-Preis受賞講演（ここでは生への畏敬についても言及）の中で、真理は個人から個人へと伝えられることで初めて達成されるもので、二度の世界大戦を凌ぐ破局を我々が被らないために、その達成が十分に間に合うよう希望すると述べていたのである（G5/J-L-Preis:166）。

（14）Wittner, Lawrence S. 1995: "Blacklisting S", *The Bulletin of the Atomic Scientists*, May/June 1995:55-61.

（15）Wittner, ibid.,:57.

（16）Wittner, ibid.,:58.

（17）カズンズ宛一九五八年八月二十四日付書簡。Cousins 1985:222-223. Cf., Wittner, ibid.,:59.

（18）ただし放射性降下物の危険性について説いている部分は、英訳（Cousins 1985: 277-279）にのみ見られる。

（19）一九六三年八月六日付のケネディ宛書簡（Wittner,ibid.,:60）。この書簡はBriefenにもCousinsにも未収録のものである。

（20）H・スピーゲルバーグ編「バートランド・ラッセル＝アルベルト・シュワイツァー往復書簡」（會津伸訳『シュワイツァー研究』（シュワイツァー日本友の会、一九八二年）、六三〜七一頁を参照。彼はそうした要請を受ける前にラッセルより請われて「バートランド・ラッセル平和財団」創立の発起人の一人に名前を連ねている。

◉付論
説教集に見るシュヴァイツァーの牧会活動

ここでは付論として、シュヴァイツァーの牧会活動と説教について、神学研究との関連で要約的に触れておくことにする。彼の説教は、その死後一年目の一九六六年に『シュトラースブルク説教選』（邦訳、一九六七年）、そして一九七四年に『われら何をなすべきか』（邦訳、一九七五年）という形で刊行されているが、二〇〇一年にその決定版として『説教集　一八九八〜一九四八年まで』*Predigten 1898-1948*, hrsg. von Richard Brüllmann, Erich Gräßer, 2001. [N/Predigten]が出版された。編集者は国際シュヴァイツァー協会の会長のリヒャルト・ブリュルマン Richard Brüllmann 及びボン大学の新約聖書学者エーリヒ・グレーサーである。この『説教集』は実に千三百九十二頁もある大著である。なお、説教集に関連して、彼が『エルザス＝ロートリンゲン福音プロテスタント教会報』に一九〇一年から一九〇四年まで不定期に連載していた「新約聖書に関する談話」（*Gespräche über das Neue Testament*, 1988［GNT］）がある。これは、彼が精力的に牧会活動をこなし始めた時期に書かれた、合計三十三編の新約聖書に関する小論集である。理性的思惟を大切にしつつ、自らの信ずるキリスト教信仰について分かりやすくかみ砕いて説き起こす内容で、シュヴァイツァーのリベラルな神学的姿勢を窺わせるものとなっている。これらは説教集の内容とも連動しているものであるが、本書で扱いうる範囲を超えており、その研究は他日を期したいと思う。しかし説教集に関して言えば、これもまた広い意味で彼の著作活動に属するので、彼の説教活動について概観しておくことも本研究において一定の意義を有する。

(1)シュヴァイツァーの牧会活動とその特徴

シュヴァイツァーの牧会活動は、次のように三つの時期に区分することができる。

第一期：一八九八〜一九一三年（二十三〜三十八歳）

この時期は、彼が牧会活動を行った最初の時期である。一八九八年五月六日、彼は第一次神学国家試験に合格し、当初は見習い牧師として務め、父親の代行として堅信礼の準備教育を行った。一九〇〇年七月二十一日、シュトラースブルクの聖ニコライ教会副牧師に就任し、この年の十一月十四日、第二次神学国家試験に合格した（牧師資格の取得・神学博士）。しかし、一九一二年春には聖ニコライ教会副牧師を辞職（最後の説教は一九一三年三月九日）、一九一三年四月にはアフリカに向けて出発した。ランバレネでの活動第一期に当たる一九一三〜一九一七年（三十九〜四十二歳）は、彼が牧師ではなく、医師として活動をしたために、説教は行っていない。

第二期：一九一八〜一九二一年（四十三〜四十六歳）

この時期は、第一次世界大戦勃発のために、当時ドイツ国籍だったシュヴァイツァーはフランス領コンゴで活動することができず、捕虜として軟禁された後、ヨーロッパに帰還した頃の前半期である。一九一八年七月十三日まで、サン・レミの捕虜収容所で牧会活動した後、聖ニコライ教会副牧師に復帰して牧会活動を行った。しかし、一九二一年から一九二三年までは、再度アフリカ行きの準備と資金を集めるために、講演、執筆、オルガン演奏会に専念することにし、そのため説教は休止することとなった。

第三期：一九二四〜一九六五年（四十九〜九十歳）

この時期は、ランバレネでの活動が再開され、またその後、度々ヨーロッパにも戻って講演やオルガン演奏活動を行った時期である。牧会活動もランバレネや故郷のギュンスバッハで行われたが、この時期の説教原稿はほとんど残されていない。おそらく多忙なこともあって、内容もそのつど臨機応変に行われたのではないだろうか。

上述のことから、『説教集』に収録された説教の数と、シュヴァイツァーが実際に行った説教の回数とは必ずしも一致しないことが分かる。それにしても、第一期と第二期にとりわけ説教原稿が多く残されているので、彼の著作活動として研究可能なのはこの二つの時期の説教となる。これらの時期の説教の様子とシュヴァイツァーの事績については、次頁の表を参照されたい。

シュヴァイツァーの説教の特徴については、ノイエンシュヴァンダーによる『シュトラースブルク説教選』巻末での解説（SP 1966:170-174）が要領を得ており、これを私なりに敷衍して述べたい。まず第一に聖句の選び方であるが、「新約聖書」が「旧約聖書」に較べて圧倒的に多い。これは『説教集』決定版に収録された説教原稿ではっきり分かる。三百三十四篇中、「旧約聖書」二十一篇に対して、「新約聖書」は二百九十七篇に上る（テキストなしも十六篇ある）[1]。「新約聖書」ではマタイ九十一篇、ルカ三十一篇、マルコ三十篇、ヨハネ二十六篇、パウロ書簡（ローマ十八篇、第一コリント十八篇、フィリピ十五篇、第二コリント十三篇）と、福音書が大半を占める。「旧約聖書」では、預言者に関わる書九篇、詩篇八篇などである。シュヴァイツァーは「新約聖書」を重視する理由として、ある説教の中で次のように述べている。

私は預言者について皆さんにお話しすることは稀であります。それで、私自身、預言者の書にはとても多くのすばらしい箴言があるというのに、どうしてなのかと自分を責めたりもしています。しかし、聖書には、「完全なものが来るときには、部分的なものは廃れるだろう」〔第一コリント一三・一〇〕とあります。

シュヴァイツァーの説教回数と著作活動（1897～1924年）

西暦	年齢	説教数	主な事績や著作
1897	22	0	(1893年より)シュトラースブルク大学で神学と哲学を研究。
1898	23	4	【説教「第1期」:1898~1913年】第1次神学国家試験合格。
1899	24	9	『カントの宗教哲学』出版。聖ニコライ教会見習い牧師。 ギュンスバッハの教会で父親の代行を務める。
1900	25	14	第2次神学国家試験合格(牧師資格の取得·神学博士)。 聖ニコライ教会副牧師に就任。
1901	26	38	『聖餐論』、及び『イエス小伝』出版。
*1902	27	0	シュトラースブルク大学神学部講師に就任。
1903	28	26	同大学神学寮舎監となる(1906年まで)。
1904	29	30	アフリカ行きを決意。
1905	30	25	フランス語版『バッハ』出版。シュトラースブルク大学医学部入学。
1906	31	22	『ライマールスよりヴレーデまで(イエス伝研究史第１版)』出版。
1907	32	21	
1908	33	19	ドイツ語版『バッハ』出版。
1909	34	12	『オルガン製法のための国際条例』出版。
1910	35	10	
1911	36	24	医学国家試験に合格。『パウロ研究史』出版。
1912	37	7	聖ニコライ教会副牧師を辞職。結婚。パリで熱帯医学研究。
1913	38	3	『イエス伝研究史第2版』、『イエスの精神医学的考察』出版。 聖ニコライ教会で最後の説教(3月9日)後、4月にアフリカに出発。 (1913-1917 第1次ランバレネ滞在)。
*1914	39	0	8月、第一次大戦に伴い病院内自宅に軟禁(11月まで)。文化哲学の執筆を開始。
*1915	40	0	9月、オゴーウェ河にて生への畏敬の理念に到達。
*1916	41	0	
*1917	42	0	9月、フランスの捕虜収容施設に送還。
1918	43	8	【説教「第2期」:1918~1921年】 7月、ギュンスバッハに帰還。聖ニコライ教会牧師に復帰。
1919	44	19	一人娘レーナ生まれる。
1920	45	1	スウェーデンで講演「世界宗教の倫理」、オルガン演奏会。
1921	46	1	『水と原生林の間に』出版。ヨーロッパ各地で講演、オルガン演奏会。
*1922	47	0	前年に続き、ヨーロッパ各地で講演とオルガン演奏会。
1923	48	1	『文化の衰退と再建』、『文化と倫理』出版。
1924	49	1	『キリスト教と世界宗教』、『生い立ちの記』出版。7年ぶりにアフリカに戻り、病院再建。(1924-1927 第2次ランバレネ滞在)。

＊印は『説教集』に収録された（刊行された）説教原稿が０の年、網かけ部分はアフリカ滞在期間を示す。

そして、私たちは主の箴言の中にその完全なものを持つがゆえに、不完全なもの、つまり預言者についてほとんど語ることはないのです（一九〇四年七月十日）。（N/Predigten:582）

次に聖句の取り上げ方であるが、彼は含蓄のある短い聖句を選び、その聖句に感動して導かれ、これを転調していくというやり方を取る。いわゆる聖書講話（全章を一節ずつ敷衍して説明する）の方法は採用しない。第三に、説教内容の性格は基本的に宗教的・牧会的 religiös-seelsorgerlich である。教義的、教訓的、道徳主義的ではない。また懺悔の説教者のように罪を説くようなことはない。ノイエンシュヴァンダーは、「アルベルト・シュヴァイツァーのような行為と実践の人にあっては、すべてがキリスト者としての人生を実現することに向けられていることは、自明なことである」と述べている[2]。ただし、一九一九年の「生への畏敬」を取り上げた一連の説教は、狭義での倫理的説教となっている。

第四に、説教の語り口としては、意識して素朴な人々に語りかける率直さを持つ。学者的な表現を避けるも、なおかつ思想的な水準を保っている。彼は神学者のように説教せず、平信徒のように語る。そして、形象の豊かさや比喩により、簡素な説教の言葉を生き生きとしたものにしている。「文化哲学」の表現にも、このような語り口の表現が随所に見られる。これに関連して、会衆が異なれば説教のあり方も自ずと異なってくる。例えば、ランバレネにおいてアフリカ人に対する説教は次のように四つの特徴を有している[3]。

①戸外で行う青空礼拝。聴衆は好きなことをしながら参加する。フランス語で話し、両側の二人の通訳に二種類の現地語に通訳してもらう。

②キリスト教について既知の事柄は何もないという前提で話す。

③格言を一つ選び、これに聖書の物語か、幾つかの例話を加えて説明する。最後にこれを繰り返して覚えてもらうようにする。

④神とともにある平和、そしてイエスこそそうした平和をもたらす者だということを強調する。どんな出発点をとっても、内面的なキリスト者になることへ導いていく。

同じ聖書のテキストを用いるにしても、ヨーロッパの会衆とアフリカの会衆とに対する説教では、当然その説き方も異なってこよう。例えば、「兄弟が私に罪を犯した場合、七たびではなく、七たびを七十倍するまで赦しなさい」（マタイ一八・二一、二二）では、次のようになる。ヨーロッパの会衆に対しては、最初から問題提起を行い、かなり理詰めで説いていく（一九一九年三月三十日の説教、N/Predigten:1261-1266）。理想と現実の矛盾をどうすべきか。自分の生存を悪意ある仕方で損なう人をどこまで赦したらよいのか。不正なるがゆえに怒り、自らを守る権利が外面的にあっても、内面的にはないこともある。自分だって無神経に他人への配慮を怠っていることもある。「私たちの出会う多くのことを、人々に負う負い目の償いと認識した人だけが、人生を理解したことになるのです。」具体例は一つだけだが（帳簿をごまかして損失を与えた同僚を、知人の商人は刑事告発せず、赦した）、ただし例話は多い。問題の内容を転調させて展開し、締めくくりの話に持っていき、最後は、聖句を繰り返さない。「生きようとする意志の自己分裂は、人間生活の中にも現れている。つまり、自分の力がまさっていて、合法的に他の人々に打ち勝ったとしても、それに対して無頓着であってはなりません。他人の幸福を大切にするよう努め、内なる心に従ってください。」こうして他人の生命に対する畏敬の念を強調し、聖句はいちいち繰り返さないのである。

これに対し、同じテーマでアフリカの会衆に説教するときは、彼は身近な具体的事例をたくさん示し、実際の説教としても本当に七つの話をしている（G5/Spital:380-382）[4]。例えば次の通りである。隣人のヤギがあなたの夕食のバナナを食べてしまった。しかし、神が農園にたくさんのバナナを実らせたのだから、このことであなたは喧嘩する必要はない。また、農園であなたの草刈り鎌を盗んだ者がいる。犯人も分かっている。これもついでに赦してやろう。それでこそ幸福になれる。心が主イエスの意志に従っているからである。そのような挿話を七通り述べた後、ただちに締めくくりの話に持ってき、最後に聖句を繰り返して終わる。「七たび赦したからといって、それで皆の前で主にほめてもらおうと思ってはいけません。主はペテロに対して言ったように、あなたにも言うでしょう。『七たびでは足りません。更にまた七たび赦さねばなりません。その上に七たび、更にいっそう七たびと、何度もくりかえして赦さなければなりません。神があなたがたの罪を赦してくださるまで……』と。」

最後に、その他の特徴として、待降節、降誕節、受難節の説教に著しいのが、イエスとの神秘的な近づき mystische Jesusnähe である。それはまさに『イエス伝研究史』最終章で、「ひとりの知られざる名もなき者として、彼は我々のところに来て、『私についてきなさい』と言う。……彼との交わりの中で体験される事柄の内に、彼は自らを啓示するだろう。また名状しがたい奥義として、イエスが何びとであるかを体験するであろう……」と語るイエス神秘主義 Jesusmystik の表現（G3/LJF:887〔第十九巻、三二一頁〕）を説教中に活かそうとしたと考えられる。そうした説教の姿勢は主イエスとの深い意志及び生命における交わりの至福の経験に由来するものであるが、それについては関連する個々の説教について詳論する必要があろう。

なお、これに関連して思い起こされるのは、シュヴァイツァーの語るバッハである。『マタイ受難曲』の最後の晩餐の場面において、イエスが弟子たちに対し、「父の御国における晩餐の席では、再びあなたがたと共に杯を飲み干す日が来るだろう」と預言するとき、バッハの目には、イエスが弟子たちの前で浄らかな光に照らされた面持ちで立っている姿が見えている（Bach:407〔第十三巻、一九九頁〕）。バッハはこのとき、自らの芸術的直観によって、神学がかつてなしえたよりも正しく意味をつかんでいるのである。その意味こそ、このイエスとの神秘的近づきなのである。

⑵説教内容に見る生への畏敬の倫理とキリスト教

彼の根本思想との関連で重要な説教は、一九一八年から一九二一年にかけてなされた第二期の説教であり、とりわけ一九一九年の「倫理的問題についての一連の説教」である。ここでは生への畏敬の倫理が『文化と倫理』（一九二三年）よりも前に、キリスト教の説教の文脈ですでに会衆の前で語られているのである。内容的には『われら何をなすべきか』と大部分重なる（引用は『説教集』完全版による）。

生への畏敬の思想に関しては、遺稿集の刊行により、すでにアフリカ行きの前から存在していたことが判明している。本書でも第一章第二節をはじめ度々触れてきたように、一九一一・一二年のシュトラースブルク大学講義「歴史的・批判的神学及び宗教評価のための自然科学の帰結」の中で、生への畏敬について言及がなされているのである（N/SV:693-694）。生命とは我々にとって謎であり神秘でもあって、我々はこれを直観によって知るばかりであると述べ、根っからの唯物論者でさえ、道で虫を踏んだり花をむやみに摘んだりするのを避けるとき、彼の心を満たしているのは、「生への畏敬」なのであると指摘されている。さらにまた、生への畏敬に由来する倫理の基本性格についても、あらゆる生命の掛けがえのなさ、全ての生命とその生命の促進に対する責任感、高次の存在〔人間〕の場合、倫理的には他の生命を破壊する権利が生じるということ、そこには一方で生きとし生けるもの全てが神聖であり、他方には我々が場合によってはやむをえず他の生命存在を犠牲にせざるを得ないときに自らへの責任を引き受けなければならないことまで言及されているのである。

内容的には後年の文化哲学の構想に、ほぼそのままつながる立ち入った論述ともなっている。このことを彼が失念していたことは、それだけ一九一五年九月のオゴーウェ河での「想到」が彼にとって衝撃的だったことを示している。その時、彼は蒸気船に乗って往診のためにオゴーウェ河を遡上していた。船がカバの群れの間を進んでいった時、「今まで予感もしなければ探し求めたこともなかった「生への畏敬」Ehrfurcht vor dem Lebenという言葉がとつぜん心に浮かんだ」という。「私はついに、世界人生肯定と倫理を包括する理念に到達した。今こそ、倫理的な世界人生肯定の世界観が、文化の理念と共に、思考の中に基礎づけられることになったのである」（G2/LD:169〔第二巻、一九二頁〕）。

このことは、次のように説明することができるのではないだろうか。つまり、アフリカ行き（一九一三年）以前は、「生への畏敬」は、シュヴァイツァーにとって研究活動で探求された概念として学習知・研究知であった。これが一九一五年でのオゴーウェ河での「想到」を経て、全人格的な根本経験として体験知となり、以後、彼の思想の中心概念になったのである。そして、アフリカ行き以後は、この体験知をより深められた概念として理論知へと深めていくことになる。すなわち、生への畏敬の思想が普遍的な倫理思想としてどういう位置づけを持つかを、ヨーロッパ精神史（文化哲学第二部）において、さらには人類全体の精神史（文化哲学第三部）において探求することとなったのである。

ところがシュヴァイツァーは、一九一九年二月の時点で、早くも一連の生への畏敬の倫理を主題とした説教を行っているのである。つまり、生への畏敬を哲学的著作よりも説教で先に表明したということは、単に文化哲学の思想にとどまらず、キリスト教の会衆に伝えるべき重要な使信として理解していたことを意味している。これら一連の説教は二月から九月にかけて、すべて聖ニコライ教会の日曜朝の説教として行われた。(5) 重要なのは次の五つである（＊印はシュヴァイツァーが生への畏敬に引き付けて展開した内容である）。

①二月十六日　主なる神への愛・隣人愛を主題とした「大いなる掟」についての説教（マルコ一二・二八〜三四）。＊生命を共に体験し、維持することが最大の掟である。

②二月二十三日「誰も自分のために生きているのではない」を主題にした説教（ローマ一四・七）。＊私たちは世界の中に生き、世界は私たちの中に生きている。

③三月二日「義人はその家畜を憐れむ」を主題とした説教（ソロモンの箴言一二・一〇）。＊人間以外のあらゆる生命に畏敬をもって接することを求める。

④三月十六日「裁いてはならない、裁かれないために」を主題とした説教（マタイ七・一）。＊人間の生命についての畏敬の念は他の生き物に対するのとは別格のものがある。

⑤三月三十日「悪には逆らうな—私は兄弟を幾たび赦さなければいけないか」を主題とした説教（マタイ五・三九、一八・二一）。＊すべてを赦し、他者の生存を侵害しないのが倫理的人格の基礎である。

このうち、生への畏敬とその特徴について最もよく語っているのは、②の説教（邦訳は無し）である（N/Predigten:1240-1242）。その内容は次の通り。人間は共に体験し共に苦しむということの認識に達することができ、これが生への畏敬の認識となるものである（自然は生への畏敬を知らない）。そこに自然法則と道徳法則との裂け目が存在する。自然の中に出現する神は有意味に生命を創造する力でもあれば、同時に無意味に生命を破壊する力である。この自然の力である神を、道徳的意志たる神、愛の神へと一致できるとすれば、それは生命についての高次な知識である生への畏敬に、共に生き共に苦しむことへと高められたときである。それゆえ、我々は道徳というものを、完結した世界観や神概念の内に確定させるのではなく、世界観に由来する矛盾から守らなければならないのだ、と。

なお、これら倫理的テーマの説教で述べている具体的実践の主張は、『文化と倫理』の中でも展開しており、文化哲学の論述でありながら、そこでの記述はまるでシュヴァイツァーが説教壇から語りかけてくるような調子になっていることも付言しておかなくてはならない[6]。

これらの説教における神や生命に対する理解の特徴としては、「神は無限の生命 das unendliche Leben である」という端的な言い方で分かるように、第一に人格としての「神」概念よりも生命としての「神」を強調し、被造物としての生命という主張ではなく、生命はむしろ生の哲学の概念的枠組みでとらえられていることである。人格性・倫理性を言うのであれば、それはむしろイエスに集中している。神と呼ばれる、とらえがたい無限で生き生きとした存在への「畏敬の念からして、一人の人間に対しても決して疎遠に感じてはならず、助けつつ共に体験を分かち合うよう、自ら強いなければならない」（一九一九年二月十六日の説教、N/Predigten 1236f.〔第二十巻、四一三〜四一四頁〕）。そして、「私たちにおいては、彼〔イエス〕の御霊《みたま》 Geist の声が、私たちの生きているこの時代のただ中で次のように発せられています。つまり、私たちはこの完全な個人的倫理の理想を抱いて、活動的実践的な人間として世界の中におり、この理想をすべてにおいて私たちの最も尊いものとして御霊のエネルギーとして大切に守り、諸々の関係およびそれが課してくるものに対して、徹底的に抵抗していくことができますように」と語っている〔同年五月四日の説教、N/Predigten:1271〔邦訳無し〕〕。

生命というものを生の哲学の枠組みで捉えているという点について言えば、シュヴァイツァーは次のように端的に説いていることからもそれが分かる。しかもこうしたことは、アフリカ行き以前の説教からも読み取ることができるのである。

認識のすべての探究が私たちに最後に教えてくれることは、すべての物事やすべての出来事の背後に、もはや捉えつくせないものとして意志 Wille がある、ということです……。外界の出来事の中に一つの総体意志 Gesamtwille があります。これは、存在の根源から由来し、すべての物事へと伝わり、存在する一切を保持しているもの……、つまりそれは神の意志です。私たちの中においても、私たちの意志は何らかの仕方で神の意志から生まれ、またそこに根ざしている、けれどもそれは私たちの意志です。この人間存在の究極の問題は、認識を超えたものです。私の周りは謎ばかりがあります。（中略）そして人間の到達しうる最高の認識は、私たちの意志が無限な意志と一つになる、つまり人間の意志が神の意志と一つになるという、平和への憧憬です。（中略）私たちは、苦難の中で、「あなたの意志が天におけると同様、地上においても成るように」（マタイ六・一〇）と祈るために、活動的で意欲する人間としてそれ〔神の意志〕を求め、そのうちに私たちの人生の喜びを見出さなければなりません（一九一三年三月九日）。（N/Predigten:1193f.〔第二十巻、三八六頁〕）

彼は存在の本質を「意志」に見出し、その生の哲学の枠組みで、謎である「神」へと接近しようとした節がある。これが、生への畏敬という鍵概念を得て以来、その表明は明瞭なものになっていく。それゆえ、説教における生命概念について更に言うならば、次のように指摘することができよう。

まず第一に、この生命概念の内には、単に生物学的生命にとどまらない、形而上学的ともいえる生の哲学の枠組みがあるということである。彼は、動物や植物にとどまらず、雪の結晶のようなものにも生命を見出しているのである。一片の雪があなたの手の上に落ちている。それは驚嘆すべき結晶として輝いている。しかし見る間にそれは痙攣を起こし、たちまち溶けて消えてしまう。「無限の空間からあなたの手の上に落ちてきた一片の雪は、そこで輝いたかと思うと、痙攣を起こして死にました。これはあなたなのです。あなたが生命を見るところには、どこでもそうなのですが、それはあなたなのです」（一九一九年二月一六日の説教、N/Predigten:1238〔『われら何をなすべきか』二二頁〕）。

第二に、説教における生命概念の内には、他の生き物とは異なり、人間の生命は別格であるという考え方がある。身近な動物への倫理的配慮が問題になる場合はやむを得ない必然的な場合に迫られたときにのみ、そうした動物の生命を断つ権利が人間の側にある。それは動物の不必要な苦しみをなくすためである。彼は、子猫を処分しなければならないときは、水に流したりせず（そんなことをすれば子猫は痛ましく叫びながら水の中を漂わざるを得ないだろう）、ひと思いに頭を金槌で叩いて殺しなさい、とすら述べるのである（一九一九年三月九日の説教、N/Predigten:1252〔『われら何をなすべきか』四七〜四八頁〕）。

しかし、生への畏敬が、人間の生命に適用されるとなると、価値実現に向けての畏敬となる（ここに文化哲学への展開可能性を見ることが可能になる）。それは単に、他の生命のようにその存在およびその苦難に対するだけではなく、人間という最高の存在に与えられてあるすべての価値と目的への畏敬を意味する。人間の生命には、苦難しかなくとも、これを中断することは許されない。「道徳的であるとは、それゆえ私には自己の生存も、あるゆる人間の生存も神聖であること、そして私は自己の存在の高次の使命を、他のあらゆる人間のそれと同様に確信し、これに従って行動するということです。消極的に言うなら、道徳的であるとは、私がある人の生存に対してなんら侵害することをさせず、彼の生存に属する持ち物、地位、幸せ、名声や評判といったものすべてに手を出さないことなのです」（一九一九年三月十六日の説教、N/Predigten:1258〔『われら何をなすべきか』六〇〜六二頁〕）。

生への畏敬は、キリスト教とは世界観的に本質的相関関係 wesensverwandt にある、というのがシュヴァイツァーの根本認識である。ただし、それはどこまでも我々が他の生命と同じく生きんとする生命であるという事実的な「存在の論理」に由来しながらも、これとは関係なく、我々自身の内部に根差した愛の意志として行使される「実践の論理」としてである。ここに、イエスに集中される倫理性・人格性の所在がある。『わが生活と思想』の「エピローグ」で、彼は次のように述べる。「生への畏敬の世界観は、その宗教的に実践する愛の倫理とその内面性によって、キリスト教の世界観と本質的相関関係にある。この世界観により、キリスト教と思惟はこれまで以上にいっそう大きく精神生活に貢献する相互関係を結ぶことが可能になった」と（G1/LD:245〔第二巻、二八五頁〕）。

そして、彼自らの提唱する生への畏敬の倫理こそ、万物一切へと拡充された愛の倫理であり、それは「イエスの倫理を考究するさいに思惟必然的 denknotwendig に到達される倫理である」（G1/LD:241〔第二巻、二八五頁〕）と、シュヴァイツァーは主張するのである。

註

（1）この『説教集』は決定版であるが、必ずしも完全版ではなく、未収録（素描）の説教原稿はこの他に百四十七篇あるという。この百四十七篇中、「新約聖書」からは百二十三篇「旧約聖書」からは二十篇、テキスト無し四篇となっている。

（2）これは『シュトラースブルク説教集』（*Straßburger Predigten*, München 1966）の巻末に編者のノイエンシュヴァンダーが付した解説による（SP 1966:172〔第二十巻、四六一頁〕）。なお、邦訳は『シュヴァイツァー著作集』第二十巻の熊沢義宣訳のほかに、会津伸訳の『心は夕日よりも明るく―シュトラースブルク説教集』（新教新書、一九六七年）がある。

（3）これは、G・シーバーの伝記に引用された「ランバレネの日曜日」（'Ein Sonntag in Lambarene', Seaver 1949: 138-144〔シーバー、一七七〜一八四頁〕）の中で、シュヴァイツァー自身が説明している箇所である。なお、この説教は一九三〇年に『スイスプロテスタント会報』に載せられ、ドイツ語著作集第五巻に「病院での説教I」として転載されている（G5/Spital:380-382）。

（4）この説教は上記（3）「ランバレネの日曜日」に引用されている（'Ein Sonntag in Lambarene', Seaver 1949:141-143.〔シーバー、一八一〜一八四頁〕）。

（5）一九一九年二月から八月まで、一連の倫理テーマを扱った連続十二回のシュトラースブルクでの説教が『われら何をなすべきか』（*Was sollen wir tun? 12 Predigten über ethische Probleme*, Heidelberg 1974）として刊行されている（編者はM・シュトレーゲとL・シュティーム）。この邦訳も会津伸により『われら何をなすべきか―倫理の問題に関する12章』（新教出版社、一九七五年）として刊行されている。倫理的テーマとしては十六回の説教原稿が残され、生への畏敬の倫理を踏まえながら所有や感謝、正義、真実の生き方などについて展開されている。ただし、一部の原稿は断片的な警句が書かれているのみである。

（6）『文化と倫理』第二十一章第四節「人間と被造物」は、二月二十三日・三月二日の説教に、同第五節「人間対人間の倫理」は三月十六日・六月十五日の説教に、そして同第六節「個人的責任と超個人的責任、倫理と人間性」は五月三日の説教に重なっている。

◉総括
生への畏敬の倫理的神秘主義の精神史的境位

一九〇一年、二十六歳のシュヴァイツァーは、『イエス小伝』の中で、イエスには生涯における思想の発展はなかったとして次のように述べている。

より初期にさかのぼるイエスの発展については、我々は何も知らない。すべては闇の中にある。確実なことはただ一つ。洗礼を受ける間に、彼には、神がメシアとして定めた者こそまさに自分なのだという、自らの存在の秘密が開き示されたのだということだ。この啓示により、彼は完成した。彼はもはや、さらなる発展なるものを敢行することはなかった。(G5/ML:327〔第八巻、二七八~二七九頁〕)

これと似たようなことは、シュヴァイツァーの思想にもある程度あてはまるようだ。すなわち、彼の思想は、哲学においても神学においても、彼が公に著作活動を開始したときに、その根本的なところは完成されたかたちで出現している。その後、多様な論述の展開や議論の精緻化が見られ、用語の使用法も多少の変化はあるにしても、根本的な部分は大きく変わることはなかった。

シュヴァイツァーがシュヴァイツァーとして登場したとき、彼はいわばすでに一人の完成された思想家であった。しかしそれは、出来上がった思想家ということを意味しない。

イエスにおける「啓示」は、シュヴァイツァーにあっては「生への畏敬」と言ってもよい。一九一五年九月のある日、アフリカのオゴーウェ河でカバの群れを見て想到したというこの理念は、なるほどその言葉も意味内容もシュトラースブルク大学での講義ノートにも記されていた。しかし、それは思想の胚芽のようなものであった。生への畏敬が生き生きとした思想として力強く動き出すためには、彼自身の生命の根本体験が必要だったのだ。このとき、生への畏敬はシュヴァイツァーの思想と人生とに完全に浸透したのだった。そして彼はその後、古今東西の思想を渉猟し、吟味を加えながら、熟慮の中で自らのこの思想を肯定し、彫琢を重ねていく。文化哲学に関する一連の探究はまさにその現れであった。そしてその射程は世界哲学にまで及んだ。

彼もまた自らをとりまく時代状況に動かされた。第一次世界大戦で軟禁生活を強いられた際、彼は当初のパウロ研究の著作の完成を後回しにして、生への畏敬にもとづく文化再興の哲学を構築するほうが先決だと考えた。第二次世界大戦後の冷戦の時代では、全面核戦争の脅威もありうるとして、彼は再び神学研究に向かった。現代は神の国の実現か、核戦争による人類絶滅かという強い危機感がそこにあったのである。一見、別個のように見える、一九四七年から五一年にかけて書かれた『神の国とキリスト教』（完全版一九九五）の研究とジャーナリズムを意識した平和メッセージの発信とは、そうした危機感という底流で連動したものだったのである。

そして著作活動の結果として我々に残されたのは、共に一九二三年に刊行された「文化哲学第一部」である『文化の衰退と再建』及び、「文化哲学第二部」である『文化と倫理』の二つの既刊著作であった。「文化哲学第三部」の『生への畏敬の世界観』（一九九九、二〇〇〇）は一九三一年から一九四五年まで何度も練り直されたものの、巨大なトルソに終わってしまった。しかし、たしかに生への畏敬の倫理的神秘主義は、この目論見の下で、人類の精神史の内に収斂的位置づけを持つものとして定位されて検討を経ているのである。文化国家について論じる予定だった「文化哲学第四部」は、結局それとしては書かれることはもはやなかったが、その構想は『われら亜流者たち』（二〇〇五）としてまとめられた初期原稿（一九一四〜一九一八）の中に見出すことができる。

我々は、彼の遺稿集を通覧することを通じて、シュヴァイツァーが自らの生への畏敬の思想を人類の精神史的展望の中で繰り返し確認し、そのたびによりいっそうこの思想に確信を深めていく足跡をたどってきた。なお、倫理的神秘主義ということで言うならば、その最もすぐれた、そして完成された著作は『使徒パウロの神秘主義』（一九三〇）である。シュヴァイツァーは、この著作の中で「この世から自由になり、この世へと自由にかかわる」姿勢を神学研究によって余すところなく証示している。それはキリストと共に死に復活するというキリスト神秘主義である。これはイエスとの精神（霊）における交わりと信従の表現たるイエス神秘主義を、より明確に倫理的神秘主義として掘り下げた表現である。それはまさに深められた世界人生肯定的世界観であり、彼の場合まさにそれは生への畏敬の倫理的神秘主義というかたちで表されるものであった。そしてヨーロッパ精神史のみならず、人類の精神史的営みを全体として眺めて、そこから思惟必然的にそこへと至らざるをえないものとして証明しようとした。彼はさらに自らの信仰生活と倫理的実践を通じても、たえずこのことを確証しようとしたのである。

シュヴァイツァーの世界思想理解は、生への畏敬の世界観へと思惟必然的に収斂していく性格を有している。『文化と倫理』（一九二三）ではヨーロッパ精神史が、『インド思想家の世界観』（一九三四）ではインドの精神史が、そして遺稿集を見ても『中国思想史』（二〇〇二）では中国の思想が、先述した「文化哲学第三部」やより以前の一九一九年からの原稿を含む『世界宗教における文化と倫理』（二〇〇一）では人類全体の精神史が取り上げられるのであるが、それらの哲学・宗教思想が倫理的世界観と超倫理的世界観、世界人生肯定と世界人生否定、一元論と二元論といった概念枠による定式化の中で分類され、仕分けられていく。これをなしうるシュヴァイツァーの思索力の手腕には感嘆の念すら覚える。しかしその一方で、この一種の力技からは、彼が自ら敷いたレールの上を、さまざまな列車を走らせているような印象もたしかに免れない。

だが、一見そのような印象を与えるのは、彼の思想的営みの基盤ががっしりと揺《ゆる》ぎないものであり、そこにキリスト神秘主義にきわまる彼自身の力強い宗教的信念及び、そこにおける生への畏敬の倫理的神秘主義の普遍的な思惟必然性への哲学的な確信があったからに他ならない。それゆえ彼が我々に提示して見せた人類の精神史は、単なる思想のカタログではなく（そのようなことには彼はなんら重きを置いてはいなかった）、まさに世界観を求める人類の精神的営みの探究史として理解すべきなのである。

シュヴァイツァーは著作活動の出発当初から断固とした歩みの確立した思想家であった。そしてそういう思想家だからこそ、大きな辛苦や挫折を嘗めつつもこれらを意志と信念の力で乗り越え、半世紀にもわたるランバレネでの医療奉仕的実践に携わることができたのである。一九六二年、八十七歳になった彼は、自らの思想的探究を振り返って次のように語っている。

私がいまあるところの最大の力の源泉は、人間の存在、そして我々が福音の精神で人生を歩んでいくべき道について、イエスやパウロの思想を知る中から進展してきたものである。この力の源泉は私にとって、歳月の経過とともに、いっそう豊かに、またいっそう明らかに溢《あふ》れ出てくるものであった。（中略）私の思想の中には、啓示された真理と、深い思惟から来る真理とは、どちらも共に属していた。真理の探究において、我々が思惟の賜物をも用いるよう、神はこの賜物を賦与されたのだ。私はそのように理解している。深い宗教と深い思惟とは相互に一致しなければならぬという私の期待に、私は欺かれることはなかった。深い宗教は思索的であり、深い思想は宗教的になるというのは、実際にもその通りなのである。（AmL:140-141）[1]

深いところで宗教と思想が交錯しあう様相は、まさに神秘主義ともいうべきありようである。この神秘主義の中に出現するのが倫理であり、それが倫理的神秘主義 ethische Mystik を構成するのである。

ただし、倫理的神秘主義というこの表現には大きな逆説がひそんでいる。それは、シーバーが巧みに表現しているように、倫理としては有神論と二元論に傾くが、神秘主義としては汎神論と一元論に傾くということである（Seaver 1949:356-357〔シーバー、四九〇頁〕）。シュヴァイツァーはこの大きな逆説をあえて引き受け、まさにその中から人をして実践へと駆り立てる力とエネルギーを引き出していく。彼は、『キリスト教と世界宗教』（一九二二）の中で、冷たい水の不動の海洋の中を流れていく暖流に例えてこれを表現した（G2/CW:711-712〔第八巻、六六頁〕）。この海洋と暖流とが共に同じ海でありながら、まるで異なった様相を呈しているように、世界の諸力の神と愛の神との関係もまた、同じ神であってしかも全く異なった性格を有する神である。そして我々は、愛の神、すなわち生き生きとした暖流にこそ身をゆだね、この暖流に乗って彼方へと身を運んでいこうではないか、と。彼はこのことを、キリスト教の伝道者や伝道希望者向けの講演で語ったのであるが、同じことは実はキリスト教以外の他のあらゆる宗教者たちに向けても、また深い宗教的情操を有するあらゆる一般の人々に向けても発信できるメッセージと言えるのではないだろうか。そのメッセージとはすなわち、この世でどのような勢威が支配しようとも、彼らにもまた、それぞれの仕方で愛の献身的実践へと自らを深く駆り立てていくことが求められる、ということである。

倫理的神秘主義がそのように普遍的な形姿を取るためには、宗教哲学的な定式化が必要である。これについて、シュヴァイツァーは生への畏敬の倫理的神秘主義という最終的表現を見出した。生きんとする意志それ自体は、たしかに外界においては互いに相克しあい、生存をめぐる闘争の中に存在するものであろう。我々人間とて例外ではなく、他の生き物と同様に生存をめぐる闘争の修羅場にある。しかし我々が自らの生命を「生きんとする生命に囲まれた生きんとする生命」であると自覚するところでは、我々の内部において、生への意志が愛の意志として発現し、そこに生への意志が生への畏敬へと昇華されて内なる倫理的エネルギーとして発露するようになる。そして、この生への畏敬が自らに向かえば、我々自身の自己完成や自己実現となり、他者へと向かえば献身や奉仕的実践として発動される。

一九五二年十月、フランス学士院会員に選出された際の講演は、「生への畏敬を通じて、私たちは根本的にして、深く生き生きとした仕方で敬虔になるのです[2]」という言葉で締めくくられている。生への畏敬はそうした敬虔さを通じて、思惟必然的でありながら宗教的なあり方を有してくる。我々人間はだれもが心の中に「神の国」の理念を創り出すことで、この理念を平和の国の理念として打ち出し、それを自らの人生や生活の中で実践していくことが求められる。シュヴァイツァーにとってのランバレネの医療奉仕的実践はまさにそのようなものであった。そして彼が晩年、全面核戦争の危機を正面から見据え、国際政治のより踏み込んだ場面において平和アピールを行ったのも、この発想の延長線上にあると言ってよい。

シュヴァイツァーは二十世紀の危機の時代を生きた。二つの世界大戦前後は文化・文明の再興へと向かい、そして第二次世界大戦後は核実験停止と世界平和の再構築のために彼なりに力を尽くしたのだった。心の中の神の国は、今こそ平和の国として現実化されなくてはならない。すなわち人類は、民族・人種の対立を超え、思想信条の相違に関わりなく、生への畏敬から発する内心の敬虔さを通じて世界平和を実現しなければならない。彼が最後に訴えようとしたことは、まさにこのことであった。二十一世紀を迎えた今、冷戦時代の全面核戦争の危機はもはや過去のものとなったが、これに代わって止むことのない地域紛争やテロリズムの激化、地球規模での環境汚染や生態系悪化という新しい現実に我々は直面している。しかしこれらの現実を前にしても、シュヴァイツァーの生への畏敬の倫理的神秘主義はいささかも古びてはいない。それどころか、以前にもいやましてその体得と実践は、我々一人ひとりに強く求められるものとなってきているのである。

註

（1）これは「我々の精神的存在の力の源泉」（Die Kraftquellen unseres geistigen Daseins）と題された寄稿論文で、*Universitas*（hrsg.v. H.W. Bähr, Heft 5/1962）に掲載された。

（2）これは「人類の思想の発展における倫理の問題」と題された講演である。原文フランス語であるが、"Das Problem der Ethik in der Höherentwicklung des menschlichen Denkens"として、ドイツ語版著作集第五巻に載せられている（G5/ PdE:143-159〔第六巻、一五一～一七五頁〕）。

初出一覧

本書各章の元になった既発表論文は以下の通りである。
これらの論文は本書に収録するにあたり、全体の文脈にあわせて大幅に組み換え、また加筆修正を行っている。

第一章　初期文化哲学の構想（「「文化国家論」にいたるシュヴァイツァーの文化哲学の射程―『われら亜流者たち―文化と文化国家』をめぐる一考察」『天理大学おやさと研究所年報』第十五号、二〇〇九年）

第二章　文化哲学から世界哲学へ―文化哲学第三部の構想―（書き下ろし）

第三章　ウプサラ講演とギッフォード講義―文化哲学形成期の講演活動―（「テキスト解説「ウプサラ講演」（一九二〇年）―シュバイツァーの講演活動から―」『シュバイツァー研究』第三十号、二〇一四年）、「テキスト解説「ギッフォード講義」（一九三四年、一九三五年）―文化哲学から世界哲学への移行期の連続講義―」『シュバイツァー研究』第三十一号、二〇一六年）

第四章　中国思想史研究の視座とその展開（「シュヴァイツァーの中国思想史研究の視座とその展開」『天理大学おやさと研究所年報』第十三号、二〇〇七年）

第五章　宗教哲学―哲学と神学を橋渡しするもの―（「シュヴァイツァーの宗教哲学―遺稿『世界宗教における文

化と倫理を中心に──』」『天理大学おやさと研究所年報』第十四号、二〇〇八年）

第六章　シュトラースブルク時代の神学研究─パウロ研究を中心に─（「『シュトラースブルク講義』に見るシュヴァイツァーのパウロ研究の出発点」『天理大学おやさと研究所年報』第十九号、二〇一三年）

第七章　晩年の神学研究─『神の国とキリスト教』完全版─（書き下ろし）

第八章　平和論─最晩年のシュヴァイツァーの使命─（「シュヴァイツァーの平和論─とくに反核思想の展開とその影響について─」『天理大学おやさと研究所年報』第十七号、二〇一一年）

付　論　説教集に見るシュヴァイツァーの牧会活動（書き下ろし）

総　括　生への畏敬の倫理的神秘主義の精神史的境位（書き下ろし）

参考文献

かつてシュヴァイツァー国際文献目録（*AS International Bibliography*, ed. by Nancy Griffith and Laura Person, Boston (The AS Fellowship USA),1981）という大部の書物が刊行されたことがあった。この文献目録は、一九七九年までに刊行されたシュヴァイツァー自身の著作等を含む伝記、研究書、論文、雑誌、映画、レコード等の資料は十数か国に及び、その刊行点数も五千三点に上った。三十年後の現在（二〇一一年）では、こうした資料類はさらに増えているはずで、しかも二〇〇〇年前後から刊行された彼の遺稿集発刊により第一次文献が面目を一新した（序論参照）。ここでは、本書の内容にとくに関連のある文献資料を掲げることにする。個々の論文については煩雑になるので省略した。なお、凡例にも記したように、Albert Schweitzer はAS と略記する。

(1)欧文による伝記・研究書

Anderson, Erica 1964 *AS's Gift of Friendship*, New York (Harper and Row).

Anderson, Erica 1965 *The S Album. A Portrait in Words and Pictures*, New York (Harper and Row).

Bähr, Hans Walther (Hrsg.) 1962 *AS. Sein Denken und sein Weg*, Tübingen (J.S.B.Mohr).

Berman, Edgar 1986 *In Afria with S*, Far Hills, N.J.(New Horizon Press).

Bravason, James 1976 *AS: A Biograhy*, London (Victer Gollencz).

Bremi, Willy 1953 *Der Weg des protestantischen Menschen, Von Luther bis AS*, Zürich (Artemis).

Brüllmann, Richard (Hrsg.) 1989 *AS Studien*, Bern und Leipzig (Paul Haupt).

Brüllmann, Richard (Hrsg.) 1991 *AS Studien 2*, Bern und Leipzig (Paul Haupt).

Brüllmann, Richard; Schützeichel, Harald (Hrsg.) 1995 *Leben in der Kultur: Beiträge zur A-S-Forschung 4*, Weinheim (Beltz Atenäum).

Buri, Fritz 1941 *Christentum und Kultur bei AS*, Bern und Leipzig (Paul Haupt).

Buri, Fritz 1947 *AS und unsere Zeit,* Zürich (Artemis).

Buri, Fritz 1955 *AS als Theologie heute*, Zürich (Artemis).

Cicovaki, Predrag (ed.) 2009 *AS's Ethical Vision. A Sourcebook*, New York (Oxford University Press).

Clark, Henry 1964 *The Philosophy of AS*, London(Methuen).(1st published in 1962 with the title: 1962:*The Ethical Mysticism of AS*).

Cousins, Norman 1960 *Dr. S of Lambaréné,* New York/Evanston/London (Harper and Row).

Cousins, Norman 1985 *AS's Mission: Healing and Peace,* New York/London (W.W.Norton and Company).

Doty, James Edward 1965 *Postmark Lambarene: A Visit with AS*, Indianapolis (John Woolman).

Ecker, Manfred 2001 *Dialektik im idealistischen Denken ASs: Beiträge zur A-S-Forshcung 7*, Frankfurt a. M. (Lang).

Feschotte, Jaques 1954 *AS. An Introduction*, Chatham (W. and J. Mackay).

Franck, Frederick 1959 *Days with AS. A Lambaréné Landscape*, New York (Holt, Rinehart and Winston).

Frey, Clemens 1993 *Christliche Weltverantwortung bei AS, mit Vergleichen zu Dietrich Bonhoeffer : AS Studien 4,* Bern und Leipzig (Paul Haupt).

Gräßer, Erich 1979 *AS als Theologe*, Tübingen (J.S.B.Mohr).

Gräßer, Erich 1997 *Erich Gräßer: Studien zu AS.Gesammelte Aufsätze, Beiträge zur A-S-Forschung 5,* Mühling, Andreas (Hrsg.) Bodenheim (Philo).

Groos, Helmut 1974 *AS. Größe und Grenzen*, München (E.Reinhardt).

Günzler, Claus usw.(Hrsg.) 1990 *AS-heute. Brennpunkte seines Denkens*, Tübingen (Katzmann).

Günzler, Claus 1996 *AS. Einführung in sein Denken*, München(C.H.Beck).

Hagedorn, Hermann 1947 *Prophet in the Wilderness. The Story of AS*, New York (Macmillan).

Honsak, Thomas 1998 *Die Ethik des AS. Eine Diskussion seines ethischen Konzepts*, Frankfurt a.M. (Peter Lang).

Hunter, Allan A. 1939 *Three Trumpet Sound. Kagawa-Gandhi-S*, New York (Association Press).

Ice, Jackson Lee 1971 *S: Prophet of Radical Theology*, Philadelphia (Westminster Press).

Jilek-Aall, Louise 1990 *Working with Dr. S. Sharing his Reverene for Life*, New York (Hanock House).

Joy, Charles R. 1951 *Music in the Life of AS: with selections from his writing*, New York (Harper and Brothers).

Kasai, Keiji 1980 *Die Bedeutung des Christentum in der heutigen Welt bei AS und Paul Tillich*, Bern und Stuttgart (Paul Haupt).

Kraus, Oskar 1926 *AS Sein Werk und seine Weltanschauung*, Charlottenburg (Pan). English tr.: *AS: his Work and his Philosophy*, London (A. and C. Black), 1944.

Langefeld, Gabriel 1960 *AS. A Study of his Philosophy of Life*, London (Allen and Unwin).

Mai, Hermann 1992 *AS und seine Kranken*, Tübingen (Tübingene Chronik).

McKnight, Gerald 1964 *Verdict on AS, the Man behind the Legend*, New York (John Day).

Miller C. Miller, Pouilliard, James (ed.) 1992 *The Relevance of AS at the Dawn of the 21st Century*, Lanham/New

York/London (University Press of America).

Mbondobari, Syvère 2003 *Archäologie eines modernen Mythos: ASs Nachruhm in europäischen und afrikanischen Text- und Bildmedien: Beiträge zur A-S-Forshcung 9*, Frankfurt a. M. (Lang).

Mozley, Edward N. 1950 *The Theology of AS: for Christian Revolutionary*, London (A. and C. Black).

Müller, W. Erich 1993 *ASs Kulturphilosophie in Horizont säkularer Ethik*, Berlin/New York (de Gruyter).

Müller, W. Erich (Hrsg.) 1997 *Zwischen Denken und Mystik. AS und die Theologie heute: Beiträge zur A-S-Forschung 6,* Bodenheim (Philo).

Müller, Wolfgang Erich; Ecker, Manfred 2001 *Religion und Verstehen: ASs Religionsverständnis und der interreligiöse Dialog: Beiträge zur A-S-Forschung 8*, Frankfurt a. M. (Lang).

Munz, Walter 1991 *AS im Gedächtnis der Afrikener und in meiner Erinnerung: AS Studien 3,* Bern/Stuttgart (Paul Haupt).

Murry, John Middleton 1948 *The Challenge of S*, London (Jason-Press).

Neuenschwander, Ulrich 1974 *Denker des Glaubens I*, Gütersloh (Gerd Mohn).

Neuenschwander, Ulrich 1997 *Christologie-verantwortet vor den Fragen der Moderne: AS Studien 5*, Bern-Stuttgart -Wien(Paul Haupt).

Nossik, B. Mihaelowitsch 1977 *AS. Ein Leben für die Menschlichkeit*, Leipzig (S.Hirzel), übersetzt aus Russisches.

Oswald, Suzanne 1971 *Mein Onkel Bery. Erinnerungen an AS*, Zürich und Stuttgart (Botapfel-Verlag).

Picht, Werner 1960 *AS. Wesen und Bedeutung*, Hamburg (Richard Meiner).

Piechal, Jean 1956 *AS. The Life of a Great Man*, London (Lutterwroth).

Randin, Willy 1983 *AS: un exemple pour notre temps*, Assens (Association suisseA-S).

Rud, A. Gordon 2011 *AS's Legacy for Education: Reverence for Life*, New York (Palgrave Macmillan).

Scholl, Johanness 1994 *AS-von der Ehrfurcht vor dem Leben zur transkulturellen Solidarität: Beiträge zur A-S-Forschung 2,* Weinheim (Beltz Altenäum).

Schütz, Gottfried 2005 *Leben nach Mass - zwischen Machbarkeit und Unantastbarkeit. Biotechnologie im Licht des Denkens von AS: Beiträge zur A-S-Forschung 10*, Frankfurt a. M. (Lang).

Seaver, George 1944 *AS: Christian Revolutionary*, London (James Clarke).

Seaver, George 1947 *AS: the man and his mind*, London (Adam and Charles Black).

Seaver, George 1949 *AS. Als Mensch und Denken*, Göttingen (Deuerlische Verlagsbuchhandlung), übersetzt aus 3. Auflage, London, 1949.

Steffahn, Harald 1979 *AS*, Reinbek bei Hamburg (Rowohlt).

Strege, Martin 1956 *Das Reich Gottes als theologische Problem im Lichte der Eschatologie und Mystik ASs*, Stuttgart (Evangelisches Verlagswerk).

Strege, Martin 1965 *AS. Religion und Philosophie,* Tübingen (Katzmann).

Watzal, Ludwig 1985 *Ethik Kultur Entwicklung. Zur Entwicklungskonzeption Ss*, Göttingen (Muster-Schmidt).

Wenzel, Lene (Hrsg.) 1974 *AS gestern-heute. Eine Anthrogie der Begegnungen*, Bern (Paul Haupt).

Werner, Martin 1924 *Das Weltanschauungsproblem bei Karl Barth und AS*, München (C.H.Beck).

Werner, Martin 1924 *AS und das freie Christentum*, Zürich (Beer und Cie).

Werne, J.Hans 1986 *Eins mit der Natur. Mensch und Natur bei Franz von Assisi, Jakob Böhme, AS, Teilhard de Chardin*, München (C.H.Beck).

Winnubst,Benedict 1974 *Das Friedensdenken ASs. Seine Antwort auf die Bedrohung des Lebens, besonders des menschlichen Lebens, durch die Kernrüstung*, Amsterdam (Rodopi N.V.).

Zager, Werner 2009 *AS als liberaler Theologe: Studien zu einem theologischen und philosophischen Denker: Beiträge zur A-S-Forschung 11*, Berlin/Münster (Lit).

＊シュヴァイツァーへの献呈・記念論集（刊行順）

Ehrfurcht vor dem Leben. AS: Eine Freundegabe zu zeinem 80. Geburtstag, Berlin (Paul Haupt) 1954.

Universitas"*A-S-Heft*", 15.Jahrgang/Heft 1, hrsg.von Hans Walter Bähr, Stuttgart (Wissenschaftlihe Verlagsgesellschaft), Januar 1960.

Begegnung mit AS. Berichte und Aufzeichnungen, hrsg. von Hans Walter Bähr und Robert Minder, München (C.H. Beck) 1965.

AS. Beiträge zu Leben und Werk, hrsg. von Gerald Götting, Berlin (Union) 1965.

＊各国のシュヴァイツァー協会機関誌

Berichte aus Lambarene, Schweizer Hilfsverein für das Spital in Lambarene, Basel.

Cahiers AS, L'Association Française de ses Amis, Strasbourg

Rundbrief für den Freundkreis von AS, Deutschen Hilfsverein für das A-S-Spital Lambarene, Frankfurt a.M.

『ランバレネ』『シュバイツァー研究』、一般社団法人シュバイツァー日本友の会。

（これらの協会・友の会では現在いずれもホームページを有している）。

(2)日本語の伝記・研究書

＊ここには翻訳書のほか、また表題にはその旨記していないが、その内容においてシュヴァイツァーを論じた研究書も含めている。

アンダーソン、エリカ（写真）ユージン・エクスマン（文）（一九五七）『シュヴァイツァーの世界』（野村実訳、白水社）。

海老沢功（二〇〇一）『素顔のシュヴァイツァー　ノーベル平和賞の舞台裏』（近代文芸社）。

オズヴァルト、ズザンネ（一九七九）『ベリー叔父さん―シュヴァイツァーの想い出』（波木居純一訳、ＹＭＣＡ出版）。

笠井恵二（一九八九）『シュヴァイツァー　その生涯と思想』（新教出版社）。

カズンズ、ノーマン（一九六二）『人間みな同胞』（鮎川信夫訳、荒地出版社）。

金子　昭（一九九五）『シュヴァイツァー　その倫理的神秘主義の構造と展開』（白馬社）。

児島　洋（一九六八）『実存と他者―現代人間学研究』（勁草書房）。

小牧　治・泉谷周三郎（一九六七）『シュバイツァー』（清水書院）。

シーバー、ジョージ（一九五九）『シュヴァイツェル―人間と精神』（会津伸訳、みすず書房）。＊これは『シュヴァイツェル―その人間と精神』（一九五二）と『シュヴァイツェル―その思想の歩み』（一九五三）の合本である。
ジレック＝アール、ルイーズ（一九九八）『シュヴァイツァー博士とともに』（加茂映子訳、河合文化教育研究所）。
鈴木俊郎（編）（一九四八）『世紀の人アルベルト・シュヴァイツェル』（新教出版社）。
高橋　功（一九六一）『シュヴァイツァー博士とともに』（白水社）。
高橋　功（一九六三）『シュヴァイツァー博士とともに・続』（白水社）。
高橋　功（一九六六）『シュヴァイツァー博士とともに・第三集』（白水社）。
高橋　功（一九七五）『生命への畏敬―シュワイツァーの人間像』（玉川大学出版部）。
高橋　功（一九八六）『私にとってシュワイツァーとその病院は何であったか』（私家版）。
玉川学園教育博物館（編）（一九九五）『館蔵資料目録シュヴァイツァー関係資料』玉川学園教育博物館。
野村　実（一九五五）『人間シュヴァイツェル』（岩波新書）。
野村　実（一九九四）『野村実著作集』上・下巻（野村実著作刊行会）。
ハーゲドーン、ハーマン（一九五七）『シュバイツァー伝』（原田義人訳、白水社）。
バーマン、エドガー（一九九一）『シュヴァイツァーとの対話』（永井健三訳、JICC出版）。
福嶋　揚（二〇一五）『カール・バルト　破局のなかの希望』（ぷねうま舎）。
マクナイト、ジェラルド（一九七六）『シュヴァイツァーを告発する』（河合伸訳、すずさわ書店）。

武藤一雄（一九六一）『神学と宗教哲学の間』（創文社）。

森田雄三郎（一九七三）『シュヴァイツァー』（日本基督教団出版局）。

『理想』三六三号（一九六三）「特集・シュヴァイツァーの人と思想」（理想社）。

シュワイツァー日本友の会編（一九七一〜）『シュワイツァー研究』。（第二十七号〔二〇〇二年〕よりシュバイツァー日本友の会編『シュバイツァー研究』に名称変更）。

あとがき

シュヴァイツァーに関する私の前著は、本文にも記したように、一九九五年に刊行した『シュヴァイツァーその倫理的神秘主義の構造と展開』（白馬社）である。この本はその前年の一九九四年五月に慶應義塾大学に提出した同題の博士論文を元にしており、九五年度の日本倫理学会第四十六回大会にて、和辻賞（学会賞）を受賞した。それから二十年以上が経ち、今回ようやく次著となる本書の刊行まで至ることができた。

一九九五年の前著がシュヴァイツァーの既刊著作にもとづき、哲学と神学の両方にまたがる彼の思想の本質構造を倫理的神秘主義として解明したのに対し、この度の研究は既刊著作と遺稿集を含め、彼の著作活動の全体構造そのものに光を当てて纏《まと》めたものである。遺稿集においても、倫理的神秘主義という本質構造は終始一貫している。それゆえ、この二つの研究は一組になっているものと理解していただければ幸いである。

それにしても、シュヴァイツァーの遺稿集は一部の書簡集を除き、二〇〇五年には刊行が完了していたのだから、これだけに専念して研究を継続していれば、もっと早い時期に完成させることが可能であったかもしれない。しかし現実にはそのように順調には行かなかった。

研究に関して言えば、前著執筆当時から携わっていた哲学的人間学や宗教哲学、宗教社会福祉論や天理教研究のほかに、宗教の社会参画に関するフィールドワークを新たに手掛けるなどして、シュヴァイツァー研究はついつい間遠になりがちだった。研究調査地は日本国内のみならず、台湾、韓国、時にインドネシアまで及ぶことがあった。

また職務上においても、二〇〇五年から〇七年、また二〇一一年から一二年と、つごう三年間にわたり、天理大学の姉妹校である中国文化大学（台湾台北市）に交換教授として派遣され、同大学日本語文学系において日本語教師を勤めることになった。ここでは日本語ネイティブスピーカーとして、日本語会話、日本語作文、日本語実習を担当した。台湾の大学宿舎にも既刊著作や遺稿集の幾冊かを持って行ったものの、慣れない日本語教育の仕事に携わる中で、研究自体がしばしば滞りがちであった。

いろいろと回り道をしてようやく完成までこぎつけたのだが、私なりにこの二十有余年間に学問研究の幅と深さを得ることができたと思う。それゆえ、これだけの歳月がかかったことに全く悔いはない。

本書刊行にあたり、恩師・学友に深く感謝を申し上げたい。慶應義塾大学名誉教授の大谷愛人先生には、学部在学中から学問研究に向う厳しさ・真摯さを先生自らの研究姿勢をもって教えていただいた。京都産業大学名誉教授の笠井恵二先生には、前著執筆の時からたえず貴重なご助言を仰いできたが、今回も原稿を丁寧に読んでいただき、随所に適切なご教示を賜わった。また、シュバイツァー日本友の会会長で日本獣医生命科学大学名誉教授の柳瀬正人先生はじめ、同友の会の皆様には大きな応援を寄せていただき、心よりお礼を申し上げたい。

慶應義塾大学名誉教授の小泉仰先生には、執筆の過程で陰に陽に励ましをいただいた。小泉先生を囲んで毎年開かれる研究会に参加し、そこで本書の内容の一部について発表する機会を何度か与えていただいた。研究会の幹事役を務められている国際基督教大学教授の矢嶋直規氏はじめ、諸先生や学兄諸氏から多くのご教示を得ることができた。深謝してお礼を申し上げる次第である。

刊行にあたっては前著博士論文の出版の時と同様、白馬社（西村孝文社長）に全面的にお世話になった。心から感謝したい。本書は日本学術振興会の平成二十九年度科学研究費助成事業（科学研究費補助金）より「研究成果公開促進費（学術図書）」研究助成（課題番号 JP17HP5019）の交付を受けている。

墨子　140,170,188,212,214,216-8,221,233-6,240,248,254,327

マ行

マルクス　Karl Marx　111,127,128,143,176,259
ミュンスターベルク　Hugo Münsterberg　129
孟子　6,118,188,212,216-7,218,221,224,228,230,232-7,243,245-9,254,327

ヤ行

ヤスパース　Karl Jaspers　121,130-1,136,141-2,188-9,203,376
ユスティノス　Justinus　308,312
楊子（楊朱）　233,240,242

ラ行

ライプニッツ　G. W. Leipniz　106,174,227
ラガーツ　Leonhard Ragaz　365,377
ラーゲルフェルト　Greta Lagerfelt　90,102-3,105,111
ラーマクリシュナ　Ramakrishna　191
ルター　Martin Luther　342,344-6,350,360-1,374
ルッツ　Ulrich Lutz　29,152,154,340
列子　212,216,219,240-3,246,248,254,256
レッツ　Heiner Roetz　249,250
ロック　John Locke　161,170,176
老子　6,105-6,118,140,159-60,170,172,186,188,193,212,216-8,228-9,238-42,246,248-9,254,256,267

ハ行

バウア Fr. C. Baur 309-10,337
パウロ Paulus 7,20,27,32,83,148,160,193,208,288,299-301,303-4,306-37,
341-6,348,351,354,356,359,360-1,367,369-70,375,381,387,410-1,427-9
ハイデガー Martin Heidegger 40,130-1,142,188,189
ハイラー Friedrich Heiler 271
長谷川洋二 148,205
パナイティオス Panaitios 232,345
バルテル Ernst Barthel 208
バルト Karl Barth 142,175,344,369
ハルトマン Eduard von Hartmann 295
ハルトマン Nicolai Hartmann 129-30,192
ビスマルク Otto von Bismarck 61
ヒッバート Robert Hibbert 7,28,150,166,209,253,258-59,262,284,296-7
ヒューム David Hume 161,185-6,204,292
フィヒテ Johann G. Fichte 60,161,174,177
フォルケ A. Forke 212
ブッダ Buddha 105,117,174,177,190,196,254,267,293
ブーリ Fritz Buri 131,142-3,368,377-8
プラトン Platon 117,132,159-60,177,186,189,236,278,289,298
ブリュルマン Richard Brüllmann 29,406
ブルトマン Rudolf Bultmann 371
ブレスラウ Helene Bresslau 357,377
ヘーゲル G. W. F. Hegel 111,131-2,161,174,177,326
ヘーマチャンドラ Hemacandra 286
ベール Pierre Bayle 63
ベルグソン Henri Bergson 91,130,140,142
ベンサム Jeremy Bentham 161,293

荀子 213-4,217,237,250
ショーペンハウアー Arthur Schopenhauer 104,118,159,161,174,293-4,297
スコトゥス Dons Scotus 175-7
スペンサー Herbert Spencer 134,136,295
ゼーデルブロム Nathan Söderblom 157-8,209
荘子 6,55,106,118,140,193,212,216,218,238,240-1,243,248,254,256
ゾロアスター Zarathustra 88,91,104-5,107-9,118,121,160,170-1,188,193,217,220,255,257,263,270-1,279-83,287-8

タ行

ダーウィン Charles Darwin 134,136,293,294
タゴール Debendranath Tagore 191
タゴール Rabindranath Tagore 178,191-2
田辺明子 335
ツァラトゥストラ Zarathustra→ゾロアスター 281
ツュルヒャー Johann Zürcher 17,29-30,37,86,88-90,107,139,150,152,156,165,166,212,215,253,297,300,335,340,378
デカルト René Descartes 170-1,292
デフォー Daniel Defoe 55-6

ナ行

中村元 209
ニーチェ Friedrich Nietzsche 5,91,106,109-11,119,130-4,136,159,161,187-8,198,240,242-4,281,295,389
ノイエンシュヴァンダー Ulrich Neuenschwander 25,29,95,297,336,340,410,412,422
野村実 21,209,392,396,404

ガザーリー Ghazālī 283
カズンズ Norman Cousins 8,394-6,399,404-5
金谷治 250
金子昭 83,141
カレス Maurice Carrez 345,370,378
カント Immanuel Kant 20,27,33,132,140,153,161,170,173-4,184,186,194,200,234,261,281,293,363,387,403,411
ギッフォード卿 Adam Lord Gifford 166,169,209
キプリアヌス Cyprianus 356
ギュンツラー Claus Günzler 17,25,29,86,90,93,107,139,152-3
キルケゴール Søren Kierkegaard 131,344,368-9,378
クラーク Samuel Clark 292
クルチウス Ernst Curtius 41,81
グレーサー Erich Gräßer 25,29,300-1,329,337,408
クレメンス Clemens von Alexandria 308,310,335
ゲーテ J. W. v. Goethe 19,149,150-1,153,293
ケネディ John F. Kennedy 382,400,405
ケムプフ Bernhard Kaempf 29,212,215
ケルトナー Ulrich Körtner 29,30,37,253,297
孔子 6,118,121,140,159,170,172,188,193,216-18,221,223-4,227-34,236-9,241,245-9,254,281,327

サ行

シェーラー Max Scheler 38,129
シーバー George Seaver 39,49,72,82,297,422,430
シャフツベリ伯 Graf Shaftsbury 176
シュラエルマッハー Friedrich Scleiermacher 177
シュテルン Wilhelm Stern 129,294-5
シュプランガー Eduard Spranger 38,83
シュペングラー Oswald Spengler 38,83,142,188

人名索引

ア行

アイゼンハワー　Dwight D. Eisenhower　395,398-400,404
アウグスティヌス　Augustinus　255,260,344-6,349,350,356,360,372
アクィナス　Thomas Aquinas　174-5,177
アッシジのフランチェスコ　Francesco d'Assisi　290-1
アリストテレス　Aristoteles　140,192,208,236,281,289
イエス　Jesus　19-21,27,50,82,105,121,154,160,190,193,199,206-8,235-6,255-6,259-61,266-7,270-1,279,288-9,300,302-11,313-4,316-20,322-8,330-5,341-8,350-61,364-5,367,369-76,381,385,411,413-5,418,421,426,428-9
ウィットナー　Lawrence S. Wittner　398,400
ヴィヌブスト　Benedict Winnubst　380,403
ヴィルヘルム　R. Wilhelm　212-3
ヴィルヘルム皇帝　Kaiser Wilhelm I　41
ヴィンデルバンド　Wilhelm Windelband　129
ヴェーバー　Alfred Weber　38
ヴェルナー　Martin Werner　368,377-8
ウォラストン　William Wollaston　292
ヴォルテール　Voltaire　227
ヴォルフ　Ch. Wolff　227
ヴント　Wilhelm Wundt　294
エイレナイオス　Irenaeus　308
エウリゲナ　Scotus Eurigena　177
エックハルト　Meister Eckhart　177
オッカム　William Ockham　175-6

カ行

笠井恵二　337

金子　昭（かねこ　あきら）

1961年生まれ。慶應義塾大学文学部哲学科倫理学専攻卒業後、同大学大学院文学研究科哲学専攻博士課程修了。現在、天理大学おやさと研究所教授。博士（哲学）。専門は倫理学、宗教哲学、哲学的人間学、宗教社会福祉論など。哲学・倫理学に関する主な著書・論文に『シュヴァイツァーその倫理的神秘主義の構造と展開』（白馬社）、『〈思考〉の作法』（共著、萌書房）、「人間性に基づく新しい哲学的人間学の方法論的探究」（『哲学』第120集、慶應義塾大学三田哲学会）、「対話的倫理の宗教的人間学的展望」（『宗教研究』第361号、日本宗教学会）など。

シュヴァイツァーその著作活動の研究
—哲学・神学関係遺稿集を中心に—

2018年１月15日　初版発行

著　者　金子　昭
発行者　西村孝文
発行所　株式会社白馬社
〒612－8105 京都市伏見区中島河原田町28-106
電話 075－611－7855
FAX 075－603－6752
URL http://www.hakubasha.co.jp
E-mail info@hakubasha.co.jp
印　刷　モリモト印刷株式会社

　ISBN978－4－907872－22-9